Knaur.

Knaur.

»Dieses Buch ist ein epischer Bericht von Kraft, Schlauheit, Mut, Glück und dem Willen zu überleben.«
The Independent on Sunday

»Dieses Buch ist nicht nur ein ausgesprochen bewegendes Tagebuch – es zeigt auch, wie man überlebt!«
Daily Telegraph Magazine

»Der Autor hat die emotionale Kraft, den Leser in das Geschehen eintreten zu lassen, und er vermag mit großer Genauigkeit die Gedanken und Überlegungen zu schildern, welche die verfolgten Juden während den Jahren des Holocaust hegten.«
Frankfurter Allgemeine Zeitung

Über den Autor:
Henry Wermuth, der in *Atme, mein Sohn, atme tief* seine wahre Geschichte erzählt, lebt mit seiner Familie in London.

Henry Wermuth

Atme, mein Sohn, atme tief

Die Überlebensgeschichte

Aus dem Englischen von Henry Wermuth

Knaur Taschenbuch Verlag

Die englische Originalausgabe erschien 1993 unter dem Titel
»Breathe deeply my Son« bei Vallentine Mitchell & Co. Ltd., London

Besuchen Sie uns im Internet:
www.knaur.de

Vollständige Taschenbuchausgabe 2000
Droemersche Verlagsanstalt Th. Knaur Nachf., München
Copyright © 1996 der deutschsprachigen Ausgabe bei bLoch Verlag,
Kasseler Straße 1a, 60486 Frankfurt am Main
Lektorat: Text und conText, München
Alle Rechte vorbehalten. Das Werk darf – auch teilweise –
nur mit Genehmigung des Verlages wiedergegeben werden.
Umschlaggestaltung: ZERO Werbeagentur, München
Umschlagabbildung: AKG, Berlin
Satz: Ventura Publisher im Verlag
Druck und Bindung: Ebner & Spiegel, Ulm
Printed in Germany
ISBN 3-426-61698-X

5 4 3 2

Für Ida und Bernhard Wermuth – meine geliebten Eltern.
Für die sechs Millionen unbewaffneten, jüdischen Männer,
Frauen und Kinder, die auf brutalste Weise im Rahmen des
größten Verbrechens der Menschheitsgeschichte umgebracht wurden.
Und insbesondere
für Hanna – meine geliebte kleine Schwester,
die so sehr am Leben hing.

»Du hast die Initiative ergriffen
und warst, wie Dein Bruder,
zu überleben entschlossen.
Leider
hat Dich im zarten Alter von 13,
bei der ersten Hürde,
das Glück verlassen,
und das grausame Schicksal
hat Dich von meiner Seite gerissen –
für immer.«

Inhalt

Prolog 9

Ein junger deutscher Patriot 15

Deportation 24

Jugend in Krakau 30

Unter deutscher Besatzung 43

Im Getto von Bochnia 68

Wir werden getrennt 88

Das Arbeitslager Klaj 100

Die Hölle von Plaszów 126

»Paradies« Kielce 174

Eine unvergessliche Nacht 184

Auschwitz 199

Finale – Die lebenden Toten 245

Befreiung 295

Epilog 317

Henry Wermuth, 5 Jahre alt, mit seinen Eltern

Prolog

Der Schuss, der mich um Zentimeter verfehlte, fällte einen meiner zwei Gefährten. Zwei weitere Schüsse folgten, und ich wusste, dass mein Schicksal besiegelt war.

Es war im Spätsommer des Jahres 1943 im Zwangsarbeitslager Krakau-Plaszów (ein Lager, das vielen Lesern auch aus Thomas Keneallys »Schindlers Liste« und Spielbergs gleichnamigem Film ein Begriff sein wird), als ich, um ein Haar gerade dem Tode entronnen, mich erstmals entschloss, meine Lebensgeschichte zu schreiben. Ich glaubte, bereits über ausreichendes Material zu verfügen, um einen umfangreichen Band zu füllen. Papier und Stift waren allerdings damals nicht erhältlich – jedenfalls nicht für mich. Später, als ich über meine Vergangenheit nachdachte, kam mir zu Bewusstsein, wie viele Namen, Daten und sogar Ereignisse ich über die Jahre hinweg vergessen hatte, so dass ich lediglich ein unvollkommenes Bild meiner Erfahrung hätte wiedergeben können.

Dies war einer von vielen Gründen, die mich in den folgenden vierzig Jahren davon abhielten, meine Geschichte zu veröffentlichen. Kein Schriftsteller, kein Dichter, wie hervorragend und eloquent er auch sein mag, könnte jemals den extremen Seelenschmerz, das Ausmaß dessen, was in unvorstellbaren Situationen geschah, dem Leser vermitteln. Wie bringt man die unbeschreiblichen Qualen der Eltern zum Ausdruck, die zusehen mussten, wie ihre Kleinsten von ihnen weggerissen und wie Abfall auf Lkws geworfen wurden? Manche lebend, manche bereits mit eingeschlagenen Schädeln oder mit auseinander gerissenen Gliedern. Wie kann ich mir, wie kann sich überhaupt jemand anmaßen, das Sterben von Millionen Müttern, Vätern und Kindern in Worte zu fassen? Wie kann ich gar versuchen, die letzten Momente auch nur einer Familie in der Gaskammer zu beschreiben, wie sie dort aller Kleider beraubt und gedemütigt, in des anderen schreckerfüllte Augen schauend, zusehen mussten, wie ihre Lieben langsam und qualvoll starben, bis die Stärkeren unter ihnen, Minuten später, selbst erstickten?

Schließlich überzeugte mich mein Cousin Kalman Benyamini, dass es meine Pflicht sei, meine Zweifel und mein Zögern zu überwinden und meine Geschichte niederzuschreiben. Kaum brachte ich meine ersten Gedanken zu Papier, strömte eine Flut von Bildern und Erinnerungen auf mich ein.

Michael Spencer, ein Freund, dem ich Proben aus meinen Memoiren vorlas und der glücklicherweise keine nahen Verwandten durch den Holocaust[*] verloren hatte, war der ideale Zuhörer. Er ist nach dem Krieg geboren worden und stellte mir die richtigen Fragen. Wie viele seiner Zeitgenossen konnte er nicht begreifen, wie das Abschlachten von Millionen Menschen auf so wenig Widerstand stoßen konnte. Der Aufstand im Warschauer Getto ist beispielhaft für dieses Rätsel: Ohne Waffen und ohne geeignete Organisation war der Kampf bereits verloren, bevor er begann. Und auch ich träumte in Situationen, in denen der Tod unver-

---

[*] Die Menschheit suchte jahrelang vergeblich, einen Namen für das Unbeschreibliche zu finden. Kein Wunder also, dass die ratlosen Schriftsteller und angehenden Historiker kurz nach dem Erscheinen des Filmes »Holocaust« sich sofort an diese unzureichende, griechische Bezeichnung klammerten, um die scheinbar unfüllbare Lücke zu füllen. Claude Lanzmanns Film »Shoah« war eine zweite Lösung. Ich persönlich bezeichne das für das jüdische Volk kataklystische Geschehen mit »Churban«. Dieses Wort steht auch für »Churban Bet-Hamikdosch«, nämlich die Zerstörung des ersten und besonders des zweiten heiligen Tempels in Jerusalem (die eine noch stehende Wand nennt man heute die Westliche oder die Klagemauer), welche die Vertreibung der Juden aus ihrer Heimat mit sich brachte und zweitausend Jahre Verfolgung und Elend ohnegleichen in der Geschichte einleitete.

meidlich schien, davon zu kämpfen, mit einer Waffe in der Hand zu sterben und so viele dieser bestialischen Mörder wie nur möglich mit ins Grab zu nehmen. (Die Frage des Widerstands wurde veranschaulicht und in gewissem Sinne pariert durch das 1994 erschienene Buch von Arno Lustiger »Zum Kampf auf Leben und Tod« mit dem Untertitel »Vom Widerstand der Juden 1933–1945«, Verlag Kiepenheuer & Witsch – Köln.)

Die Fragen, die mir gestellt wurden, waren sehr unterschiedlich: Haben die Nazis gleich nach der Invasion Polens mit dem Morden begonnen? Wo und besonders wie habe ich gelebt, bevor ich ins Konzentrationslager kam? War ich selbst jemals dem Tode nahe? Was waren meine Gefühle? Innerhalb der natürlichen Grenzen werde ich diese Fragen alle beantworten. Ich werde mich außerdem bemühen, auch meine Gefühle und Reaktionen in Situationen zu analysieren, welche ein normaler Mensch in normalen Zeiten nie erleben wird.

Die Frage ›Wer will etwas über diese Grausamkeiten lesen?‹ nötigt zu der Gegenfrage ›Wen will ich mit diesen Berichten über die blutige Ruchlosigkeit der Nazis ansprechen?‹ Ich stelle mir gerne vor, dass die Leser wirklich erfahren wollen, wie ein führendes Land – und ein verführtes Volk – der zivilisierten Welt es zulassen konnte, so tief zu sinken, einen ewigen Schandfleck auf sich zu laden. Außerdem wünsche ich mir, dass dieses Buch nicht nur von meinen Kindern, Enkeln und zukünftigen Generationen, sondern auch – und das vielleicht noch mehr – von den ehemaligen Zujublern der »Neuen Ordnung« sowie von den Nachkommen der Übeltäter gelesen wird.

Alles, was ich auf diesen Seiten berichte, sind meine eigenen Erfahrungen und Eindrücke. Es ist meine feste Überzeugung, dass niemals ein vollständiger und umfassender Bericht der Gräuel des *Churban* verfasst werden kann. Dies ist allein schon in der immensen Anzahl der Tragödien begründet, von denen jede auf ihre Art eine eigene Geschichte darstellt, die dokumentiert werden sollte. Was natürlich niemals geschehen wird, denn die wertvollsten, die nächsten Zeugen der Ermordungen sind tot.

Ich habe meine eigene Vorstellung, was ich mit diesem Buch erreichen will. Leider ist es Wunschdenken: Der Widerhall der Qualen und die Todesschreie der Millionen, die ohnmächtige Stille, die Tränen der Beraubten finden heute ein abklingendes Echo. Es gibt nur noch wenige Überlebende – Augenzeugen, bei denen die grausame Erinnerung immer wiederkehrt, so lange, bis auch der Letzte von uns gegangen sein wird. Danach werden Geschichte und Zeit voranschreiten und jenen Vorgang beschleunigen, der bereits eingesetzt hat – das Leugnen von Verantwortung und Schuld und die Weigerung, sich mit diesen ungeheuren, folgenschweren und tränenreichen Ereignissen auseinander zu setzen.

Wie unterschiedlich wird wohl der Effekt auf die verschiedenen Leser sein? Auf jene ohne persönliche Verstrickungen, auf die, die ihre Familie teilweise oder ganz verloren haben? Oder auf die, die sich wie ich inmitten der Ereignisse befanden und sich bewusst sind, dass andere – schwer vorstellbar – noch größere mentale und körperliche Qualen ausgestanden haben?

Eine Gruppe von Lesern allerdings mag ich wirklich nicht: die ein Buch über Nazi-Gräueltaten lesen, wie sie sich einen Horrorfilm ansehen – zu ihrer Unterhaltung. Doch vielleicht bin ich zu hart in meinem Urteil. Nachdem sie sich die grausamen Vorgänge angesehen haben, schätzen sie es möglicherweise, dass solche Dinge außerhalb ihres sicheren und komfortablen Lebens stattfanden.

Mein hauptsächliches Anliegen ist es jedoch, denjenigen entgegenzutreten, die, so unglaublich es auch klingt, unentwegt daran arbeiten, das Ausmaß der unaussprechlichen Verbrechen herunterzusetzen, die Anzahl der Ermordeten herunterzurechnen oder den *Churban* gänzlich abzustreiten. Sechs Millionen ist natürlich eine gerundete Zahl. Ich persönlich glaube, dass die tatsächliche Ziffer noch größer ist, denn Juden, die keiner Gemeinde angehörten (und davon gab es sehr viele), wurden üblicherweise nicht gezählt. Welches Angebot sollen wir diesen Zweiflern machen? Wären sie zufrieden mit, sagen wir, fünf Millionen? Vier? Belanglose drei oder kaum erwähnenswerte zwei Millionen? Würde das das Verbrechen etwa mindern?

Ein weiterer Grund für diese Niederschrift findet sich in der Tatsache, dass ich, wie die meisten Überlebenden, nicht wusste, wie ich dies alles meinen Kindern erzählen konnte. Niemals schien der Zeitpunkt geeignet zu sein, um darüber zu sprechen. Wenn ich doch einmal begann, dann überstürzten sich die Bilder. Ich konnte nie das begonnene Thema fortsetzen, da mich immer neue, wichtiger erscheinende Aspekte in andere Richtungen lenkten, bis ich zuletzt den Faden verlor. Meistens jedoch verhinderte ein Tränenausbruch oder ein überwältigender Seelenschmerz ein Weitererzählen.

Schließlich habe ich dieses Buch zum Andenken an meine lieben Eltern und mein liebes Schwesterchen geschrieben. Es wird niemals ein adäquates Denkmal für die fast anderthalb Millionen Kinder geben, die eines gewaltsamen Todes sterben mussten und noch nicht einmal ahnten, warum. Jedoch hoffe ich, dass dieses Buch dazu beitragen wird, künftige Generationen vor den möglichen Auswirkungen einer zügellosen Gewaltherrschaft zu warnen.

Wenn es ein Defizit in meiner Erinnerung gibt, dann ist es mein Namensgedächtnis. Diejenigen, die in diesem Buche erscheinen, wurden in der Hoffnung erwähnt, dass sie sich mit mir in Verbindung setzen, oder zumindest, dass ihre Verwandten oder Freunde dadurch über ihr Schicksal unterrichtet werden.

Henry Wermuth, 1996

Von links nach rechts: Tante Minna, Vater und Mutter auf einem Ausflug vor Henrys Geburt

Ein junger deutscher Patriot

»Deutschland, Deutschland über alles – über alles in der Welt ...«
Es war im Jahre 1932. In einer jüdischen Schule sang eine Klasse Jungs die deutsche Nationalhymne. Unter ihnen war ein neunjähriger Knabe, dessen Inbrunst und Enthusiasmus sicher von keinem Patrioten der »arischen« Rasse übertroffen wurde. Mit geschwellter Brust und voller Stolz sang ich das Lied, welches mich mit dem Geist erfüllte, dass »mein Vaterland« über alles in der Welt stehe. Ich hatte damals keine Ahnung, dass in diesem schönen Lande, zu dessen Kultur die verhältnismäßig geringe Anzahl der Juden (weniger als ein Prozent) bedeutend beigetragen hatte, ein mörderischer Virus lauerte, welcher sich in die trübsten Tiefen der Psyche so vieler eingenistet hatte. Darunter waren nicht nur geistig gestörte oder über Leichen gehende Opportunisten und Sadisten, sondern auch ganz gewöhnliche Menschen.

Noch heute werde ich sentimental, wenn ich mich an die seelenbewegenden deutschen Lieder und Verse erinnere. Wie stark war mein patriotisches Gefühl, als ich das Andreas-Hofer-Lied sang, das Lied jenes Tiroler Helden, der in Mantua verurteilt und erschossen wurde. Wie tief und scharf fühlte ich den Schmerz des Soldaten, der den Tod seines Gefährten in den Versen »Ich hatt' einen Kameraden ...« beklagte. Wie fesselte mich die Geschichte Siegfrieds, des jungen Helden der Nibelungensage, der auszog, um die Kunst des Schwertes zu erlernen, und dessen Abenteuer nachzuahmen ich träumte.

Unter den Philosophen, Dichtern und Komponisten, deren Werke in den letzten Jahrhunderten Deutschland mit an die Spitze der Zivilisation und Kultur brachten, war Schiller mein Lieblingspoet. Sein zwanzigstrophiges Gedicht »Die Bürgschaft« rezitiere ich noch heute auswendig. Es bewegt die Zuhörer jedes Mal, wenn das Herz des Tyrannen, des Bösewichts dieser Verse, sich durch seine Entdeckung der menschlichen Seelengröße und Opferbereitschaft zweier Freunde endlich bezwungen findet und er die unsterblichen Worte spricht, die jedem Deutschen – ob jung oder alt – von der Schulzeit her bekannt sind:

> »… Und die Treue, sie ist doch kein leerer Wahn –
> So nehmet auch mich zum Genossen an:
> Ich sei, gewährt mir die Bitte,
> In Eurem Bunde der dritte!«

Derartige Gefühle konnten von dem angehenden Tyrannen, der den alternden Präsidenten Paul von Hindenburg übertölpelte und ihn überredete, ihm die Kanzlerschaft des Deutschen Reiches anzuvertrauen, nicht erwartet werden. Adolf Hitler (wir nannten ihn Schickelgruber, nach seinem außerehelich geborenen Vater), überlistete den kränklichen, vielleicht schon senilen, alten Mann. Die Folgen sind uns nur zu gut bekannt.

Es ist beinahe unfassbar, dass in diesem Jahrhundert und innerhalb eines fortschrittlichen Deutschlands Männer und Frauen, welche mit derselben Bildung und in derselben Kultur aufwuchsen und dieselben von mir so geliebten Lieder sangen, sich zum Werkzeug des gigantischsten Verbrechens der menschlichen Geschichte hergaben. Sie wurden auch meine Mörder! Der Junge, der im Mai 1945 als lebendes Skelett das Grauen überstanden hat, war nicht derselbe, der die fröhlichen Lieder sang. Der unschuldige, immer zu Späßen aufgelegte, wohlerzogene junge Mann, der an das Gute im Menschen glaubte und Gott vertraute, war nicht mehr. Und dennoch hätte ich mein Vaterland lieben und ihm vergeben können, wenn es sich nur von den Nazis gereinigt hätte. Wenn es diejenigen ihren Taten gemäß bestraft hätte, welche sich im Namen Deutschlands die unmenschlichsten Verbrechen hatten zu Schulden kommen lassen.

Doch wie kann man einen hundert- oder tausendfachen Mörder gemäß seiner Taten bestrafen?

Im Juli 1929 schickten meine Eltern mich nach Königstein im Taunus, einen sehr beliebten Kurort in der Nähe Frankfurts. Als ich zurückkam, wurde mir mein neugeborenes Schwesterchen, Hanna, vorgestellt. Wir riefen sie mit dem damals modischen Namen Hannelore oder Hannelorchen. Nicht weit von uns und etwa einen Monat vor Hannas Geburt wurde ein anderes kleines Mädchen geboren. Dreizehn Jahre später, als dieses andere Kind, Anne Frank, mit ihrer Familie in eine wohl vorbereitete versteckte Wohnung einzog, wo sie zwei Jahre bis zu ihrer Entdeckung verbrachten, betraten auch Hannelorchen und ihre Mutter ein winziges und unsicheres Versteck, in welchem sie nur eine einzige Nacht weilten. Doch von welcher Bedeutung ist das Schicksal zweier kleiner Mädchen im Verhältnis zu dem von fast anderthalb Millionen ermordeter Kinder?

Bis 1930 lebten wir in der Rotlintstraße 77 in Frankfurt am Main. Obwohl ich in eine jüdische Schule ging, waren alle meine Spielkameraden Christen. Antisemitismus kannte ich nicht, und ich war auch zu jung, um dessen Bedeutung zu verstehen. Eines Tages zitierte mir einer der Jungen, Seppel, der von den andern wegen seiner ungepflegten Erscheinung und groben Sprechweise gemieden wurde, ein Kurzgedicht. Es hatte keinen eigentlichen Sinn, und der Reim war nur als Beleidigung für mich gedacht. Doch die darin enthaltenen Schimpfworte bereiteten mir ein paar schlaflose Stunden, bis ich eine geeignete Gegenantwort fand. Damit bewaffnet erwartete ich Seppels nächsten Angriff. Ich parierte mit derselben Sprache, ohne zu wissen, dass ich damit auch meine christlichen Freunde beleidigte. Es half – und es war bezeichnend, dass die anderen sich nicht betroffen fühlten.

Ich war zu jung, um mich um geschäftliche Angelegenheiten zu kümmern. Alles, was ich über meines Vaters Beschäftigung wusste, war, dass er mit Textilien zu tun hatte. Im Herbst 1930 zogen wir in eine größere Wohnung am Bäckerweg 23.

Das Unbehagen, welches ich bei der Machtübernahme der Nazis fühlte, war eine Auswirkung der bedrückenden Atmosphäre, welche mich umgab. Ich hatte keine wirkliche Vorstellung von der Ideologie des Faschismus. Doch ich lernte schnell! Die Gesänge, welche ich nun zu hören bekam, als die »Braunhemden«, die SA, durch die Straßen marschierten, waren unzweideutig und gruselig: »Wenn das Judenblut vom Messer spritzt, dann schmeckt's noch mal so gut ...« oder »Köpfe rollen, Juden heulen ...«.

Haben die Juden diese Lieder noch immer als »Pöbelaufreizung« betrachtet, wenn die Pöbelaufreizer jetzt die Regierung waren? Warum flohen sie nicht, als das Vorhaben der Nazis klar wurde? Vielleicht gewöhnten sie sich an diese Provokationen in Liedform, denn bis dahin wurde meines Wissens noch kein einziger Jude umgebracht.

Es ist eine wohl bekannte Tatsache, dass die deutschen Juden Patrioten und stolz auf ihr Deutschtum waren. Viele Männer erinnerten sich ihrer aktiven Beteiligung als deutsche Soldaten im Ersten Weltkrieg. Viele verließen sich auf ihre für ihr Vaterland erworbenen Auszeichnungen. Nicht wenige hatten das Eiserne Kreuz Erster Klasse erhalten. Sie fühlten sich sicher in dem Glauben, dass selbst eine Naziregierung diese Verdienstorden achten würde. Wie falsch schätzten sie die Nazis ein! Ich erinnere mich an den Stolz und an die Trauer, die ich fühlte, als ich erfuhr, dass die, gemessen an der Gesamtbevölkerung, geringe Zahl der jüdischen Bürger 12 000 ihrer jungen Männer im Kampf für ihr Vaterland verloren hatten.

Einige Juden verließen 1933 das Land, jedoch die weitaus größere Mehrheit blieb und wartete – worauf? Jeder hatte seine

Gründe. Wie trivial sie im Vergleich und im Rückblick auch wirken mögen, zur Zeit eines so wichtigen Entschlusses wie der Entwurzelung einer ganzen Familie erschienen sie groß und mächtig. Dazu kam, dass es viele Länder gab, welche zwar Immigranten aufnahmen, durch ein Quotensystem jedoch Schranken errichteten.

Die Gründe meiner Familie, das Auswandern zu verzögern oder aufzuschieben, waren vielfach. Wir hatten nicht die finanzielle Grundlage, die für einen Neuanfang in einem fremden Land nötig schien, wir sprachen keine Fremdsprache, und wir warteten auf ein amerikanisches Einwanderungsvisum (unsere Quote).

Endlich, im Jahre 1935, verkauften wir alle unsere Möbel und andere persönliche Habe und waren nun vollständig vorbereitet, ins »Versprochene Land« auszuwandern. Ein Brief kam. Tante Golda Brauner (Mutter des Professors Kalman Benyamini) schrieb, dass die Araber zur Zeit »ein bisschen Unrast« verbreiteten und wir sollten noch »ein wenig« länger ausharren, bis sich diese Unruhe legen würde. Nachdem wir nun unsere ganze Einrichtung verkauft hatten, zogen wir in ein möbliertes Zimmer in der Uhlandstraße 51 – ständig zur sofortigen Abreise bereit.

Ich weiß nicht, warum, aber es kam nicht zu dieser Auswanderung. Die Nazis boykottierten jüdische Geschäfte und veranlassten die Entfernung jüdischer Angestellter aus allen wichtigen Stellungen. Unbarmherzig wurde die Schraube der Vernichtung angezogen, doch von tatsächlichen Morden hatte ich bis dahin nichts gehört. Ein paar Monate später rückte die Zeit meines dreizehnten Geburtstags und meiner Barmitzwah (Konfirmation) näher. Ganz in der Nähe meiner Schule mieteten meine Eltern eine größere Wohnung am Röderbergweg 41, welche wir mit einem Apotheker namens Kraus und seiner Familie teilten. Sie hatten einen Sohn, etwas älter als ich, und eine Tochter, die etwas älter als meine nun fünfjährige Schwester war.

Da mein Geburtstag in die Mitte des Pessach- oder Passahfestes (das jüdische Osterfest), wenn keine Barmitzwahfeier stattfindet, fiel, wurde diese um eine Woche verschoben. Es ergab sich daher, dass vier Jungens auf einmal feierten, und das Vorlesen aus der Torah, der heiligen Schrift, eingeteilt wurde. Fast dreitausend Leute, so schätzte mein Vater, kamen in die Börne-Platz-Synagoge, um uns zu hören. (Die Börne-Platz- und Friedberger-Anlage-Synagogen waren zwei der größten jüdischen Gebetshäuser in Frankfurt am Main, die während der so genannten Kristallnacht im November 1938 niedergebrannt wurden.)

Kurz bevor ich mit dem Vorlesen an die Reihe kam und zeigen sollte, was ich gelernt hatte, musste ich dem unwiderstehlichen Ruf der Natur folgen. Fast dreitausend Leute warteten und wunderten sich, ob ich wohl weggelaufen wäre. Zur großen Erleichterung aller kam ich wieder zum Vorschein, und zum Stolz meiner Eltern erfüllte ich meine Pflicht mit Ehren.

In der Schule jedoch erlangte ich keine solche Anerkennung. Ein guter Fußballer zu sein und den Beifall meiner Mitschüler zu erringen, schien mir auch ein weitaus wichtigeres Ziel, als von meinen Lehrern gelobt zu werden. Außer zu den gefürchteten Zeiten natürlich, wenn ich meine alles andere als gloriosen Zeugnisse mit nach Hause bringen musste. Mein letzter Lehrer namens Katz – wir nannten ihn natürlich »Kater« – zeigte mir deutlich seine Abneigung. Kein Wunder: Meine Gleichgültigkeit für alles, was er uns lehren mochte – besonders die Heiligen Schriften –, machte ihn ganz zornig. Ich werde seinen Gesichtsausdruck nie vergessen, als sich im Frühling 1937 in der letzten Schulwoche herausstellte, dass ich als Einziger in meiner Klasse von dreißig Jungens eine richtige Anstellung hatte. Ich sagte ihm natürlich nicht, dass dieser Job bei der Firma Gustaf I. Rapp eine Lehrlingsstellung in der Lederwarenfabrik meines Onkels war.

Mein Wochenlohn betrug 5 Mark und 28 Pfennige, wovon ich

knapp die Hälfte für Fahrgeld nach Heusenstamm bei Offenbach ausgeben musste. 28 Pfennige durfte ich behalten, und ich musste mir jedes Mal zwei Pfennige borgen, wenn ich ins Kino gehen wollte. Bald aber, und ohne es meinen Eltern zu erzählen, radelte ich die zwanzig Kilometer zur Arbeit. Nach fünf Wochen hatte ich genug Geld gespart, um mir einen lang gehegten Wunsch zu erfüllen: Ich kaufte mir ein Diana Luftgewehr.

Unter den 15 Arbeitern war ich der einzige Jude. Meine anfängliche Ängstlichkeit war unbegründet. Im Benehmen meiner Mitarbeiter fand ich keinerlei Andeutung einer antisemitischen Gesinnung. Selbst nachdem mein Onkel, Sigi Müller, die Fabrik im Frühjahr 1938 verkaufte, änderte sich das nicht.

Ungefähr zur selben Zeit, in Vorbereitung unserer Auswanderung nach Amerika oder nach Palästina, gaben meine Eltern einiges ihres schwerverdienten Geldes für meinen Privatunterricht in der englischen Sprache aus.

Mein Vater war schon lange nicht mehr in der Textilbranche, er verkaufte nun Ölprodukte. Er reiste auf seinem Motorrad durchs ganze Land und meine Mutter war oft sechs Wochen lang Strohwitwe. Unvermeidlicherweise verhandelte er auch mit Nationalsozialisten – Nazis. »Wir meinen nicht Sie, wir meinen die anderen«, wurde ihm oft versichert, ohne jemals aufzuklären, wen sie eigentlich meinten.

Außer der Judenhetze Hitlers und seines Propagandaministers Goebbels richteten Zeitungen wie »Der Stürmer« und der »Völkische Beobachter« die meiste Verheerung unter den leichtgläubigen und leicht beeinflussbaren Deutschen an. Diese Zeitungen enthielten nichts als Hetze und bösartige Karikaturen der jüdischen Mitbürger. Ihr berüchtigter Herausgeber war Julius Streicher – ein Demagoge und Volksverführer ersten Ranges, der schließlich auch als Kriegsverbrecher am Galgen endete. Es war gar nicht nötig, diese Schundblätter zu kaufen; sie wurden als Plakate an Litfaßsäulen und anderen öffentlichen Plätzen zur Schau gestellt.

Einer dieser Aushänge befand sich am Zaun eines Gebäudes in der Friedberger Anlage, welches nach meiner Annahme die Büros oder gar das Hauptquartier der SA beherbergte. Die Anlage war und ist eine nicht allzu breite, fast parkartige Strecke, die sich wie ein riesiges Hufeisen um das Stadtzentrum windet und dessen Anfang und Ende der Main bildet. Auf meinem Weg zum Sprachunterricht kam ich regelmäßig an den Schaukästen vorbei. Eines Tages, als ich ein bisschen zu früh war, nahm ich mir die Zeit, die Bilder anzuschauen. Ich stieg vom Fahrrad und war bald ins Lesen vertieft. Der schmutzige und oft erotische Inhalt sowie die künstlich verunstalteten Züge dieser Menschen erweckten in mir eine spontane Abneigung, bis ich plötzlich gewahr wurde, dass diese Hass erweckenden Personen Juden waren – also ich selbst, meine Freunde und meine Eltern damit gemeint waren. Da kam mir zum ersten Male zu Bewusstsein, wie Abneigung und Hass durch feindselige und manipulative Berichterstattung hervorgerufen werden können.

Eine unerklärliche Faszination zwang mich, mir in der folgenden Woche diesen Kitsch wieder anzuschauen. Zwei etwa 18-jährige Burschen näherten sich. Ein Blick in ihre Augen genügte, um mir zu zeigen, was sie dachten. Ist das ein Judenjunge, der unsere Zeitung liest? Falls ja, wie kann er es wagen?

Sollte ich, der Vierzehnjährige, den Helden spielen? Ich ließ sie näher kommen, dann jedoch, mit kurzem Anlauf und einem Sprung war ich im Sattel und auf und davon. Ich hatte so viele Wettrennen gegen Freunde gewonnen, dass mir ein schnelles Entkommen keine Sorgen bereitete. Mein Stolz aber war verletzt, und wie ein mutwilliger kleiner Bub fuhr ich ums Karree und las den begonnenen Artikel zu Ende.

Langsam und träumend radelte ich durch die Straße. An der

nächsten Ecke kamen sie auf mich zugerast. Sie kamen von vorne, und es gab keinen Ausweg. Als einer die Lenkstange ergriff, sprang ich ab. Sie rannten mir nach, und als ich zurückblickte, sah ich eine auf mich gerichtete Spielzeugpistole in der Hand des Burschen, der mir am nächsten auf den Fersen war. Da ich früher selbst eine solche besessen hatte, wusste ich, dass sie nur gefährlich war, wenn sie in der Nähe der Augen abgeschossen wurde. Als er sah, dass ich schneller war als er, feuerte er. Die Tat und das Geräusch waren realistisch – und voll dunkler Vorbedeutung.

In einer Nebenstraße fand ich mein vollständig zertrümmertes Fahrrad. Zwei Frauen, welche Zeuginnen des Vorgangs waren, zeigten mir ihr Mitgefühl: »Viele Hunde sind des Hasen Tod!« – Dieses Sprichwort gab mir keinen Trost.

Deportation

Es war der 28. Oktober 1938, sechs Uhr morgens. Ein schrilles, anhaltendes Schellen schreckte mich aus dem Schlaf. Halb wach hörte ich meinen Vater die Tür öffnen. Drei Mann in Zivil, die ich für Gestapo-Leute hielt, stürmten in die Wohnung. »Anziehen – mitkommen!«, war der kurze, gebellte Befehl eines der Eindringlinge. Unsere verwirrten Fragen, was los sei und wohin sie uns mitnehmen wollten, brachten nur ein scharfes »Schnell, schnell« als Antwort. Nur zu bald wurden diese gebellten Befehle, oft begleitet von Peitschenknall und Gewehrkolbenhieben, die gefürchtete Geißel der besetzten europäischen Gebiete.

Kurze Zeit später wurden diese Worte benutzt, um Leute in den Tod zu jagen: »Anziehen, schnell, schnell«, »Packen und raus aus deinem Heim – schnell, schnell«, »Rein in den Zug, raus aus dem Zug, dein Grab schaufeln, ausziehen, die Kleider ordentlich zusammenlegen, sterben, schnell, schnell!«

Diese Worte waren die letzten, welche hunderttausende hörten, bevor die Maschinengewehre ihr Werk begannen, und die von Millionen anderen gehört wurden, bevor die schweren Türen der Gaskammern sich schlossen.

Beinahe mechanisch zog ich mich an. Mein Gehirn, halb betäubt und durch unzusammenhängende Gedanken verwirrt, wurde vom Lärm meines Weckers mit einem Ruck zurück in die Wirklichkeit versetzt. Es war genau zehn Minuten nach sechs. Ich erinnere mich meiner blöden Bemerkung zu dem Polizisten, dass ich jetzt zur Arbeit gehen müsse. Hatte ich, in meinem kindlichen Gemüt, wirklich gedacht, ich könnte ihn von seinem Vorhaben abbringen?

Im Nebenzimmer hörte ich meine Mutter sprechen, sie sagte etwas über ihre Gesundheit. Ich weiß nicht, ob es half, aber ich verließ unser Heim nur mit meinem Vater – Mutter und Schwester wurde erlaubt, uns später zu folgen.

Ein paar Stunden danach saßen wir mit hunderten Unglückseligen, die wie wir plötzlich und ohne Vorbereitung ihr Heim verlassen mussten, in einem Zug. Doch während es meiner Mutter und Hanna möglich war, ein paar Koffer zu packen, mussten die meisten unserer »Mitreisenden« alles, was sie besaßen, zurücklassen.

Aus den Gesprächen der Leute erfuhr ich den Grund unserer Ausweisung. Es war die deutsche Antwort auf eine Erklärung Polens, dass die Pässe all derer, welche eine gewisse Anzahl von Jahren nicht in Polen waren, von diesem Datum an ungültig seien. Mein Vater war neun Monate alt, als seine Eltern in Deutschland einwanderten, und er war weder jemals in Polen gewesen, noch sprach er eine andere Sprache als die deutsche. Meine Mutter war vierzehn, als sie nach Wien kam. Meine Schwester und ich waren in Deutschland geboren, wahrscheinlich waren wir in Mutters Reisepass eingetragen.

Nicht zu vergleichen mit den unbeschreiblichen Reisen der nahen Zukunft in den berüchtigten Viehwaggons, von denen wir natürlich noch keine Ahnung hatten, fuhren wir verhältnismäßig bequem. Ein merkwürdiges Gefühl von Freiheit und Abenteuer überkam mich, und ich fühlte mich in beinahe gehobener Stimmung. Ich war natürlich zu jung, um zu empfinden, dass uns mit einem Schlag aller Besitz und alle Verbindung zur Vergangenheit verloren gingen. Der Verlust der Familienbilder ist es, der mich heute am meisten schmerzt.

Wir erreichten die Grenzstadt Beuthen, von den Polen Zbaszyn genannt. Eine enorme Menge Menschen, die wie unsere Mitreisenden teils mit und teils ohne Gepäck waren, wartete bereits auf den Grenzübertritt.

Die nächsten neun Stunden betrachtete ich damals als die schlimmsten meines Lebens. Ein unterirdischer Gang, der zu den Zügen auf der polnischen Seite führte, war wie eine Sardinenbüchse mit den Verbannten gefüllt. Einmal in diesen Korridor gelangt, war es kaum noch möglich, sich zu bewegen. Etwa alle 15 Minuten ging es ein paar Zentimeter vorwärts.

Die Aussicht, Deutschland zu verlassen, belebte eine Zeit lang mein Gemüt. Doch nach zwei Stunden, in denen wir kaum vorangekommen waren, und umgeben von verzagten und transpirierenden Leidensgenossen, überkam mich eine Art Klaustrophobie. Weniger als zwei Meter waren wir in dieser Zeit vorgerückt, und es schien, als würde unsere missliche Situation noch Tage dauern. Hunger und Durst waren nicht meine größten Sorgen, aber als der Drang der Natur sich bemerkbar machte, geriet ich doch ins Schwitzen. Wie qualvoll und peinlich die nächsten sieben Stunden auch waren, ich lernte etwas Wertvolles: Mein Körper hatte seine eigene Disziplin und konnte weit mehr ertragen, als ich erwartet hätte.

Als wir schließlich eine Art Schranke erreichten, welche anscheinend den Übergangspunkt nach Polen markierte, waren noch hunderte, vielleicht tausende, in diesem Tunnel hinter uns. Unter ihnen befanden sich, wie ich Jahre später erfuhr, viele Freunde und sogar Verwandte.

Plötzlich erhob sich ein Stimmengewirr wie ein aufgestörter Bienenschwarm. Während ich lustlos auf einem Koffer saß, war anscheinend jeder andere mit einer Neuigkeit beschäftigt, welche sichtlich von großer Bedeutung war und sich wie ein Lauffeuer verbreitete. Meine Eltern schienen sich nicht einig zu werden, was wohl am besten sei, und so wurde ich um meine Meinung gefragt: Die Polen schließen die Grenze, aber wir können noch durchgehen. Die Frage ist: Sollen wir zu einem unbekannten Ziel weiterreisen oder sollen wir nach Hause zurückkehren – zurück in unser Heim, aber auch zurück ins Nazideutschland?

Ohne einen Moment zu zögern, antwortete ich: »Lasst uns weitergehen – nach Polen!«

Meine Eltern dachten natürlich an all das, was sie zurückließen, und ich verstand ihre Angst davor, in einem fremden Land für die Familie sorgen zu müssen. Fast unbemittelt und ohne Sprachkenntnisse waren wir auf die Möglichkeiten und die Neigung unserer Verwandten, uns zu helfen, angewiesen. Ob meine Eltern jemals einen dieser Angehörigen getroffen hatten, wusste ich nicht – ich jedenfalls kannte keinen, und so war es nicht verwunderlich, dass sie unschlüssig waren.

Ich hatte keine derartigen Bedenken. Mein Motiv war Abenteuer. Alles was ich zurückließ – ein Fahrrad, ein Diana Luftgewehr, einen Fußball – wollte ich gerne verschmerzen gegen die Aussicht, in einem neuen Land zu leben.

»Lasst uns weitergehen – nach Polen!« Diese meine Antwort verfolgt mich bis zum heutigen Tage – und wird niemals aufhören, mich zu bedrücken. Wie unschuldig und ahnungslos mein Ratschlag auch war, mit dieser Entscheidung verurteilte ich meine Familie zu Elend und Tod. Die Möglichkeit, dass das Schicksal der Meinen vielleicht das gleiche gewesen wäre, wenn wir kehrtgemacht hätten, kann mich kaum trösten; die meisten meiner Verwandten konnten noch rechtzeitig vor Beginn des Krieges auswandern.

Ein ungeheurer Empfang erwartete uns, als wir erst in Katowice, dann in Krakau ankamen. Tausende kamen und boten uns Essen, Sympathie, auch Geld an – und sogar Unterkünfte. Jedem Bedürfnis der Vertriebenen und Beraubten, die sich noch immer unter Schock befanden, wurde Rechnung getragen.

Kaum in Krakau angekommen, wurden wir von den Cousins

meines Vaters entdeckt und mit nach Hause genommen. Es musste meinen Eltern schwer auf der Seele liegen, dass wir von nun an auf die Wohltätigkeiten der Verwandtschaft angewiesen waren. Wir wurden »verteilt«. Mutter und Schwester blieben bei meines Vaters Onkel, welcher mit Frau und zwei erwachsenen Söhnen, Idek und Roman, in einer sehr großen, wunderschönen Wohnung in der Ulica Spitalna 36 residierte. Ich wurde bei der Tochter Elza, die in der Nähe im Plac Matejki mit ihrem Mann und einem kleinen Sohn wohnte, einquartiert. Jeden Tag, Punkt eins, musste ich mich bei den Schneiders (der verheirateten Schwester meines Großonkels), wo nun mein Vater wohnte, zum Mittagessen einstellen. Das Abendessen nahmen wir alle zusammen bei Kleinbergers ein, dem besagten Onkel in der Ulica Spitalna – genau über dem in Krakau wegen seiner wohlhabenden Gäste sehr bekannten Café Cyganeria.

Zwei Wochen nach unserer Deportation erfuhren wir von der berüchtigten Kristallnacht, in der fast alle Synagogen in Deutschland niedergebrannt wurden. Dies geschah unter dem Vorwand der Rache für den in Paris ermordeten deutschen Diplomaten vom Rath. Die Tat wurde von einem Jugendlichen namens Grynszpan ausgeführt, der sich wiederum für die Ausweisung seiner Eltern rächen wollte. Jüdische Wohnungen im ganzen Reich wurden unter diesem Vorwand ausgeraubt, die Schaufenster der jüdischen Geschäfte wurden eingeschmissen (daher Kristallnacht), ihr Inhalt teils geplündert, teils verbrannt, der Rest auf die Straße geworfen. Und das alles in einem »hoch zivilisierten« Land!

Der gleichzeitige Ausbruch dieser Gewalttaten verriet, dass die Ausschreitungen von oben angeordnet wurden – und nicht, wie die Nazis die Welt glauben machen wollten, eine spontane Reaktion des Volkes darstellten.

Der unaufhörliche Hass-Feldzug der Regierung und der genannten Hetz-Zeitungen zeigte seine vernichtende Wirkung nicht nur auf die beeindruckbare Jugend, sondern auch auf viele Erwachsene. Die Deutschen selbst prägten den Ausdruck »der deutsche Michel«, um die Leichtgläubigkeit ihrer Mitbürger zu bezeichnen. Der Name charakterisierte auch die Mehrheit der Deutschen, die sich mit jedem politischen Wind drehte. Von Goebbels Propaganda hypnotisiert, durch die wohl verbreitete Hassliteratur beeinflusst, mussten sich ganz normale Jugendliche aller Altersgruppen darüber hinaus nationalsozialistischen Organisationen anschließen. Dort wurden sie durch weitere Indoktrination belehrt, dass sie zur »Herrenrasse« gehörten, welche von den Juden »böswillig befleckt« wurde. Diese »Lehre« fand in der »Kristallnacht« im November 1938 ihren ersten Widerhall; die bereits fortgeschrittene Fäulnis einer hoch stehenden Zivilisation trat sichtbar in Erscheinung.

Es bedurfte keines großen Schrittes mehr, bis der mit diesem Virus infizierte, nun uniformierte Deutsche seine Lehre vom »Herrenvolk« und der Minderwertigkeit der restlichen Welt in die Tat umsetzte. Die Doktrin von der Weltherrschaft und das Vernichten der »Untermenschen« war das gesetzte Ziel, für welches die verführte deutsche Jugend und Millionen andere ihr Leben lassen mussten. Die Juden waren die Ersten und litten am meisten. Aber es standen noch viele andere auf dem Programm. Es muss jedoch gesagt werden, dass nicht alle Deutschen auf diese perversen Lehren hereinfielen. Nach dem Pogrom und nachdem sich die wahre Gesinnung des Nazismus selbst dem leichtgläubigsten deutschen Bürger offenbarte, hörte man so manche Stimme sagen: »Das kann nicht recht sein.« Diese Leute wurden in der SS-Zeitung »Das Schwarze Korps« geschmäht: Sie seien noch schlimmer als die Juden.

Jugend in Krakau

Der Teenager

Mir selbst überlassen, musste ich nur pünktlich bei den Mahlzeiten erscheinen. Für mich war es das einzige Jahr der Jugend, das ich hatte – ein Jahr des Reifens, eine Zeit des Erwachens. Ich verbrachte den Großteil meiner Zeit in einem nahen Klub, welcher zumeist von den jugendlichen Söhnen und Töchtern der Ausgewiesenen besucht wurde. Keiner von uns hatte Geld, und »mit einem Mädchen ausgehen« bedeutete, mit ihr nachmittags spazieren zu gehen.

So, ohne irgendeine Vorstellung von der Zukunft, ohne Karriere, ohne ehrgeiziges Streben, aber auch vollständig ohne Sorgen, ließ ich mich einfach treiben; müßig und verhältnismäßig glücklich. Vielleicht unternahmen wir wegen unserer Pläne, nach Amerika oder Palästina auszuwandern, keine größere Anstrengung, uns hier zu integrieren und niederzulassen. Polen oder Amerika – mir war es egal. Ich war auf alles erpicht, was das Leben mir bieten konnte – vorzugsweise auf Abenteuer.

Da die vorliegenden Aufzeichnungen im Wesentlichen autobiografisch sind und die Zeit des Zweiten Weltkrieges betreffen, sollte ich nun gleich zum September 1939 kommen. Doch ich möchte gerne noch ein bisschen bei meiner viel zu kurzen Zeit als Teenager, während der ich unbelastet von der Naziunterdrückung lebte, verweilen.

Während ich mir meine Zeit nun meistens in diesem Jugendklub vertrieb, entdeckte ich, dass ich eine Gesellschaft mit Zauberkunststücken unterhalten konnte. Ich begann mit einem Zündholz, welches ich in ein Taschentuch wickelte. Dann bat ich einen meiner jungen Freunde, das Hölzchen zu zerbrechen. Statt des konventionellen »Abrakadabra« forderte ich Martha, das begehrteste Mädchen, auf, in meine Hände zu blasen, in welchen sich das Taschentuch befand. »Wenn es nicht klappt, ist es deine Schuld!«, verkündete ich. Es klappte natürlich, und das nun aufgewickelte Tüchlein zeigte ein perfektes, ungebrochenes Zündholz. Ich lobte die junge Dame für ihre Geschicklichkeit, welche, wie ich ihr sagte, unbedingt erforderlich zum Gelingen des Wunders war. Bei so einer Gelegenheit beschloss ich, meinem ersten Rivalen einen Streich zu spielen. Alfred war ein gut aussehender Bursche, sportlich und bis auf die folgende Situation ein sehr gescheiter Kerl. Wir warben um dasselbe schöne Mädchen – Martha. Nachdem ich andere magische Kunststücke vorgeführt hatte, einschließlich eines mit Alfreds Taschenmesser durchschnittenen Strickes, der durch Marthas »fachliches« Blasen (wie wunderschön sie mit ihrem kussgespitzten Mund aussah) wieder hergestellt wurde, waren die kritischsten Zuschauer bereit, mir alles zuzutrauen. War es der Schalk oder der Schauspieler, der sich in mir rührte? Mit theatralischer Geste erklärte ich, dass ich nun als *Coup de Grâce* ein alle Erwartungen übertreffendes Kunststück vorführen würde. Ich würde die Knöpfe von Alfreds Hosen abschneiden, und diese würden sich bei meinem dritten Pfiff wieder an ihrem vorherigen Platz befinden. (Damals hatten Hosen noch Knöpfe für Hosenträger.) Um jegliches Zögern zu vermeiden, wies ich darauf hin, dass ich damit meinen Ruf als Zauberkünstler aufs Spiel setzen würde.

Alfred wagte keinen Widerstand, da Martha ihm schon die Hosenträgerknöpfe abschnitt, aber er bestand darauf, die restlichen Knöpfe selbst abzuschneiden.

Nun kündigte ich an, dass ich, um diesen Trick noch wirksamer zu gestalten, vor der Türe pfeifen werde. Ich drehte mich noch einmal um und sah Alfred mit sorgenvollem Ausdruck und mit beiden Händen seine Hosen haltend in der Mitte des Zimmers stehen. In den anderen Gesichtern las ich Erwartung und Belustigung.

»Bitte laut mitzählen«, sagte ich und pfiff zum ersten Mal. »Eins«, riefen sie, bevor ich noch die Türe schloss. Zehn Sekunden später pfiff ich wieder, und der Chor brüllte »zwei«. Danach fasste ich den Entschluss, dass ich sowieso keine Karriere als Magier machen wollte – und ging nach Hause.

Ich schwelgte in meiner kurzzeitigen Beliebtheit, welche diesen Späßen folgte. Alfred war für die nächsten zwei Wochen nicht zu sehen, und Martha, so glaubte ich, hatte nur noch einen Bewerber. Als er endlich zurückkam, ließ er Martha und mich völlig unbeachtet.

Eines Nachmittags kam das Gespräch auf die Gebräuche hier im Lande. Während es in anderen Ländern bereits unüblich war, einer Dame zur Begrüßung die Hand zu küssen, wies der Handkuss den polnischen Gentleman aus. Alfred und ich waren bereits wieder Freunde, besonders da Martha, der Grund unserer Rivalität, sich einen Freund namens Paul ausgesucht hatte. »Ein Schmeichler und ein Aufschneider«, urteilte Alfred (ich fragte mich, wie er mich wohl vor kurzem noch genannt hatte).

Wir waren uns alle einig über die außerordentlichen Schwierigkeiten, welche die polnische Sprache bereitete.

»Es hört sich wie Zischen und Spucken an«, ärgerte sich Paul. »Heute Abend geben meine Verwandten ein Fest speziell für meine Familie, und ich kann mich nicht mal mit ihnen unterhalten.« Wiederum überkam mich meine schalkhafte Natur: »Dir kann geholfen werden, mein Lieber«, meinte ich, gleichzeitig die Gelegenheit wahrnehmend, meine größeren Kenntnisse unserer neuen Sprache zu demonstrieren. Nicht auf seine Antwort wartend, fuhr ich fort: »Zuerst wartest du, bis alle beieinander sind, trittst ein und bietest jedem ›dobre wieczór‹ – guten Abend ...«

»Wir alle kennen das«, unterbrach Paul, »dzien dobre, dobre wieczór, do widzenia – guten Tag, guten Abend, auf Wiedersehen – waren die ersten Worte, die wir gelernt haben, das bringt mich nicht viel weiter.«

»Ich kann dir keine ganze Unterhaltung beibringen«, setzte ich fort, »aber ich kann dich lehren, wie du deine Verwandten davon überzeugen kannst, dass du ein Mann von Welt bist, ein galanter Gentleman, wenn du willst.« Er akzeptierte meinen Vorschlag, und ich fuhr fort mit einer Erklärung, wie er die Dame des Hauses begrüßen solle. »Nimm ihre Hand an deine Lippen, dann, während du ihr freundlich in die Augen schaust, sage mit warmer Aufrichtigkeit in der Stimme ›pocaluy mnie w dupie‹.« Dies sei gleich bedeutend mit dem französischen »Enchanté«, erklärte ich. Nachdem er es ein Dutzend Mal wiederholt hatte, konnte er es fließend aussprechen. Noch im Weggehen wiederholte er den Ausdruck.

Der Leser mit etwas Kenntnis der polnischen Sprache hat schon gekichert. Da ich mich aber in diesem Buche der gemeinen Sprache enthalten will, kann ich den anderen Lesern nur mit dem Spruch des Götz von Berlichingen dienen.

Ich kann natürlich nicht berichten, wie das Fest verlief. Mir wurde nur gesagt, ich solle mich besser eine Weile vom Jugendklub fern halten, da Paul versprochen hatte, mich umzubringen und außerdem noch zusammenzuschlagen. So hielt ich mich eben auf ein paar Wochen fern, bis ich dann erfuhr, dass der Treffpunkt für den Klub an einen entfernten Ort verlegt worden war. Außer zu Alfred verlor ich den Kontakt zu allen andern. Alfred überlebte den Krieg nicht, ich würde gerne wissen, ob es jemandem von der Gruppe gelang.

Wie viele andere Teenager hielt ich die Begeisterung für ein schönes Mädchen für die große Liebe. Es war Spätnachmittag, als ich das Haus betrat, in welchem meine Mutter und Schwester nun wohnten und wo wir uns alle zum Abendessen trafen. Ich beobachtete die Ankunft einer Gruppe junger Schauspielerinnen und *Dancing Girls,* die im Café Cyganeria auftraten. Meine umherschweifenden Blicke galten der Vielzahl der zauberhaften jungen Damen, bis sie auf eine bronzene Schönheit fielen, deren klassische Gesichtszüge von tiefschwarzen Augen belebt wurden. Eine Beschreibung der feurigen Blicke, hätte ich sie nicht selber gesehen, würde als jugendliche Schwärmerei gelten.

Sie bemerkte die Bezauberung in meinem jungen Gesicht und belohnte mich mit gerade der Spur eines Lächelns, doch das genügte, um mich zu entflammen. Es dauerte nur einige Sekunden, dann betrat die Gruppe das Restaurant, und ich verlor sie aus den Augen. Oh, wie ich wünschte, alt und reich genug zu sein, um ihr in das Restaurant zu folgen.

»Selbst Rembrandt könnte solche Augen nicht malen«, murmelte ich, als ich die Treppe zur Wohnung meiner Verwandten hinaufstieg. Auf dem Zwischenstock bemerkte ich eine Türe, welche schon vorher meine Aufmerksamkeit erregt hatte. Es war bestimmt keine Eingangstür zu einer Wohnung, aber sie schien auch zu hoch zu liegen, um zu dem Café zu gehören. An diesem Abend drang ein dünner Lichtschein durch die Spalten. »Zuvor habe ich hier noch nie ein Licht gesehen«, dachte ich, bevor sich meine Gedanken wieder mit dem Engelsbild beschäftigten, das ich gerade gesehen hatte.

Da ich kaum etwas aß, wurde ich von meinen Eltern nach meinem Wohlergehen gefragt. Ich hörte kaum hin. Ich war wahrlich bezaubert von dieser Schönheit und zog mich bald in ein anderes Zimmer zurück, wo ich mit meinen Gedanken alleine sein konnte. Durch den Fußboden hörte ich Zigeunerweisen mit all ihrer Romantik. Ich verließ die Wohnung später als sonst, um gemütlich zu Elzas Wohnung im Plac Matejki zu spazieren. In Gedanken versunken die Treppe hinuntersteigend, hörte ich ein Lachen und Kichern durch die bewusste Türe. Wie von unwiderstehlichen Kräften angezogen, näherte ich mich der Quelle dieser fröhlichen Geräusche. Verstohlen schaute ich mich um. Ich wollte sicher sein, dass mich auch niemand sah, und bückte mich, um durch das Schlüsselloch zu schauen.

Was ich sah, würde bei der heute üblichen Zurschaustellung der weiblichen Formen kaum einen jungen Mann bewegen, zwei Mal hinzusehen. Bei der damaligen Zurückhaltung in solchen Dingen war es kein Wunder, dass ich den Tänzerinnen beim Umziehen von Kostümen in normale Kleidung mit großer Faszination zuschaute.

Durch das Schlüsselloch konnte ich nur die Köpfe derjenigen Mädchen sehen, welche sich in meine Richtung bückten. Unnötig zu erklären, was ich sah, wenn sie sich in die andere Richtung bückten. Da das wunderbare Geschöpf, das vor nur drei Stunden in meine Sinne eingedrungen war, als wollte es sie für immer besetzen, nicht zu dieser Szene gehörte, konzentrierte ich mich auf die sich in alle Richtungen bewegenden Oberschenkel – alle erregend wohl geformt und nur einige Zentimeter von mir entfernt. Da bückte sich plötzlich das der Tür am nächsten stehende Mädchen – sie war's – sie war's ...

War das ein elysischer Traum? Ganz bestimmt nicht. Der Höhepunkt der Frustration – das ist es, was es war. Nur eine Armeslänge von ... oh diese verdammte Türe. Wenn dieses dumme Hindernis nicht wäre, könnte ich ihr die Hand schütteln oder sonst etwas tun und ihr meine Bewunderung und unsterbliche Liebe erklären. Vielleicht könnte ich sogar ... Eine Tür klappte, ich hörte die Stimmen zweier Personen. Ein älteres Paar kam die Treppe herauf. Mich sofort aufrichtend und nonchalant an ihnen vorbeigehend, grüßte ich »dobre wieczór«.

Wie in diesem Alter üblich, hielt das Gefühl, der unglücklichste

Mann unter der Sonne zu sein, nicht lange an. ›Zugegeben‹, dachte ich, ›obwohl sie außerordentlich schön ist, ist sie doch schon ziemlich alt, mindestens 24 oder 25 Jahre!‹ Immerhin muss sie einen großen Eindruck auf mich gemacht haben, da sie 45 Jahre später so lebhafte Erinnerungen weckt.

Ihr Bildnis wurde nach einer kurzen Zeit von einem Ereignis verdrängt. Auf meinem Weg zu Elzas Wohnung durchquerte ich eine grüne Anlage. Eines Abends kam eine anmutige, elegante junge Dame auf mich zu und fragte mich etwas auf Polnisch. Wohlerzogen nahm ich sofort meine Mütze ab (ich sehe das Bild noch heute) und hielt sie (die Mütze) an meine Brust. »Ja nie umie mówic dobrze populsku«, entschuldigte ich mich mit der Erklärung, ich könne nicht gut Polnisch sprechen. Sie sprach sofort Deutsch. Mit einem leicht amüsierten Lächeln fragte sie mich mit wenigen direkten Worten, ob ich Sex wollte. Niemals hätte ich geglaubt, dass solche Worte von den Lippen einer Dame kommen könnten. Diese direkte Frage verursachte einen Wirbel in meinem Kopf und einen Schock in meinem Innern. Trotzdem fasste ich mich schnell. Völlig gelassen und in der Art eines welterfahrenen Mannes fragte ich: »Ile kosztuie?« (Wie viel kostet das?), in vollem Bewusstsein, dass ich nicht einen Zloty, nicht einmal einen Grosze, besaß.

»Finnef Zloty«, antwortete mit einem spöttisch-lächelnden Blick die vielsprachige Geschäftsfrau auf Jiddisch. Vermutlich hatte sie bereits erkannt, dass diese Summe für mich zu hoch war. »Sehr günstiger Preis«, murmelte ich, während ich in meiner Jacke die nicht existierende Brieftasche suchte. Ich bedeutete ihr, dass sie »finnef« Minuten warten möge, ich hätte mein Geld zu Hause vergessen.

Einige Tage nach dieser Episode traf ich Idek, der aus irgendeinem Grunde Pucek genannt wurde, als er gerade die Wohnung verließ, in die ich zum Abendessen eintreten wollte. »Ein junger

Mann sollte etwas Taschengeld haben«, sagte er einfach und gab mir fünf Zloty. »Wie passend«, sann ich und wunderte mich, warum er mir gerade diese Summe gab; das erste Geld, welches ich seit meiner Ankunft in Polen in die Hände bekam.

Da ich nichts für Essen oder Verkehrsmittel ausgab – ich ging immer zu Fuß –, stellten fünf Zloty für mich ein kleines Vermögen dar. Das einzige Beispiel für die Kaufkraft, das mir außer des gerade genannten noch einfällt, ist der Mietpreis für einen Billardtisch, er belief sich auf einen Zloty pro Stunde. Ich fand heraus, dass ich ein natürliches Talent für dieses Spiel hatte, und da nur der Verlierer bezahlen musste, hielt mein Kapital für viele Stunden dieses schönen Zeitvertreibs vor. Von Leuten, die es in einem derartigen Sport zu einer gewissen Fertigkeit gebracht haben, behauptet man, sie hätten ihre Jugend vergeudet. Ich wünschte, ich hätte mehr Jugend zu vergeuden gehabt.

Mitte 1939, sieben Monate nach unserer Ankunft, mieteten meine Eltern eine Wohnung im Rynek Glówne, am Hauptplatz im Zentrum Krakaus. Für eine Weile trafen wir uns zum Essen wie zuvor. Vater und ich nahmen unser Mittagsmahl pünktlich um ein Uhr bei Schneiders ein, einer wohlhabenden Familie, deren weibliches Oberhaupt die Schwester meines Großvaters war. Sie hatte zwei erwachsene Söhne, Olek und Idek (nicht der Idek, genannt Pucek, der mir mein einziges Taschengeld gab).

Meine Erinnerung führt mich in eine Wohnung und an eine Nähmaschine, an welcher ich fleißig zwei Nähte auf Ledergürtel anbrachte – auf jeder Seite eine, genau einen Millimeter von der Kante entfernt. Ich hatte das nie gelernt und weiß auch nicht mehr, wie ich diesen Job bekam. Die Linien waren nur Zierde, und eine einzige Unachtsamkeit konnte den ganzen Gürtel ruinieren. Ich lernte schnell, und mein Arbeitgeber hatte kaum Verluste.

Eine Woche später stellte mein Chef noch eine Person an, und mein Herz schlug einen Purzelbaum. Sie war bestimmt das schönste Mädchen meines Alters, das ich je gesehen habe. Ihr Name war Hanna Tänzer. Sie kam aus Chemnitz und war, wie ich, mit ihren Eltern nach Polen deportiert worden. Sie saß neben mir und machte dieselbe Arbeit an einer anderen Maschine. Eine hundertprozentige Konzentration auf die Arbeit war einfach nicht mehr möglich.

Nur langsam verlor ich meine Schüchternheit, und ich lud sie zu einem Spaziergang ein. Sie schien wirklich an mir Gefallen gefunden zu haben, jedoch das Schicksal war gegen uns.

Eine Organisation für Flüchtlinge gab jüdischen Kindern Gelegenheit, auf Urlaub zu fahren. Meine Eltern gaben meinen Namen an und wurden benachrichtigt, dass mir der Urlaub gewährt worden sei. Als ich dies meinem Chef mitteilte, erfuhr ich, dass Hanna mit derselben Gruppe fahren würde – ich konnte nicht glücklicher sein.

Die Reise ging mit einem Zug nach Zakopane – berühmt als Winterkurort. Unsere Gruppe fuhr in einem Wagen mit zwei Abteilen. Anstatt nun Hanna aufzusuchen, mied ich sie, grüßte sie nur kurz und setzte mich in das andere Abteil. Ich war wahrscheinlich der traurigste Mann in diesem Zug. Der Grund für dieses Benehmen? Eitelkeit! Am Morgen vor der Abfahrt schnitt mein geliebter, so praktischer und handwerklich geschickter Vater meine Haare. Von vorne war's nicht so schlimm, aber wie hasste ich den Rest. Unter keinen Umständen wollte ich, dass das Mädchen meiner Träume mich mit diesem Haarschnitt sah. Oh, wie ich litt! Da Hanna den Grund meines Benehmens nicht kannte, war sie ganz sicher verwirrt und wahrscheinlich auch traurig. Ich habe es nie erfahren. In der ersten Nacht wurden wir in einem Hotel untergebracht. Am nächsten Tag nach dem Frühstück wurden wir von Familien aufgenommen, die sich zu diesem Akt der Wohltätigkeit bereit erklärt hatten.

Ich kam zu einer vierköpfigen Familie. Von den Eltern und dem kleinen Sohn blieb mir keine Erinnerung. Von der 17-jährigen Tochter lernte ich, dass äußere Schönheit nichts mit den inneren Werten eines Menschen zu tun hat. Sie sah sehr einfach, fast unschön aus, aber sie besaß die Gabe, anregend zu unterhalten. Wenn sie sprach, wurde Schönheit belanglos. Als ich die Familie nach drei Wochen verließ, sah ich sie mit anderen Augen.

Hanna sah ich noch zwei Mal. Als wir das Hotel verließen, war sie in Begleitung einer Dame und deren 17- oder 18-jährigen, sehr stark und sehr gut aussehenden Sohnes. Als ich mein Traumbild neben diesem Adonis sah, fühlte ich den Stachel der Eifersucht. »Die sehen wirklich gut aus zusammen«, gestand ich mir ein. Ich winkte ihr zu, doch ihre Aufmerksamkeit galt dem Jungen.

An unsere letzte Begegnung erinnere ich mich bis heute. Die meisten von unserer Gruppe waren dabei. Hanna stellte mich ihrem neuen Freund vor. Seinen Vornamen habe ich vergessen, jedoch der Familienname Schildkraut blieb mir im Gedächtnis. Sein Vater war Rechtsanwalt, und er hatte einen Onkel in Amerika, der Schauspieler war. Nach dem Krieg sah ich diesen Schauspieler mehrere Male in Filmen.

Dieser hübsche junge Schildkraut lud mich nun zu einem »Armdrücken« ein. »Noch nie davon gehört«, sagte ich ihm. »Was ist das überhaupt?« Er forderte mich auf, mich ins Gras zu legen – Bauch nach unten – und dann meinen Arm wie ein L nach oben zu richten; er zeigte mir wie. Dann ergriff er meine Hand, und bevor ich merkte, dass dies ein Wettkampf sein sollte, presste er meinen Arm unzeremoniell auf den Boden. Ich hatte verloren – und Hanna hatte alles gesehen!

Für viele war der Urlaub nach drei Wochen zu Ende. Mit dem Hinweis, dass die Bergluft von Zakopane gut für meine angegriffene Lunge sei, erreichten meine Eltern eine Verlängerung meines Aufenthaltes.

Ich traf noch zwei junge Leute in diesem Ort: ein 17-jähriges Mädchen und einen 21-jährigen Mann. Erstere hätte die Bahn meines Lebens dramatisch ändern können; der Letztere tat es.

Die Geschichte des jungen Mädchens ist einfach und kurz. Wir trafen uns ein paar Mal. Einmal nahm sie mich mit nach Hause. Ihre Eltern waren Bankiers aus Katowice – zur Zeit mit ihrer Tochter hier auf Urlaub. Die Familie wollte in Kürze nach Amerika auswandern und fragte mich, ob ich mitkommen wolle. Ich weiß nicht, ob das überhaupt möglich gewesen wäre und ob sie selbst es zeitlich geschafft haben, denn Katowice war nahe der deutschen Grenze, und drei Wochen später begann die Invasion. Jedenfalls nahm ich die Einladung nicht an.

Die Geschichte des jungen Polen war anfänglich noch kürzer. Er beeindruckte mich sehr mit seinem Motorrad mit Beiwagen, in welchem er mit mir haarsträubende Touren machte. Bei einer solchen Fahrt auf steilen, engen Bergpfaden, in einer besonders scharfen Kurve, schwebte ich sekundenlang in meinem Beiwagen über einem siebzig Meter tiefen Abhang – glaubte ich jedenfalls. Vier Monate später trafen wir uns in Krakau wieder.

Ein bisschen Philosophie

Der Aufenthalt in Zakopane war die letzte unbeschwerte Zeit meiner Jugend. An dieser Stelle möchte ich den Wendepunkt eines Denkprozesses erwähnen – ich denke, dass ich mit 16 Jahren noch zu jung war, um es meine Philosophie zu nennen. Am letzten Abend vor meiner Abreise entschloss ich mich zu einem längeren Spaziergang der untergehenden Sonne entgegen, die schon ziemlich tief stand. Die flammende Scheibe schien sich auf den Gipfeln der westlichen Berge niederlassen zu wollen, langsam sinkend umrahmte sie die Dächer mit lichtem Gold, dann, nur einen

Bruchteil ihrer Majestät zeigend, beleuchtete sie kurz den Himmel über der Stadt, bevor sie sich vollständig der Nacht ergab. Während ich ziellos in die schnell dunkel werdende Nacht wanderte, beobachtete ich, wie immer mehr Sterne sichtbar wurden, als ob sie mich für die fernen und langsam verschwindenden Lichter der Stadt entschädigen sollten.

Ich streckte mich im hohen, duftenden Gras aus. In das Unendliche des gigantischen Gewölbes schauend, kam es mir vor, als ob die Himmelskörper mir einladend und doch spottend zublinzelten. Ich fühlte ein fremdes Verlangen, die Geheimnisse zu durchdringen, um welche die Menschheit seit undenklicher Zeit gerungen hat.

Ein ähnliches Erleben hatte ich sieben Jahre vorher auf dem Dachberg in Bad Soden (im Taunus). Kindlichen Gemüts war ich damals entschlossen, all die rätselhaften Fragen zu entwirren, welche niemand, nicht mal mein Vater, der für mich den Gipfel der Gelehrsamkeit darstellte, zu meiner Zufriedenheit beantworten konnte. Ich suchte die Antwort auf Fragen über Anfang und Ende der Zeit, über das All und zu Gott. Warum erschuf Gott die Welt? Wie alt war Er, als Er diese Idee hatte? Und warum hat Er diesen Planeten ausgesucht und keinen anderen? Falls es nun andere Leute oder denkende Wesen auf anderen Planeten gab (ich glaubte schon immer, dass es welche gäbe), hat Er sich ihnen ebenso offenbart? Gab Er ihnen auch die Torah, das Gesetz, wonach die Menschen leben sollten?

Ich wollte Glauben in Wissen verwandeln, Zweifel in Überzeugung. Mit neun Jahren fasste ich den Entschluss, dass ich es sei, der mit Denken, Entschlossenheit und Willenskraft, das Unlösbare lösen würde, falls kein Anderer es tue. Sieben Jahre später in einem polnischen Kurort brachen meine Hoffnungen erneut auf, das gleichsam tiefe, aber ebenso unerklärliche Rätsel des Himmels, der Hölle sowie des Lebens nach dem Tode zu lösen.

Wiederum sandte ich ein Gebet um Erleuchtung nach oben, diesmal mit mehr Inbrunst und tieferer Gefühlsregung. Die Intensität meiner Bittgesuche wuchs. Mein Kopf drohte zu bersten durch den sich ständig vergrößernden Wirbel von Verlangen, Hoffen, Flehen und Ersuchen, durch die Gebete, erzeugt durch die ehrfurchterweckende Weite über mir und das Gewahrsein meiner eigenen Nichtigkeit, und dem überwältigenden Wunsch, himmelwärts gehoben zu werden. Ich reichte hinaus – bald würde ich das Wissen erwerben und den Grund für alles verstehen: den fürs Leben, den für den Tod. Es schien alles so qualvoll nahe – und doch so außer Reichweite, und meine Bitte um eine Antwort blieb unerhört und unerwidert. Nicht ein Zeichen, nicht ein Echo kam zurück, um mir zu versichern, dass meine Gebete irgendwen oder irgendetwas anderes erreichten als eine Leere.

Der Laut eines Nachtvogels unterbrach meine Betrachtungen. Ich stand auf und schüttelte mich, zornig und traurig zugleich. Ich hatte meine »Erleuchtung« erhalten! Niemals, niemals, niemals wird die Menschheit die Antwort zu irgendeiner dieser Fragen erhalten. Ich beschloss, meine geistige Tätigkeit nie wieder auf metaphysische Spekulationen, die ewig unbeantwortbar bleiben müssen, anzuwenden.

Unter deutscher Besatzung

Der schicksalhafte erste Tag im September 1939 war für mich so gewöhnlich wie die meisten anderen. Meine Verabredung am Billardtisch mit Julius (Lulu) Rubinstein beschäftigte mich mehr als die Nachricht von der deutschen Invasion. Erst Österreich, dann die Tschechoslowakei, man gewöhnte sich an diese deutschen Annexionen. Da ich keine Zeitungen las, kam mir die Bedeutung dieser Übergriffe nicht richtig zu Bewusstsein.

Jemand erwähnte die Stärke und Kampfbereitschaft der polnischen Armee; ein anderer berichtete, dass die Angreifer mit blutiger Nase zurückgeschlagen wurden. Was verstand ich schon von Kriegspropaganda und Gerüchten?

Das Erste, was ich wirklich im Gedächtnis habe, war ein Fliegeralarm und das dumpfe Geräusch einer aufschlagenden Bombe nicht sehr weit von uns; vielleicht die erste von vielen tausenden. Ob das am zweiten oder dritten Tage war, weiß ich nicht mehr, doch sehe ich noch ganz klar, wie die Menschen voller Panik von allen Seiten in die Keller liefen. Als die Bombe explodierte, schrie jemand: »Gas!« – und alle hatten plötzlich Taschentücher vor den Gesichtern; eine nutzlose Geste. Ängstlich prüften meine Augen die Türen und Wandritzen in der Erwartung, tödliche Dünste durchsickern zu sehen. Der Schrei stammte von einem Mann, dessen Nerven beim ersten Anzeichen von Gefahr versagt hatten. Kurz zuvor hatte er sich noch als »Volksdeutscher« ausgegeben, in der Annahme, dadurch sicher zu sein.

Für einen kurzen Moment dachte ich, dass dies das Ende meines jungen Lebens sei. Doch in dieser wie in späteren lebensbedrohenden Situationen gab ich die Hoffnung niemals auf. Ein kleiner Funke blieb immer – sogar in Auschwitz. Mein Gehirn brachte stets alle möglichen und oft eingebildeten Gründe vor, um meine Hoffnung noch aufflackern zu lassen, wenn nach jeder normalen Berechnung alles zu Ende schien.

Ich ging nur ein einziges Mal in den Keller. Die deutsche Armee schritt rasch voran und in einer Woche wurde Krakau genommen. Was immer wir Juden von den Deutschen erwarteten, am Anfang geschah nichts Außergewöhnliches; der Leidensweg begann allmählich. In den Anfangsstadien der Besetzung Polens waren die Eindringlinge mit der Konsolidierung ihrer Position beschäftigt. Wie dem auch sei, als der Krieg richtig in Gang kam, zogen die Nazis die Schraube der Unterdrückung an. Zunächst langsam, aber stetig und unerbittlich – bis die Verfolgung kurz nach der berüchtigten Wannseekonferenz im Januar 1942 in unbarmherzig anhaltendem Schlachten kulminierte.

Es gab Gelegenheiten, bei denen ich mit deutschen Soldaten sprach – einzeln natürlich, denn zu mehreren wurden sie zu unzugänglichen, derb sprechenden Supermännern. Wenn sie alleine waren, wurden dieselben Männer gesprächig, und sie erzählten mir offen von ihren Beschwerden. Sie würden viel lieber nach Hause gehen, als hier Soldat zu spielen. Mit anderen Worten: Sie hatten dieselben Gefühle, Gesinnungen und vielleicht auch Ängste wie jeder andere Soldat in der Welt.

Während des Winters 1939/40 wurden Juden oft von deutschen Soldaten auf der Straße angehalten, um die Straßen von Schnee und Eis zu befreien. Da es jedoch gewöhnlich mehr Menschen gab als Werkzeuge, wurden wir nach nur kurzer Zeit wieder entlassen. Keinem gefiel dieser unfreiwillige Aufenthalt, doch murrte auch niemand darüber. Niemand gab wegen dieser ärgerlichen Zwischenfälle seine notwendigen Wege auf. Diese Dinge wurden achselzuckend in Kauf genommen. Ausweichen wurde zur Strategie.

Dabei hörte ich zum ersten Male den fatalistisch philosophischen Spruch: »Wenn es nicht schlimmer wird, kann man es ertragen.« Diese Phrase hörte man selbst dann noch, nachdem die Unterdrücker die Schraube noch mehrere Male angezogen hatten.

Als die Verordnung erlassen wurde, dass alle Juden in einem Getto zu leben hatten, hieß es plötzlich: »Auch unsere Vorväter lebten (im Mittelalter) in Gettos, man kann es überleben.« Diesen typisch jüdischen Stoizismus drückt auch eine jiddische Redewendung bildhaft aus: »As men gewejnt sich mit di tsures, lebt men mit sej in Freiden.« (Wenn man sich an den Kummer gewöhnt, lebt man mit ihm in Freuden.)

Erst als die speziellen »Einsatzgruppen« von Getto zu Getto zogen und jedes Mal zwischen fünfzig und dreihundert Tote hinterließen, wich diese fatalistische Einstellung purer Todesangst. Die Sprüche, die nur zur Aufrechterhaltung der Moral dienten, wurden nicht mehr gehört; aber selbst in dieser Situation ahnten die Leute nicht, was ihnen noch bevorstand.

1939 und 1940 sahen wir mit nagender Furcht der Zukunft entgegen. Als die Deutschen in Polen einmarschierten, verschwanden unsere Verwandten, die Kleinbergers und die Schneiders, ich hörte nichts von ihrem Schicksal bis lange nach dem Krieg. Ein anderer Onkel meines Vaters, Ignatz Kleinberger, kam nun aus Frankfurt zu uns. Er ›verwaltete‹ einen großen Vorrat an eingemachten Gurken und tausende Eimer mit Marmelade – alles in 5-kg-Verpackung. Diese hatte sein Schwager, Jakob Schneider, zurückgelassen, als er mit seiner Familie floh. Mein Vater und ich fanden endlich eine Anstellung als Verkäufer dieser gesuchten Waren. Es war meine erste Verkaufserfahrung. Unter den herrschenden Umständen konnte unsere Aufgabe gar nicht leichter sein. Die Preise stiegen stetig, denn die Nachfrage war enorm, das Angebot begrenzt. Damit vergingen die ersten Kriegsmonate relativ unproblematisch.

Im Dezember 1939 ging das Warenlager zur Neige. Damals traf ich meinen polnischen Freund Janek aus Zakopane wieder. Dieser unternehmungslustige junge Bursche hatte in seiner Heimatstadt Gold und Juwelen billig eingekauft und war nun nach Krakau gekommen, um sie zu verkaufen. Von meinen Anfangserfolgen stimuliert, bat ich meinen Vater, Janek bei uns aufzunehmen und seine mitgebrachten Artikel verkaufen zu dürfen.

Der schwarze Markt

Etwas auf dem Schwarzmarkt zu verkaufen ist natürlich eine strafbare Handlung. Unter normalen Umständen würden solche Straftäter nicht einmal im Traum daran denken, die Gesetze zu brechen. Es beginnt meist damit, dass Eltern nicht mehr im Stande sind, für ihre Kinder Nahrung zu besorgen. Fast unvermeidlich ist es jedoch, dass ein solcher Handel in Wucher ausartet – wenn auch nicht bei allen, bestimmt jedoch bei vielen.

Amerikanische Dollar, englische Pfund und deutsche Reichsmark waren gesuchte Valuta. Auf diese Weise wollten die Reichen und Superreichen ihre ständig sich verringernde polnische Währung in Sicherheit bringen. Ein Heer von weniger Bemittelten konnte sich dadurch als Zwischenhändler ernähren, ebenso viele andere, die ihre eigenen Wertgegenstände zu Inflationspreisen verkaufen konnten. Diejenigen, die mit Valuta und Juwelen handelten, trugen ihr »Geschäft« in der Tasche. Sie standen in kleinen Gruppen in gewissen Straßen des Kazimierz-Viertels von Krakau. Diese Gruppen vermehrten sich täglich, bis – es musste so kommen – eine Razzia der polnischen Polizei stattfand. Eine Anzahl Männer wurde verhaftet. Bei der Durchsuchung wurden die so genannten Wertgegenstände gefunden und die Eigentümer der »illegalen Ware« bestraft. Ein neues »Spiel« begann. Die Polizei und ihre deutschen Vorgesetzten befanden, dass nicht nur dem Gesetz Genüge getan werden musste, sondern sich auch ein lukratives Einkommen für sie selbst dabei ergeben sollte. Um ihre Freiheit wieder zu erlangen, wurden einige der Verhafteten zu *Muhßers*, zu Denunzianten.

Es war daher kein Wunder, dass meine Eltern dagegen waren, dass ich Janeks Waren verkaufte. Die Not stand vor der Tür, und mein Vater wurde ein Zwischenhändler. Es gab keine Jobs, keine Wohlfahrtsorganisation, und wir waren froh, dass unser polnischer Freund, der mit seinem ersten Geschäftserfolg sehr zufrieden war, uns versprach, so bald wie möglich wieder zu kommen und seine wertvollen Lieferungen fortzusetzen. Mein Vater, der nun neue Verbindungen hatte, betätigte sich weiter als Zwischenhändler. Es war ein beunruhigendes Gefühl, anderer Leute Gegenstände zu verkaufen und nicht die eigenen. Die eigenen Wertsachen behielt man besser, man wusste schließlich nicht, wie lange der Krieg noch dauern würde.

Während dieser Zeit verdiente ich mir ein Taschengeld. Schon kurz vor dem Krieg führte mich mein Interesse an Billard und Schach öfter ins Hotel Royale, das etwa zehn Minuten von unserer Wohnung entfernt lag. In einer größeren Halle wurde Schach, Billard und Karten gespielt. Einmal sah ich zu, wie ein Billardmeister 2300 Karambolen machte. Mit Beginn des Krieges schienen die Leute ihr Interesse an Schach und Billard verloren zu haben, was mir zugute kam.

Vielleicht lag es daran, dass das Hotel keine neue Spielkarten mehr bekommen konnte, oder aus welchen Gründen auch immer – jedenfalls bekam ich den Job eines ›Kartenreinigers‹ oder ›Kartenrestaurators‹, was viel besser klingt. Ich bekam einen ganzen Karton unvollständiger Kartenpakete, die dann zum Auswechseln von beschädigten Spielkarten benutzt wurden. Mein Lohn bestand in einer geringen Summe, mein Nebenverdienst aber, nämlich dass ich Billard spielen durfte, wann immer einer der zwei Tische frei war – und das war meistens der Fall –, machte mir größeren Spaß als das Geld. Häufig spielte ich mit meinem bereits erwähnten, ein Jahr jüngeren Freund Julius – Lulu. Am liebsten spielte ich jedoch gegen meinen Vater. Durch meine vielen Übungsstunden wurde ich bald zum besseren Spieler. Er hatte nichts dagegen (er hatte es sogar gern) und war stolz darauf, als ich schließlich auch im Schachspiel gegen ihn und bessere Gegner gewann.

Erfreuliches dauerte zur damaligen Zeit nicht lange. Bald zogen deutsche Wehrmachtsoffiziere in das Hotel. Für kurze Zeit noch kümmerte sich niemand um uns. Ob sie sich nicht bewusst waren, dass das Hotel am Nachmittag so viel jüdische Kundschaft hatte, oder ob sie zu schnell weiterreisen mussten – der Grund blieb mir ein Rätsel.

Am Empfangstisch saß ein Bekannter meiner Familie, ein Herr Stieglitz, ebenfalls aus Frankfurt am Main. Er arbeitete und wohnte mit seiner Frau und zwei kleinen Töchtern schon vor dem Krieg in diesem Hotel. Sein hoher Wuchs und seine scharfen Gesichtszüge machten ihn nicht unbedingt als Juden erkennbar. Sein fehlerloses Deutsch, wie es fast ausschließlich von Emigranten gesprochen wurde, konnte eher ein Zeichen dafür sein – wenn einer nach einem solchen suchte. Es kam sicher manchem Offizier in den Sinn, dass sie (Gott behüte) von einem Juden bedient wurden. Vielleicht kümmerte es sie nicht. Vielleicht waren sie als müde Reisende ganz zufrieden, höflich, ihren Wünschen gemäß und in ihrer Sprache bedient zu werden. Wie dem auch sei, ich stand oft am Eingang und beobachtete das Kommen und Gehen der Gäste, die jetzt alle Uniform trugen. Ich dachte oft, wie lange es noch dauern möge, bis ein unzufriedener Kunde – und es gibt immer mindestens einen in einem großen Hotel – oder ein rabiater Antisemit als Offizier der erobernden »Herrenrasse« von seiner Stellung Gebrauch machen würde – mit den unausbleiblichen Folgen.

Ein Major kam an. »Du bist Jude!«, bellte er, und da man ihm nicht widersprach, rief er indigniert: »Was tut ein Jude in einem deutschen Hotel?« Stieglitz verlor seine Anstellung und musste samt Familie das Hotel verlassen. Ich sah und hörte von dieser Familie nie wieder. In dieser Zeit festigten die Deutschen ihre Herrschaft, und Juden wurden fortan nicht mehr in das Hotel gelassen.

Eine neue Verordnung wurde erlassen: Juden mussten den Judenstern tragen. Eine demütigende Gesetzgebung. Ein weiteres Anziehen der Schraube. Es war nicht leicht, sich daran zu gewöhnen. Die Farbe des Sterns wurde nicht vorgeschrieben – wenigstens nicht am Anfang und nicht in Krakau. Ironischerweise war die Herstellung dieser Armbinden eine neue Verdienstquelle für einige unternehmende Juden. Das fertige Produkt wurde mit typischem Erfindergeist aus grauem, fast durchsichtigem Zelluloid mit dunkelblauem Stern hergestellt, welches auf geeigneter Kleidung kaum auffiel. Da die beiden Enden noch mit einem dünnen, dunklen Gummiband zusammengehalten wurden, konnte man das Ding einfach nach innen drehen. Diese Finte war nur von Wert, wenn man den polnischen Sektor der Stadt betrat und nicht auffallen wollte.

Bestimmt waren jetzt auch die letzten Optimisten unter uns mit der Vorahnung von dem nahenden Unglück erfüllt. Wir saßen in der Falle, es gab keine Möglichkeit auszuwandern, kein Entrinnen. Was aber werden sie mit uns tun? Den Unterhalt wegnehmen? Uns zwingen, für wenig oder gar kein Geld für sie zu arbeiten? Diese und andere im Rückblick sehr naiven Spekulationen waren typische Vermutungen, welche unter der jüdischen Bevölkerung zirkulierten.

Ich wurde später oft gefragt: »Warum hast du das Armband nicht einfach weggelassen?« Ich zögerte wie viele andere zunächst, dieses Zeichen zu tragen. Ohne den Stern war man in jüdischen Gegenden eine Ausnahme. Da die Polen noch keine Vorteile davon hatten, einen Juden in anderen Vierteln anzuzeigen, der die Armbinde nicht trug, ließen sie einen in Ruhe. Nichts Außergewöhnliches passierte, man wog das Für und Wider ab und kam zu dem Schluss, dass es besser war, die Armbinde zu tragen, als eine Strafe zu riskieren. Obwohl als Demütigung gedacht, wirkte es nach einer Weile nicht mehr so – so viele trugen den Stern Davids.

Zu dieser Zeit konnten in Polen der geringste Akzent, die geringsten semitischen Gesichtszüge bereits zum Verhängnis werden. Nicht mal ein »arisches« Aussehen würde auf Dauer helfen, wenn es nicht durch gut gefälschte Personalausweise »bewiesen« wurde. Wenige, gar zu wenige, überlebten mit Hilfe solcher Papiere.

Viele Deutsche, die nicht die gewünschte »arische« Erscheinung hatten, trugen die größten Hakenkreuze an ihrem Rockaufschlag. Meiner abenteuerlichen Natur gemäß spielte ich oft mit dem Gedanken, dieses verhasste Zeichen selbst zu tragen, um herauszufinden, ob ich mich, falls nötig, unter den Feinden frei bewegen konnte. Obwohl weder meine Eltern noch meine kleine Schwester nordisch aussahen, würden sie unter Deutschen keineswegs als fremd auffallen. Ich dagegen hatte dunkle Augen und »garboartige« lange Augenwimpern; dies verriete – so wurde mir gesagt – meine »nichtarische« Abstammung. Dieses mein Aussehen würde in nicht allzuferner Zukunft alle meine Pläne erschweren, aus Zwangsarbeits- oder Konzentrationslagern zu flüchten.

Der unternehmungslustige Janek

1939 war ein strenger Winter. Als Juden wurden wir öfters zum Schneeschaufeln kommandiert. Ich erinnere mich an eine solche Gelegenheit. Es war bitterkalt, und unsere Bewacher, bewaffnete deutsche Soldaten, wurden alle 15 bis 20 Minuten abgelöst. Einer von ihnen sagte uns, dass wir minus 30 Grad Celsius hatten. Wir arbeiteten hart, auch um nicht zu erfrieren. Als einer meiner Kollegen den Metallteil des Schaufelgriffes mit bloßen Händen anfasste, blieben sie daran haften, und es muss sehr schmerzhaft gewesen sein, sie wieder loszulösen. Wieder einmal war ich froh, dem praktischen Rat meines Vaters gefolgt zu sein. Ich hatte für einen derartigen Notfall immer etliche Paar warme Socken in der Tasche, die mir nun als Handschuhe dienten. Mit zwei Paar Socken über meinen abgetragenen Handschuhen konnte ich zufrieden sein, dass ich mit ein bisschen Halsweh davonkam. Ich bin sicher, die meisten versuchten alles, um nicht wieder für diese Arbeit eingeteilt zu werden. Und doch war das ein Kinderspiel gegen das, was uns bevorstand. Noch hörte man sagen: »Wenn es nur nicht ärger wird ...«

Der Frühling kam und mit ihm kam Janek – mit neuen Mengen von Gold und anderen kleinen Wertgegenständen. Wie beim letzten Mal war mein Vater der erfolgreiche Zwischenhändler, und Janek nahm bei uns Quartier. Er bekam mein Bett, und ich schlief in der Küche. Als Pole hatte er Bewegungsfreiheit. Er verdiente ziemlich viel Geld und hatte immer eine Flasche Wodka bei sich. Bald traf ich ihn nur noch in einem ständigen Rauschzustand an. Es brachte mich oft in Verlegenheit, einen solchen Freund zu haben, aber weder war es zeitgemäß, noch konnten wir es uns leisten, zu wählerisch zu sein.

Während es mir leicht fiel, sein Anerbieten zum Trinken abzulehnen, nahm ich einmal seine Einladung, uns nach Mädchen umzuschauen, an. Einem angenehm warmen Tag folgte ein ebenso behaglicher Abend. Ich trug einen weißen Anzug – es war einer von den sieben, die Idek Schneider zurückließ, und der einzige weiße Anzug, den ich je besaß. Dass ich bei dieser Gelegenheit meine Armbinde in der Tasche trug, versteht sich von selbst.

Wir spazierten an den Ufern der Weichsel. Das Licht des Mondes spiegelte sich im fließenden Wasser und war die einzige Beleuchtung. In seinem Schein konnten wir die Schatten von Menschen ausmachen, die sich scheinbar ziellos in alle Richtungen bewegten. Als sich meine Augen an die Dunkelheit gewöhnt hatten, sah ich, dass sich viele der Figuren paarten. Wir mussten Acht geben, dass wir nicht über Paare stolperten, die wahllos im Gras lagen. »Lass uns nach Hause gehen!«, sagte ich zu Janek, aber ich sprach ins Leere; Janek war nicht mehr bei mir. Ich drehte mich um und ging den Weg, den wir gekommen waren, zurück. Da lag er, er paarte sich mit einer Blonden mit völlig zerzausten Haaren. Gleichzeitig bemerkte ich eine Gruppe schemenhafter Gestalten, die sich drohend näherte. Ich stieß einen Warnruf aus. Janek richtete sich sofort auf, und wir liefen, so schnell wir konnten. Der Pöbelhaufen folgte mit Gejohle und Geschrei, und schließlich warfen sie Steine nach uns. Das Abenteuer hatte sich in eine lebensgefährliche Situation gewandelt.

Wir liefen schneller als die Verfolger und hängten sie nach wenigen Minuten ab. Anschließend versuchten wir zu erraten, was da wohl schief gegangen war. Vielleicht war die Blonde die Freundin oder Schwester von jemandem, vielleicht war es mein weißer Anzug, welcher diese Rowdys auf uns aufmerksam gemacht hatte, vielleicht waren es aber auch nur Jugendliche gewesen, die sich auf diese Art amüsieren wollten. Janek war zu weiteren Abenteuern bereit, aber ich hatte genug für diesen Abend und machte mich auf den Weg nach Hause.

Mir fiel ein, dass sich meine Eltern zu dieser vorgerückten Stunde bestimmt Sorgen um mich machten. Ich bemerkte, dass nur noch wenige Leute auf der Straße waren, und wiederum bereute ich, dass ich meinen hellen Anzug trug. Ich fürchtete, er würde die Aufmerksamkeit auf mich lenken.

Noch drei Minuten und ich würde die Sicherheit meines Heimes erreicht haben. Von der Eile schon etwas kurzatmig, näherte ich mich einer Gruppe von zwei Männern und einem Mädchen. Das Mädchen schrie »zostaw mnie« (Lasst mich in Ruhe!), während die beiden Freier sie an den Armen zogen – jeder in eine andere Richtung. »Der Tumult muss ja die Leute aufwecken«, dachte ich. Schon öffnete sich ein Fenster im oberen Stockwerk und ein Schwall Wasser traf die Störenfriede. Als ich die Streitenden passierte, hatte sich die junge Dame bereits losgerissen und war ins Haus gelaufen – die zwei Männer hinter ihr her.

»Was für eine Nacht«, dachte ich. »Wenigstens das kann ich meinen Eltern erzählen.« Als ich um die letzte Ecke bog, stieß ich fast gegen drei deutsche Soldaten. »Verdammt!« entfuhr es mir mehr ärgerlich als erschreckt. Ich fasste mich schnell, und bevor man mir unangenehme Fragen stellen konnte, drehte ich mich um und winkte ihnen, mir zu folgen. »Schnell, schnell, helfen Sie, zwei Polen belästigen meine Schwester!« Nach nur wenigen Schritten hörten wir schon die Schreie der bedrängten Frau. Das bewog zwei der hinter mir laufenden Soldaten, mich zu überholen. Ich lief hinter ihnen her – eine groteske Situation. Der Dritte torkelte etwas beschwipst hinter uns her. Wie ich gehofft hatte, stand die Haustüre, hinter der die Streitenden verschwunden waren, offen. »Zweiter Stock rechts«, sagte ich frech und deutete nach oben.

Was nun? Ich könnte natürlich nach oben folgen und mich aufs Bluffen verlassen in der Annahme, dass Polen und Deutsche sich nicht miteinander verständigen können. Nein, das geht nicht; ich hatte ja ›zweiter Stock rechts‹ gesagt, und das war erfunden. Ein fürchterlicher Schrei kam mir zu Hilfe und veranlasste meine zwei ›Gefährten‹ zu schnellem Handeln. Mit gewaltigen Sprüngen stürzten sie die Treppen hoch. Jetzt oder nie; ich blickte durch den offenen Türspalt und war bereit, mich dem Dritten zu stellen. Er stand etwa fünf Schritte entfernt an der Hauswand und entleerte seine Blase. »Ich rufe die Polizei«, sagte ich, an ihm vorbeihuschend. Sekunden später war ich außer Sichtweite.

Noch eine Geschichte, um mich bei meinen sorgenden Eltern zu entschuldigen. Doch der Verweis blieb nicht aus. Wie konnte ich so rücksichtslos sein, in diesen gefährlichen Zeiten so lange auszubleiben und Mutter und Vater so zu ängstigen! Dass ich die Armbinde nicht trug, machte die Sache nicht besser.

»Janek sucht noch einige Freunde auf«, sagte ich so nebenbei, »er lässt euch grüßen und wird später kommen.«

Kein Wunder, dass ich stundenlang nicht einschlafen konnte. Die Ereignisse des Abends beschäftigten mich. Wo wäre ich jetzt, wenn mich einer der uns nachgeworfenen Steine am Kopf getroffen hätte? Was hätte ich den Soldaten antworten können, wenn sie mir unangenehme Fragen gestellt hätten?

Am nächsten Tag fuhr Janek wieder nach Zakopane und versprach, in etwa einem Monat mit neuer Ware zurückzukommen. Wir sahen ihn nie wieder. Seine Hilfe war unermesslich gewesen, und ich wünschte, ich könnte ihn wieder sehen, um ihm meinen Dank auszusprechen.

Der »Denunziant«

Der Schwarzmarkt war nun unsere einzige Einkommensquelle, und man musste bei dieser Betätigung die Gefahr, verhaftet zu werden, in Kauf nehmen. Aus diesem Grunde wurde mir von meinen Eltern verboten, meinen Vater zu begleiten, wenn er Leute traf, mit denen er geschäftlich zu tun hatte.

»Ich wünschte, du fändest einen anderen Weg, die Familie zu ernähren, Bernhard«, sagte meine Mutter in verständlicher Sorge. »Es ist eine reine Qual, immer warten zu müssen und daran zu denken, ob du wohl heute zurückkommst.«

»Was können wir sonst tun?«, antwortete mein Vater. »Uns geht es wie furchtsamen Tieren, die zur Nahrungssuche ihre Verstecke verlassen müssen.«

Eine Weile ging alles gut. Fast täglich erfuhren wir von Leuten, die verhaftet wurden, während mein Vater für lange Zeit ein ungefährdetes Dasein zu führen schien. Ein Monat – eine Woche war in damaligen Tagen schon eine lange Zeit.

Dann geschah es doch, mein Vater kam nicht zurück. Meine Mutter war verzweifelt, aber entschlossen; sie ging sofort zur Polizei. Mein Vater hatte 800 Reichsmark bei sich, als man ihn verhaftete – ein Verstoß, der mit Gefängnis bestraft wurde, es sei denn, man denunzierte denjenigen, von dem man die »Ware« erhalten hatte. Die deutsche Währung konnte sogar auf Geschäfte mit den Besatzern hinweisen, was bei meinem Vater aber nicht der Fall war.

Wie er uns später erzählte, ging er scheinbar auf den Vorschlag der Polizei ein. Damit entging er den üblichen Schlägen, und seine Häscher benahmen sich für den Moment beinahe jovial. Am nächsten Tag brachten ihn zwei Gestapomänner in die Straße, wo Geschäfte abgewickelt wurden. Leute standen, anscheinend in Gespräche vertieft, in kleinen Gruppen herum. In dieser Zeit trug man die wertvolle Ware nur selten bei sich, Verhaftungen fanden nur durch Verrat statt.

Schließlich sah mein Vater die Person, von der er die verbotenen Reichsmark erhalten hatte. Der Mann wollte ihn ansprechen, verstand aber sofort den warnenden Blick meines Vaters. Da zwei Männer meinem Vater folgten, war es jedermann klar, dass er sich in Haft befand.

Der Mann verschwand sofort, und die Polizei bekam ihr Opfer diesmal nicht.

Mein Vater wurde zu sechs Monaten Gefängnis verurteilt. Mit seiner Finte hatte er drei Dinge erreicht: Er war nicht geprügelt worden, sein Geschäftspartner war der Verhaftung entgangen und konnte womöglich andere warnen – und, am wichtigsten, es gab niemanden, der gegen meinen Vater aussagen konnte. Er selbst erzählte dem Richter, dass er die Reichsmark nur wegen des täglich sinkenden Wertes des Zloty gekauft hatte. Selbstverständlich sei ihm nicht klar gewesen, dass er damit gegen das Gesetz verstieß.

Im Vergleich zu den späteren Ereignissen wurde dieser Fall noch sehr zivilisiert verhandelt; wir konnten meinem Vater sogar täglich Essen bringen, sehen aber durften wir ihn leider nicht – nicht ein einziges Mal.

Wieder arbeitete ich an einer Nähmaschine und produzierte etwas »Kriegswichtiges«. Der Name und die Persönlichkeit des Mannes, der diese Fabrik leitete, gruben sich tief in mein Gedächtnis. Wenn ich diesen gut aussehenden, eleganten Mann sah, wie er die hohen Offiziere der Wehrmacht zwecks Inspektion durch die Räume führte, hatte ich zeitweilig die Illusion von Sicherheit.

Sallo Greiwer behandelte seine uniformierten Gäste wie heutzutage ein Geschäftsmann, der seine Produktion einem geschätzten Kunden präsentiert. »Wenn diese Arbeit so wichtig bleibt, haben wir vielleicht noch eine Zukunft«, dachte ich. Später hörte ich von vielen solchen Industriebetrieben. Je wichtiger sie wurden, desto besser war das Verhältnis zwischen der nicht selten jüdischen Direktion und der Wehrmacht. Andererseits wuchs damit auch die Wahrscheinlichkeit, dass die SS mit diesen Geschäftspersonen kurzen Prozess machen würde. Ein weiteres Beispiel für einen derartigen Betrieb war Oskar Schindlers Deutsche Emailfabrik.

Es gab keinen sicheren Platz für Juden, selbst wenn ihr Werk

»kriegswichtig« war – der Vertilgung der »jüdischen Rasse« wurde Vorrang gegeben. Wenn Sallo Greiwer, jeder Zoll ein Magnat, an der Spitze der Inspektionsgruppe voranschritt, sah er so aus, als ob die antisemitischen Gesetze ihn nicht beträfen. Die Arbeit brachte mir kein Geld, nur das Gefühl von momentaner Sicherheit und eine größere Brotration.

Kollaborateur – Verräter – auch diese Worte kamen mir in den Sinn, jedoch tat ich ihm damit bestimmt unrecht. Wahrscheinlich wollte er uns, und natürlich auch sich selbst, retten. Dass er seine deutschen Kunden verschwenderisch bewirtete, war sicher nur Mittel zum Zweck. Dann wurde die Gestapo darauf aufmerksam, Sallo Greiwer wurde verhaftet.

Eine fragwürdige Einkommensquelle

Dadurch, dass mein Vater im Gefängnis saß, verschlimmerte sich unsere Situation zusehends. Bald würden auch wir unser Eigentum verkaufen müssen, nur um Lebensmittel und Miete zu bezahlen. Da wir völlig ohne Einkommen waren, verringerte sich unser Bargeld rapide. Immerhin besaßen wir noch viele Gegenstände und auch einige Schmuckstücke. Das Versteck, das mein Vater für diese Wertgegenstände fertigte, war einfach genial. Damals wurden Herd und Ofen mit Kohle und Holz geheizt. Mein Vater spaltete ein oder zwei größere Holzkeile und höhlte sie dann aus. Dann legte er die Schmuckstücke in diese Höhlung und leimte oder nagelte die beiden Teile ›nahtlos‹ wieder zusammen. Diese nun wertvollen Klötze konnten unmöglich von den anderen unterschieden werden. Damit man sie nicht aus Versehen in den Ofen steckte, schichteten wir zwei Holzhaufen auf, von denen der eine nicht benutzt wurde. Trotzdem sorgte ich mich jedes Mal, wenn ich ein Stück Holz in den Ofen legte, dass jemand die Haufen verwechseln könnte – besonders nachdem wir ein Zimmer vermieten mussten.

Mit der sich verschlimmernden Situation wurde es für die Juden natürlich auch immer schwieriger, eine Unterkunft zu finden. Wir bewohnten die hintere Hälfte einer sehr großen Wohnung; drei hintereinander liegende Zimmer und eine Küche, die in besseren Zeiten wahrscheinlich für die Bediensteten war. Wir betraten die Wohnung über die Hintertreppe durch die Küchentür. Das letzte Zimmer, in dem ich schlief, hatte eine zweite Verbindungstüre. Diese war ständig verschlossen – merkwürdigerweise steckte der Schlüssel auf unserer Seite. Da ich bisher keinerlei Geräusche von nebenan gehört hatte, nahm ich an, dass wir im Moment keine Nachbarn hatten. Vor mir war das Schlafzimmer meiner Eltern, und der erste Raum nach der Küche wurde von meiner zehnjährigen Schwester bewohnt.

Ich fand ein junges Ehepaar namens Eis, dem wir das Zimmer meiner Schwester, die nun bei der Mutter schlief, vermieteten. Einen Korridor gab es nicht, und so mussten wir durch das Schlaf- und Wohngemach unserer neuen Untermieter gehen. Ein erstes Anzeichen unserer zukünftigen Gettoexistenz. Das Gesetz, welches Juden zwang, in bestimmte Stadtteile zu ziehen, die später in ein Getto verwandelt wurden, war schon eingebracht. Doch das Leben ging zunächst weiter wie bisher. Mutter und ich wechselten uns ab, dem Vater das Essen ins Gefängnis zu bringen.

Obwohl die von Herrn und Frau Eis geleisteten Zahlungen fast unsere Miete deckten, reichte unser Geld keineswegs, uns zu ernähren. Das Schicksal half wieder. Diesmal in Gestalt eines Mannes, genannt Berel, dem jüngeren Bruder von Herrn Eis. Als er seine Wohnung verlor, zog er zu uns; erst in das Zimmer seines Bruders und seiner Schwägerin, dann in mein Zimmer. Ich musste nun auf einem Sofa in der Küche schlafen. Anstatt darüber verärgert zu sein, dass ich meinen Privatbereich verlor und er nicht mal Miete bezahlte, gewann er meine Zuneigung. Er sah aus wie ein Held, der Typ, in dem die noch für Ideale empfängliche Jugend den Widerstandskämpfer sah. Ich hätte mich nicht gewundert, wenn ich von ihm in dieser Hinsicht etwas gehört hätte. Vorläufig vollführte er zwar keine heroischen Taten, aber er plante, uns zu helfen.

Es ist vielleicht schwer vorstellbar, dass es in Zeiten solcher Unterdrückung Leute gab, die noch immer nach Zerstreuungen Ausschau hielten. Es gab keine offiziellen Vergnügungsorte für Juden und daher konnte »Bär« (so nannten wir Berel) problemlos eine Gruppe organisieren, die sich bei uns regelmäßig zum Kartenspiel traf. Dies waren nun nicht die harmlosen Familienspiele, sondern Glücksspiele mit sehr hohen Einsätzen. Meist wurde das dem Poker ähnliche »Oker« gespielt, bei dem man statt fünf nur vier Karten bekam. Jeder Spieler erhielt zwei Karten und setzte daraufhin eine gewisse Summe. Zwei weitere Karten wurden ausgeteilt, worauf die Spieler ihren Einsatz erhöhen konnten. Häufig lagen Schwindel erregend hohe Summen auf dem Tisch.

Bevor aufgedeckt wurde, nahm Bär eine größere Banknote von den aufgehäuften Scheinen. Diese gab er meiner Mutter, die dafür die Spieler mit Erfrischungen versorgte. Wir verfügten plötzlich über mehr Geld, als wir seit unserer Ankunft in Krakau je besessen hatten. Meinem Vater kam dies natürlich auch zugute. Er wird sich wohl gewundert haben, weshalb sich seine Verpflegung verbesserte. Eines Tages bekamen wir Besuch von einer Cousine meiner Mutter, Paula Bodner, verheiratete Schächter, mit ihrem einjährigen Söhnchen. Dessen Name Ariel war in Rot auf seinem Schlabberlätzchen aufgestickt. Sie kamen von Tarnow. Nach Paulas Berichten war die Situation dort noch viel schlimmer als in Krakau. Sie wollte sich hier mit ihrem Gatten treffen und mit ihm ins Ausland flüchten. Da unsere drei Zimmer schon ein wenig überfüllt waren, stellten wir noch ein Bett in die Küche, wo ich schlief. Nach drei Tagen verließen sie uns. Es gelang ihnen, die Grenze nach Belgien zu überschreiten. »Wenn nur mein Vater hier wäre«, seufzte ich neidisch, »vielleicht hätten wir mitkommen können.«*

Ich wurde zum Dieb

Viele Juden mussten nun ihre Wohnorte verlassen. Sie wurden gezwungen, in einen bestimmten Stadtteil zu ziehen, andere wurden ihnen verwehrt – die Gettoidee nahm langsam Form an. Der Rynek Glowny war einer dieser für Juden verbotenen Plätze, besonders nachdem er in Adolf-Hitler-Platz umbenannt worden war. Wir verloren unsere Wohnung, wir verloren unsere Freunde – wir verloren unseren Unterhalt.

Unser neues Quartier war ein Zimmer in einer Wohnung, die einer vierköpfigen Familie gehörte – mit zwei Kindern in schulpflichtigem Alter. Wir lebten jetzt in einem Bezirk, in welchem nun fast ausschließlich Juden wohnten. Schluss mit dem Verstecken der Armbinde. Ohne sie hier herumzulaufen wäre zu auffällig gewesen. Ob diese Familie gezwungen war, uns aufzunehmen

---

* Wie mir später berichtet wurde, war ihnen das Schicksal nicht gnädig. Bei einer Hausdurchsuchung der Gestapo, die nicht Paula und ihrem Gatten galt, wurden sie entdeckt und meines Wissens später in Bergen-Belsen ermordet. In weiser Voraussicht war Ariel einer katholischen Familie übergeben worden, er überlebte den Krieg. Diese Familie gewann den Knaben so lieb, dass seine leiblichen Verwandten, die Familie Bodner, die sich rechtzeitig in England niedergelassen hatten, große Schwierigkeiten hatten, den Jungen wieder zu bekommen. Das Baby, das in jenen fernen, beinahe unwirklichen Tagen in unserer Küche schlief und vom Elend des Krieges keine Ahnung hatte, ist nun glücklich verheiratet. Erst kürzlich stellte er mir seine charmante Frau und zwei liebliche Töchter vor.

oder ob es freiwillig geschah, weiß ich nicht. Diese Dinge wurden von Erwachsenen geregelt und gingen daher an mir vorbei.

Jetzt klopfte der Hunger an unsere Türe. Nicht der Hunger der Friedenszeit, wenn man aus irgendeinem Grunde ein Essen verpasste und sich schon auf das nächste freute. Nun wurde er begleitet von der Angst, dass es nie mehr genug zu essen geben würde, dass man aus Nahrungsmangel krank werden und sterben könnte. Die von uns gefürchtete Zeit, in der wir unseren Besitz veräußern mussten, um Lebensmittel kaufen zu können, war gekommen.

Obwohl wir noch einige Koffer voller tragbarer Kleidung hatten, war jeder einzelne Gegenstand unersetzbar. Es ist ein schauderhaftes Gefühl, wenn man seinen Besitz schwinden sieht und man die Zeit voraussehen kann, in der nichts mehr zum Verkaufen oder Eintauschen übrig ist. Wir hatten natürlich noch die zwei ausgehöhlten Holzstücke mit ihrem goldenen Inhalt, den Trauringen meiner Eltern, einem weiteren Ring, einem Armband und einer Taschenuhr. Außerdem gab es noch eine gewöhnliche Taschenuhr, welche ich später nochmals erwähnen werde. Leider half das nicht viel gegen das hässliche Gefühl des bevorstehenden Verhängnisses.

Meine Mutter entschied, wessen wir im Moment am wenigsten bedurften. Als erstes verkauften wir also meines Vaters alten Wintermantel. Wie viel brachte er ein? Ich wusste es nicht und fragte auch nicht. Nach einigem unfreiwilligen Fasten hörte mein Gehirn auf, sich um den nächsten Tag zu sorgen; ich konzentrierte mich auf die sofort erreichbare Mahlzeit. Morgen war eine Zeit, die noch weit entfernt war; auf das, was es heute zu essen gab, richtete sich unter Ausschluss alles anderen unsere Aufmerksamkeit. Unter diesen Umständen änderten sich die Menschen. Um ein Mahl oder manchmal nur ein Stückchen Brot zu erhalten, würden sie Dinge tun, an die sie vorher nicht einmal gedacht hätten. Trotzdem waren die moralischen Grundsätze an heutigem Standard gemessen nach wie vor auf ziemlich hohem Niveau. Weder gab es Gewaltverbrechen noch Straßenraub.

Wenn irgendetwas mehr galt als sonst, dann war es Menschlichkeit. Wenigstens dachte ich so, als Mutti (so rief ich meine Mutter bis zu dem Tage, als wir für immer scheiden mussten) mit der freudigen Neuigkeit nach Hause kam, dass sie eine Arbeit gefunden hätte. Sie musste jeden Morgen frisches Brot an bestimmte Familien liefern. Unvorstellbar in Zeiten, in denen Leute stundenlang nach Brot Schlange standen, sollte man meinen. Wahrscheinlich wurde das Brot heimlich und nur für bestimmte Leute gebacken, die genügend Geld hatten, um die hohen Schwarzmarktpreise zahlen zu können. Ob diese Tätigkeit verschleierte Wohltätigkeit an meiner Mutter war oder nicht, war mir egal. Damals lernte ich das polnische Sprichwort: »Nim tluse schudni, chudy zdechni« (Bis der Dicke mager wird, ist der Dünne gestorben). Jedoch war Tod durch Hunger Ende 1940 noch selten. Man konnte nur über die Stärke und Dauerhaftigkeit des menschlichen Körpers, der nur gelegentlich und mit wenigem gefüttert wurde, staunen.

Wir hatten Brot. Wochenlang gab es Brot zum Frühstück, zu Mittag und zum Abendessen; keine Butter, keine Margarine, keinen Käse, keine Marmelade, nichts – oder fast nichts. Die Familie, in deren Wohnung wir wohnten, hatte ein Geschäft. Keiner von uns kannte es, noch wussten wir, was darin verkauft wurde. Ich riet, dass Milchprodukte wenigstens einen Teil ihres Geschäftes ausmachten, denn jedes Mal, wenn Mutter einen Gegenstand zu Geld machte, kaufte sie Milch oder sogar etwas Butter von ihnen.

Die täglichen Gänge zum Gefängnis hatten fast aufgehört. Wenn jedoch nach dem Verkauf eines Kleidungsstückes etwas Neues auf den Speisezettel kam, wurde mein Vater natürlich daran beteiligt. Die abnehmende Frequenz unserer Besuche sowie die mindere Qualität des Essens sagten ihm bestimmt mehr als Briefe, die sowieso nicht erlaubt waren.

Anschließend an die Küche, die wir auch benutzten, war eine Speisekammer. Die vier darin enthaltenen Regale waren bis auf zwei Teller leer. Auf dem einen lag etwa ein Viertel Pfund Butter, auf dem zweiten ein Stück Käse. Beides gehörte den Wohnungsinhabern. Wenn ich alleine in der Wohnung war, pflegte ich dieser Kammer einen heimlichen Besuch abzustatten, um meinen Augen (und nur meinen Augen) ein Festessen der köstlichen Ware zu bieten – berühren tat ich nichts. Für einige Wochen behielt meine Erziehung die Oberhand.

Jedes Mal, wenn die Portionen zur Neige gingen, wurden sie sofort wieder durch Viertelpfünder ersetzt. Eines Tages bemerkte ich, dass der obere Teil der Butter und des Käses markiert waren. Jede Veränderung des Musters musste verraten, dass sich ein Unbefugter daran vergriffen hatte.

Dieser Herausforderung und dem Verlangen, den Besitzer zu überlisten, konnte ich nicht widerstehen. Ich lüpfte die Butter und schnitt vorsichtig zwei Millimeter vom Unterteil des rechteckigen Würfels ab. Dann legte ich den Rest genau wieder auf seinen vorigen Platz. Um diese Missetat, das Fehlen eines Zwanzigstels zu entdecken, müsste der Detektiv schon genau nachmessen. Da war ich nun, mit der Beute in meiner Hand, und nicht ein Stückchen Brot im Hause. Sollte ich die Butter aufheben und meiner Mutter zeigen? Ich wagte es nicht. Also aß ich sie. Wer erinnert sich nach mehr als vierzig Jahren an den herrlichen Geschmack eines Scheibchens Butter? – Ich!

Die Furcht vor Entdeckung lastete auf meinem Gewissen. Nichts geschah. Dies konnte, wie jeder Kriminologe weiß, wohl der erste Schritt auf einer schlüpfrigen Bahn sein – und so war es auch. Alle paar Tage, besonders wenn neuer Vorrat eintraf,

*Schwesterchen Hanna im Alter von etwa 7 Jahren.
Eine von den wenigen frohen Stunden ihres kurzen Lebens*

machte ich einen »Streifzug« in die Speisekammer. Die Methode war jedes Mal die gleiche, jedoch wechselte ich zwischen Butter und Käse. Mein Gewissen beruhigte sich, als ich merkte, dass der Nachschub ohne Unterbrechung kam, und zwar in unverminderter Menge. Es zeigte mir auch, dass die Familie selbst nicht Mangel litt. Der altehrwürdige Brauch, weniger Bemittelte zu einem Sabbatmahl einzuladen, schien ihnen nicht in den Sinn zu kommen. Andererseits aber und tief in meinem Herzen hatte ich Verständnis, dass das eigene Überleben vorrangig war.

Nicht ganz zwei Jahre später, als der Churban in vollem Gange war, als Leute in den Gettos eingeschlossen waren und das Leben davon abhing, dass man jung und unbelastet von kleinen, hilflosen Kindern war, nahm der blanke Selbsterhaltungstrieb Besitz von den Unglücklichen. Und in einigen wenigen Fällen wurde der starke Instinkt der Mutterliebe sogar vom Überlebenstrieb ausgeschaltet. Die so preisgegebenen, verleugneten, verwirrten, weinenden Kinder wurden wie Abfall auf Lastwagen geworfen, und wenn sie »Glück« hatten, auf der Stelle getötet. Den Bestimmungsort dieser beladenen Lkws kann man sich vorstellen.

Der Trieb, am Leben zu bleiben – wenn auch nur für kurze Zeit –, der aus den Tiefen menschlicher Natur hervorbrach, verleitete zu solchen Taten, die zu jeder anderen Zeit undenkbar waren. Wer aber wagt es, den ersten Stein auf diese trauernden, unglücklichen Eltern zu werfen?

Es war nun Herbst 1940, und wir erwarteten täglich die Entlassung meines Vaters aus dem Gefängnis.

»Ausgerechnet jetzt wird sie ein guter Esser.« Unser Leben lang – bis wir Deutschland verließen – war meiner Schwester und mir vorgehalten worden, wie unartig es von uns sei, unser Essen stehen zu lassen. Hanna war der größere Sünder. Ich betonte »jetzt« in dieser sehnsüchtig-gedankenvollen Bemerkung im Glauben, dass ich den Tisch nicht so hungrig hätte verlassen müssen, wenn mein Schwesterchen weiterhin mit so wenig ausgekommen wäre. Keinen Satz, den ich je im Leben äußerte, habe ich so bereut wie diesen. Man sollte denken, dass man sich nach all den Jahren an die Vergangenheit erinnern kann, ohne ein Würgegefühl im Hals zu haben; dieses Gefühl, das mich so lange zurückhielt, meine Geschichte zu erzählen. Doch vermisse ich Hannelorchen nach wie vor, und ich werde sie nie vergessen. In Erinnerung an Hanna gab ich meiner jüngeren Tochter den hebräischen Namen Chana.

Ich entsinne mich der vielen Stunden, in denen wir zu Hause

Karten spielten. Welch überraschende Fähigkeit die ruhige elfjährige Hanna entfaltete. Sie gewann viel zu oft, als dass man es bloßem Glück hätte zuschreiben können. Ich sehe sie noch vor mir, wie sie mit ihren kleinen Händen in flinker Gewandtheit die Karten mischte.

Wie ein Pokerspieler, der niemals seine große Chance vergisst, erinnere ich mich des besonders guten Blattes, das ich einmal hielt. Mutter saß rechts von mir, Hanna mir gegenüber. Wir spielten das schon erwähnte »Oker«. Ich bekam ein Blatt, worauf man mit Sicherheit sein letztes Hemd setzt. Augenscheinlich hatte Hanna ein ebensolches, was ich allerdings nie herausgefunden habe. Mutter warf ihre Karten hin. »Spielt ohne mich weiter«, sagte sie. Wir forderten einander heraus und erhöhten den Einsatz in wahrer Nachahmung der *Mississippi Gambler*.

Mutter stand am Herd, während auf dem Tisch der Streichholzhaufen wuchs und wuchs – und mit ihm die erregende Spannung. Plötzlich warfen wir beide unsere Karten weg, nichtachtend, wie und wo sie hinfielen. Ein Aroma durchzog die Küche, das wir schon fast vergessen hatten und mit welchem das beste Blatt sich nicht messen konnte: Eierspeise!

Ich hätte nie für möglich gehalten, dass man für einen persönlich wichtige Momente im Leben vergessen kann. Seit Jahren versuche ich, mich an die Rückkehr meines Vaters zu erinnern – vergebens. Ich weiß nur, dass sich kurz nach seiner Rückkehr der Begriff »Getto« verbreitete und meine Eltern sich entschieden, nach Bochnia zu ziehen. Wie meistens wurden diese Entschlüsse ohne mich getroffen. Deshalb kenne ich auch den Grund für den Umzug nicht.

Durch einen Vorfall, den ich lieber vergessen würde, grub sich die kurze Zeit bis zu unserer Abreise in meine Erinnerung ein. Butter und Käse stehlen könnte man der damaligen Umstände wegen vergeben – Geld stehlen jedoch nicht. Der geringfügige Betrag könnte mein Gewissen beruhigen, nicht jedoch der Umstand, dass mein Großvater, der zur Zeit der Missetat nicht mal in Krakau war, fast zwei Jahre später dieses Diebstahls beschuldigt wurde. Eine wahrhaft ungewöhnliche Bestrafung für mich.

Die Eigentümer der Wohnung waren tagsüber abwesend. In der Toilette stand ein mit Erde und längst verrotteten Blumen gefüllter Topf. Was mich bewegte, mit meinen Fingern in der Erde zu graben, kann ich bis heute nicht sagen. Das darin versteckte Kuvert enthielt 3500 Zloty – ein kleines Vermögen für Leute, die gar nichts besaßen. Ich legte das Geld zurück – das ganze Geld, ordentlich und sorgfältig.

Die Brotauslieferungen meiner Mutter endeten und damit entfielen auch die Extraportionen Brot, welche unsere Hauptmahlzeiten ausmachten.

Ich hörte die besorgten Gespräche meiner Eltern. Die ohnehin schlimme Situation schien, auch wenn sie für mich nicht neu war, noch trostloser, wenn sie die Gegenstände aufzählten, die nun verkauft werden müssten. Wenn sie überlegten, wie lange wir davon würden leben können, ob es noch einen anderen Weg gäbe, die Hungersnot aufzuhalten. Natürlich, ganz in der Art liebender Eltern, war keiner der Gegenstände, die verkauft oder eingetauscht werden sollten, aus meiner oder meiner Schwester Garderobe.

Kurz bevor wir Krakau verließen, nahm ich 200 Zloty aus dem Kuvert. Nach offiziellem Kurs entsprachen 35 Zloty einem Dollar, der Schwarzmarktkurs betrug 150 Zloty pro Dollar – und stieg ständig. Mir schien es viel mehr. Ich dachte, damit ein Retter in äußerster Not sein zu können. Mehrmals sah ich diesen Moment gekommen. Ich hatte jedoch nicht mit Vaters Vielseitigkeit gerechnet. Irgendwie hatten wir für die nächsten paar Monate zu essen, nicht gerade opulent, selten ein Stückchen Fleisch, aber wir darbten nicht.

Im Getto von Bochnia

Erste Massenmorde

Dass wir jetzt in einer Kleinstadt lebten, sollte die Sorge um das tägliche Brot vermindern. Wir wohnten bei einer jüdischen Familie namens Vogelhut. Ich glaube, dass sie Landwirtschaft betrieben, obwohl alles, was ich sah, ein nicht allzu großer Hof hinter dem Haus war, mit mehreren kleinen Ställen, einigen Hühnern, einem angeketteten Hund und einer einzigen Kuh. Vielleicht hatten sie auch Felder. Der Frau des Hauses sah man noch an, dass sie einst eine Schönheit gewesen war; des Gatten rundes Gesicht zeigte ein freundliches Gemüt. Ihre zwei Söhne waren beide etwas älter als ich.

Obwohl im Frühling 1941 die Gesetze gegen die Juden für das ganze Land galten, schienen sie uns in Bochnia weniger zu betreffen und deshalb – jedenfalls für den Moment – weniger unterdrückend zu sein. Da wir jedoch wussten, was anderswo geschah, war die Angst um die Zukunft dieselbe. Da gab es wieder das Gerede von einem Getto und wo es wohl sein würde, aber Deutsche in Uniform waren fast keine zu sehen. Ich fühlte mich hier weitaus besser als in den letzten Monaten in Krakau.

Das kleine einstöckige Haus, in dem wir wohnten, stand am Rande der Stadt, und mir kam der Gedanke, dass es im Notfall gar nicht schwierig sein würde, von hier zu fliehen. Unser Zimmer, in dem wir schlafen, kochen, Wäsche und uns selber waschen mussten, war etwa 5 x 3,75 Meter groß. Ein kleiner, mit Holz und Kohle geheizter Ofen, gerade groß genug für einen Kochtopf, sorgte für Wärme. Die hölzerne Toilette war am anderen Ende des Hofes.

Für mich war es eine Abwechslung von der Einsamkeit der letzten Monate. Ich traf Jungen und Mädchen meines Alters, darunter, durch einen der Zufälle des Lebens, meinen ehemaligen Billardpartner aus dem Hotel Royale, Julius Rubinstein, der mit seinen Eltern und einem jüngeren Bruder in der gleichen Straße schräg gegenüber wohnte.

Nachrichten über Gewalttätigkeiten gegen Juden wurden immer häufiger. Furcht erregende Geschichten hörte man aus den Städten, in denen schon Gettos eingerichtet waren. Aus einem uns unbekannten Grund wurde Bochnia einstweilen verschont. Wir Jugendlichen bildeten gesellige Gruppen. Wir trafen uns zu Diskussionen und Party-Spielen, Singen und Flirten. Manchmal wurde Musik gemacht – einer der Jungs spielte herrlich auf seinem Akkordeon (»Man müsste Akkordeon spielen können«, dachte ich neidisch), getanzt wurde nicht. Wie irreal diese fröhlichen Versammlungen mir heute auch erscheinen, damals waren sie der Ausdruck unseres jugendlichen Trotzes: »... heute leben wir, morgen ...?«

Mein Versuch, meine Schüchternheit gegenüber jungen Damen mit Worten und Gesten zu überspielen, überzeugte meine Gefährten anscheinend überhaupt nicht; das bewiesen sie mir bei einem Pfänderspiel. Um mein Pfand einzulösen, musste ich die Gastgeberin küssen. Damit ich mich traue, wurde ihr eine Uhr vor den Mund gehalten. Mit großer Heldenhaftigkeit schritt ich auf die Uhr zu, welche jedoch im letzten Moment weggezogen wurde. Mein verlegenes rotes Gesicht bereitete ihnen köstliches Vergnügen. Die junge Dame, die den ersten Kuss meines Lebens erhielt (Onkel und Tanten etc. nicht mitgerechnet), war an sich gar nicht mein Typ, jedoch wurde sie für etliche Wochen mein Traumbild. Wenn es wahr ist, dass ein Leben ohne den Zauber der Liebe ein leeres ist, kommt einem das herzzerbrechend-traurige Schicksal von Millionen junger Burschen und Mädchen, die vorzeitig sterben mussten, erst richtig zu Bewusstsein.

Je deutlicher es wurde, dass die Nazis nur an isolierten Morden interessiert waren (»isoliert« bedeutete damals zwischen fünfzig und dreihundert Tote bei jedem Abstecher durch die Gettos), desto leichter warf man moralische Bedenken über Bord; in unserer Gruppe jedoch gab es keine Ausschweifungen. Oft aber hörte man das Motto einer Jugend, die sich verraten fühlte: »Leb heute und zum Teufel mit morgen!«

Überall drehten sich die Diskussionen um die schlimme Zukunft. Von Anfang an betrieben die Nazis die bösartigste Hasspropaganda gegen die Juden. Einer heranwachsenden und empfänglichen Generation wurde das Konzept der »Herrenrasse« eingeimpft; sie wuchsen nun zu allzu willigen Helfern heran bei dem Vorhaben, das »Problem der Judenfrage« zu lösen.

In unserem Zirkel wechselten die Diskussionen vom Philosophischen zum Revolutionären, doch endeten diese immer mit der Erkenntnis, dass wir ohne Waffen und notwendige Organisation zum Untergang verurteilt waren. »Was werden sie wirklich mit uns tun?«, war die ständige Frage. Wenn sie weiterhin dreihundert bis sechshundert Juden in der Woche oder die schreckliche Anzahl von 15 000 bis 30 000 pro Jahr umbrachten, so rechneten wir uns aus, würde jeder zehnte von uns innerhalb von zehn Jahren ermordet werden.

Sie werden alle kampffähigen Männer, nicht aber die wehrlosen Alten und nicht die Kinder erschießen, war eine weit verbreitete Annahme. Es gab noch sehr viele, darunter auch ich, die sich ein mutwilliges Abschlachten von Millionen einfach nicht vorstellen konnten; »Gettos«, war unsere naive Annahme. »Sie werden uns, so wie im Mittelalter, in Gettos pferchen und ihre sadistische Befriedigung an unserer Demütigung haben.«

Gettogesetze gab es schon in allen größeren Städten, wo es meist schon jüdische Viertel gab. Je größer der Ort, desto leichter war es, den Rest der jüdischen Bürger zu zwingen, in die vorgesehenen Stadtteile zu ziehen. Jüdische Gemeinderäte wurden ernannt, um den Deutschen ihre Aufgabe zu erleichtern.

Waren die Gemeinderäte, die so genannten »Machers«, Verräter? Man findet immer Leute, die eine wichtige Stellung einnehmen und sich durch die damit verbundene Verantwortung erhöht fühlen; vielleicht auch wohlmeinende Menschen, die sich vorstellten, dass sie durch ihre Einwirkung und Kooperation mit den Deutschen das Los ihrer Mitmenschen und das ihrer Familie erleichtern könnten – was, in der Tat, auch der Fall war. Das gelang ihnen jedoch nur anfangs. Ich möchte betonen, dass diese »Räte« anständige und normale Leute waren, die nicht ahnten, dass ihre anfänglichen Aufgaben, nämlich das Zuteilen von Wohnungen und Lebensmittelrationen, sich sehr bald ändern würden. Dass sie Werkzeuge in den Händen ihrer »Meister« werden würden und helfen müssten, Leute für die Transporte nach dem »Osten« auszusuchen.

Damals lernte ich das nun international gebräuchliche Wort *Protekcja* – (sprich Protektzia) – Protektion – kennen. Der englische Spruch »It is more important who you know than what you know« (Es ist wichtiger, wen du kennst als was du weißt), in anderen Worten »Verbindungen sind wichtiger als Wissen«, kam der Wahrheit nie näher als damals. Wenn es um Nahrung, Wohn- oder Arbeitsbedingungen ging, bestand ein unerhörter Unterschied zwischen Haben und Nichthaben dieser Verbindungen – *Protekcja*. Noch etwas später waren es nicht die Lebensbedingungen, sondern das Leben selbst, das von solcher Schutz- und Gönnerschaft abhängig war. So kam es, dass, wenn das eigene Leben oder das der Familie auf dem Spiel stand, normale, sogar anständige Leute, Kollaborateure wurden.

Weder mein Vater noch ich selbst waren jemals in »erhöhter Position« (obwohl ich es in den Lagern zu meiner ersten Aufgabe machte, solche Patronage zu suchen), jedoch fragte ich mich oft: »Wäre ich in der Lage gewesen, meine Haut zu retten, auch nur für einen Moment, wie weit wäre ich gegangen?« Dem Himmel sei Dank, dass diese Frage für mich nur eine hypothetische war. Es ist beinahe unmöglich, sie ehrlich zu beantworten. Es muss ein fürchterliches Gefühl sein, vor die Wahl gestellt zu sein: »Entweder du lieferst, oder wir nehmen die Deinen …«

In dieser Nacht, während andere in Viehwaggons schmachteten, waren sie noch sicher und zusammen mit ihren Familien zu Hause. Der Gedanke, was passieren würde, wenn niemand mehr zum »Liefern« da wäre, war unerträglich. Dann wären sie an der Reihe!

Wir hatten »Glück«. Wir mussten unser Heim nicht verlassen, als die Grenzen von Bochnias Getto bestimmt wurden. Aber jetzt durften auch wir einen Besuch der speziellen Einsatzgruppen erwarten, der umherstreifenden Meuchelmörder, deren kurze Visite zwischen fünfzig und dreihundert Opfer zurückließ.

In dieser prekären Situation vergrößerte sich unsere Familie – mein Großvater traf ein. Er kam aus Frankfurt am Main – wie und warum, wurde mir nicht erzählt. Er war einer von denen, die am 28. Oktober 1938 nach Polen deportiert wurden, jedoch nicht, wie wir, über die Grenze kamen. Er belegte natürlich einen Teil unserer unzureichenden Unterkunft. Die anfängliche Freude, noch ein Mitglied der Familie bei uns zu haben, wich einer unerträglichen Spannung, besonders als er, was mir völlig unverständlich war, eine ältere Dame heiratete, die er dann auch noch in unserem Zimmer unterbrachte. Aus der Spannung wurde Feindschaft.

Obwohl wir in einer Zeit lebten, in der aus dem Elend, unter welchem wir alle litten, Mitleid und Verständnis speziell für die eigene Familie wuchs, überwog der Selbsterhaltungstrieb all diese edlen Gefühle. Als wir die neugebackene »Großmutter« dabei erwischten, wie sie ein frisch gebackenes Brötchen und einige Scheiben Brot aus dem Hause schmuggelte, milderte das Verständnis, das wir normalerweise dafür gehabt hätten, dass eine Schwester einem verheirateten Bruder und dessen zwei Kindern helfen wollte, unseren Zorn nicht.

In normalen Zeiten hätten wir sie sicherlich mit offenen Armen aufgenommen. Sie wäre eine perfekte Partnerin für unseren Großvater gewesen. Mit 67 war er schon zehn Jahre Witwer, und unter anderen Umständen hätten wir sie herzlichst beglückwünscht und ihm wegen seines guten Geschmacks gratuliert. Dieses Verständnis schwand, wenn wir die Leere im Magen fühlten, die wir auf ihr »Stehlen« zurückführten. Sie war eine Außenstehende, ein Eindringling, und ungeachtet der Tatsache, dass wir an ihrer Stelle wohl genauso gehandelt hätten, grollten wir dem Schicksal für die extra Last. Ihre »andere« Familie hatte wahrscheinlich noch weniger als wir, und was sie wegnahm, war vielleicht mit Großvaters Geld gekauft. Nichtsdestotrotz war in dieser Zeit unser Sinn für Vernunft und Fair Play nicht sehr ausgeprägt. Der alte Mann stand seiner Gewählten bei, und zu unserer größten Überraschung, aber auch Erleichterung fanden sie eine andere Unterkunft. Sie wohnten nun ein wenig außerhalb der nicht allzu strengen Grenzen des vorgesehenen Gettos. Auch das war ein Zeichen, dass die Administration in Bochnia bezüglich der Juden weniger streng war, als in den meisten anderen Orten.

»Und wenn sie nicht gestorben sind, dann leben sie noch heute«, wäre ein glücklicher Abschluss dieser bizarren Geschichte. Besuche waren nicht an der Tagesordnung, und ich sah unseren Großvater und »Großmutter« nie mehr wieder. Sie überlebten den Churban nicht.

In den ersten Wochen nach seiner Ankunft sagte mein ewig optimistischer Opa: »Der Engel des Essens schlafet nicht.« Und tatsächlich, wann immer wir hungrig waren, kam Nahrung aus unerwarteter Quelle. In unserem Getto gab es keine öffentlichen Geschäfte, in denen wir Essbares einkaufen konnten. Wiederum waren Verbindungen wertvoller als Professorentitel. Wirklich arm waren die, welche weder Geld noch *Protekcja* hatten.

Der Geldengel

Geld oder Tauschgegenstände waren der Schlüssel zum Leben, und beides wurde täglich knapper in unserem Haushalt. Der »kulinarische Engel« schritt ein, sein Name war Urbach. Auf Grund einer Abmachung, welche wahrscheinlich lange vor Großvaters Abreise aus Deutschland getroffen worden war, würde Herr Urbach uns Geld vorstrecken, das ihm im Falle seines Überlebens von Tante Fanni Müller, Opas Tochter und Vaters Schwester, in amerikanischer Währung zurückgezahlt würde. Ein ausgezeichnetes Arrangement. Nur, Herr Urbach wohnte leider in Krakau. Er war ein so genannter Treuhänder in seinem eigenen Elektrogeschäft, das er gemäß der herrschenden Gesetze einem Volksdeutschen übergeben musste. Das war besser, als das Geschäft vollkommen zu verlieren. Sein volksdeutscher Chef verlangte Urbach als Geschäftsleiter, da das Geschäft ohne ihn nicht laufen würde. Für eine ganze Weile funktionierte dieses Arrangement, das beiden zugute kam.

Herr Urbach hatte anscheinend mehr Vermögen, als er benötigte, und es war auch für ihn ein guter Handel, in Dollar ausbezahlt zu werden. Das Problem war nur, wie man das Geld nach Bochnia transferieren könne. Einem Fremden konnte man es nicht anvertrauen, und Juden war das Reisen ohne Erlaubnis verboten. Hanna war die geeignete Person, da sie unter Polen nicht auffallen würde, aber Schwesterlein war erst zwölf Jahre alt, ein bisschen zu jung für diese Aufgabe. Es wurde entschieden, dass ich mich ihr bei diesem Abenteuer anschließen sollte.

Wir verkleideten uns als polnische Bauernkinder. Voller Angst sandten uns unsere Eltern auf die gefährliche, doch lebenswichtige Mission. Hannelorchen kaufte die Fahrkarten. Mit Herzklopfen stiegen wir in den Zug, fanden zwei Plätze, und ließen uns nieder – scheinbar völlig sorglos. Ich war sicher, dass alle Blicke auf uns gerichtet waren.

»Ich glaube, wir sollten zurückgehen«, flüsterte ich mit sinkendem Mut. »Was ist denn, wünschst du dir nicht ein kleines bisschen Abenteuer?«, kam ihre scheinbar unbekümmerte Antwort, begleitet von einem Lächeln, welches jeden Beobachter überzeugen würde, dass sie keine einzige Sorge in der Welt hätte. Hannelorchen meisterte ihre Rolle vorzüglich, und es lag nun an mir, sie nicht im Stich zu lassen.

Als der Fahrkartenkontrolleur kam, stellte ich mich schlafend, die Mütze tief ins Gesicht gezogen. So weit ging alles gut. Wir erreichten die bekannten Straßen Krakaus, und tatsächlich schenkte uns kein Mensch Beachtung. Unser Selbstvertrauen stieg. Bekannte Straßen, jedoch keine bekannten Gesichter. Kein Jude war zu sehen – nicht einmal einer mit einem Davidsstern.

Wir fanden ohne weiteres das Geschäft des Herrn Urbach – vielmehr sein früheres Geschäft. Er hatte uns erwartet, war jedoch überrascht, dass wir so jung waren.

Ich versuchte mich wie ein erfahrener Geschäftsmann zu benehmen, und in weniger als einer halben Stunde waren wir mit zwanzigtausend Zloty auf dem Weg nach Hause, also über hundert Dollar – ein Vermögen für uns. Bevor er nach Bochnia gekommen war, hatte Großvater aus Krakau eine identische Summe mitgebracht. Dieses Mal würde fifty-fifty geteilt werden. Hannelorchen nahm die zwei Geldpaketchen zu sich und versteckte sie.

Die »Abenteuer«, die wir auf der Heimreise erlebten, entsprangen mehr unserer überhitzten Einbildung als der Wirklichkeit. Mehr als einmal wandten wir Kniffe an, um »Verfolger« zu überlisten: Um die Ecke, in schnellem Lauf zur nächsten, in einem Haustor warten, bis »er« vorüberging, und so weiter. Uniformierte sahen wir schon von weitem und machten einen großen Bogen um sie. Natürlich »schlief« ich wieder, als Hannelorchen im Zug die Fahrkarten vorzeigte.

Große Freude zu Hause, als wir zurückkamen – für unsere Eltern war es ein Tag voller Sorge gewesen.

Wie wir hörten, war in Warschau der Hunger so groß, dass selbst für Kartoffelschalen hohe Preise bezahlt wurden. Obwohl wir nicht viel anderes zu essen hatten, Kartoffeln hatten wir genügend. Die Ironie des Schicksals: Heutzutage werden des Vitamingehaltes wegen die Kartoffeln oft mit der Schale gegessen; damals wurden sie weggeworfen.

Polnische Bauern trotzten den Behörden und kamen in unser Stadtviertel. Uns gegenüber hatte ein christlicher Hufschmied sein Haus, wo er auch seinen Beruf ausübte. Er hatte die offizielle Erlaubnis, im Getto zu bleiben und weiter zu arbeiten. Viele seiner polnischen Kunden nutzten die Gelegenheit, mit den Juden zu handeln. Sie tauschten eine Tasse oder einen Becher mit Butter gegen ein Kleidungsstück und etwas Geld. Die Gefäße mussten wir natürlich zurückgeben. Der Tauschwert richtete sich nicht nach Maßen und Gewichten, und so lernte ich damals die Psychologie des Tauschhandels.

Unsere Lieferanten waren gewöhnlich Kopftücher tragende, schwarz gekleidete Frauen – im Volksmund *Baba* genannt. Da sie wussten, dass wir keine andere Wahl hatten, waren ihre Forderungen dementsprechend. Trotzdem gaben wir vor, dass wir diese Ware woanders billiger bekommen könnten, und meistens ließen sie auch etwas von ihren exorbitanten Schwarzmarktpreisen nach. Oft wurde es zu einer Art Pokerspiel, einer Frage der besseren Nerven. Wir zeigten ihnen nicht, wie lebenswichtig diese Artikel für uns waren, zügelten unsere Begierde und heuchelten Gleichgültigkeit. Sie dagegen wandten sich zur Türe. Wer zuerst nachgab, hatte den Preiskampf verloren. Bevor sie jedoch unser Zimmer ganz verließen, nannten sie ihr »niedrigstes« Angebot. Das war natürlich immer noch reiner Wucher, doch wenn wir ihnen gerade ein wenig unter diesem neuen Preis boten, nahmen sie gewöhnlich an. Hätten sie nicht akzeptiert, wären wir ihnen nachgelaufen. Diese Frauen waren nicht dumm, doch sie mochten die angebotenen Gegenstände und bevorzugten diese an Stelle von Geld.

Schweren Herzens trennten wir uns von jedem Kleidungsstück. Wir wussten, dass es nicht mehr ersetzt werden konnte – und der Vorrat war nicht unbegrenzt. Doch war es jedes Mal ein kleines Fest, wenn wir etwas anderes zu unseren gewöhnlich trockenen Kartoffeln hatten.

Das Gerücht wurde zur Tatsache. Bochnia hatte nun ein offiziell festgelegtes Getto, und mehr und mehr Menschen wurden in diesen begrenzten Raum gedrängt. Für viele war dies ein traumatisches Erlebnis. Für uns jedoch vollzog sich der Wechsel ohne größere Unannehmlichkeiten, da wir schon in dem für Juden bestimmten Stadtteil lebten. Für die Eigentümer unseres kleinen Häuschens war es schlimmer; sie mussten ein weiteres Zimmer an neue Einwohner abgeben.

Auf der anderen Seite des Gebäudes, durch die Eingangshalle von uns getrennt, wohnte nun ein nettes Ehepaar mit einer hübschen Tochter; ein schlank gewachsenes zwanzigjähriges Mädchen mit wunderschön gerahmten dunklen Augen.

Beinahe ...

In dieser Zeit entwickelte ich meine »Türschwellentheorie«. Dabei handelt es sich um den Grundsatz der Natur, wonach, wenn zwei gegensätzliche Emotionen eine enge Schwelle überschreiten wollen, hin und her geschoben wird, die Schwelle jedoch nicht überschritten werden kann. Am Ende gewinnt die stärkere, und die schwächere gibt nach. Diese Theorie ist auf alle Gefühlsregungen anwendbar; auf mich selbst bezogen waren es meine Neigung zu amourösen Abenteuern und die Schüchternheit eines unerfahrenen Jungen, die sich bisher »unüberwindbar« gegenüberstanden.

Langsam, sehr langsam wagte ich, mich Erna zu nähern. Ich kämpfte dauernd mit Minderwertigkeitsgefühlen: »Sie ist zwei Jahre älter; ein Mädchen will einen reiferen Mann; sie ist zu hübsch, sie kann jeden haben, den sie will; warum also ausgerechnet mich!« Obwohl der Gedanke an sie mich von der schrecklichen Wirklichkeit ablenkte, störte in meinem Unterbewusstsein das hässliche Gefühl, dass unsere Zeit irgendwie bemessen sei.

Historiker sind unterschiedlicher Meinung, wann genau der Churban begann; für mich, zurückblickend, begann er mit den Nachrichten über die speziellen Einsatzgruppen, welche von Stadt zu Stadt, von Getto zu Getto zogen und wahllos Leute ermordeten. Ihre Anfangsquote von »bloß« fünfzig Toten musste bald »verbessert« werden, und mit jeder neuen Visite wuchs die Anzahl. Wie heldenhaft mussten sich diese Mordbuben fühlen, wenn sie die hungrigen, verwirrten und unbewaffneten Zivilisten niederschossen. Welcher Stolz musste ihre Verdienstorden erwartende Brust erfüllen, wenn sie die steigenden »Erfolge« nach Berlin meldeten.

Ich weiß nicht, ob diese Killerkommandos die Folge der berüchtigten Wannseekonferenz waren, auf der die »Endlösung«, der satanische Plan, Millionen schnell und ökonomisch umzubringen, gefasst wurde, oder ob diese Einsatzgruppen am Ende zu langsam waren und daher die entsprechenden Partei- oder SS-Bonzen einberufen wurden, um die »Sache« zu beschleunigen. Doch weiß ich, dass schon die ersten fünfzig Morde uns Angst und Schrecken eingejagt hatten. Nach weiteren und immer schlimmeren Nachrichten über diese Streifzüge, welche alle paar Tage stattfanden (warum nahmen sie sich Tage frei – mussten sie sich von der anstrengenden Arbeit erholen?), lebten wir in ständiger Erwartung eines solchen »Besuchs«. Falls es bisher noch jemanden gab, der glaubte, dass nur ein kleiner Bruchteil getötet würde und daher die Überlebenschance mit über achtzig Prozent bewertete, musste er nun bei jeder neuen Nachricht die Kalkulation ändern. In dieser Atmosphäre machte ich Erna den Hof. Ihre intelligente Unterhaltung entzückte mich, und noch einmal, bevor die furchtbaren Ereignisse meine Familie und mein Leben auseinander rissen, entflammte mein Herz. Ob Erna dasselbe fühlte, konnte ich aus Mangel an Erfahrung nicht wissen, und ich war einfach unfähig, derartige Geständnisse auszusprechen.

Ganz in der Nähe, außerhalb des Gettos, wo kaum jemand hinkam, gab es einige Hügel. Diese waren nicht sehr groß, jedoch mit viel Gestrüpp und Unterholz bewachsen. Dahin spazierte ich eines Tages mit meiner Liebsten. Wir brauchten uns kaum zu sorgen, dass jemand hierher kommen würde. Eine Weile warfen wir uns Papierbälle zu. Einer fiel in einen Graben, und ich stieg hinunter, um ihn aufzuheben. Als ich den kurzen, aber steilen Aufstieg begann, streckte sie die Hand aus, um mir hinaufzuhelfen. Ich sah ihre herrlich geformten Beine, und mein Pulsschlag verdoppelte sich. Ich ergriff ihre Hand und setzte mich dann neben sie. »Jetzt muss ich aber sicherlich etwas tun«, dachte ich und legte meinen Arm um ihre Schultern. Sie ließ es geschehen. Ich armer Kerl – was nun, jetzt muss ich handeln – jetzt oder nie! Sie widerstand auch nicht, als ich sie sanft rückwärts auf das Gras zog.

Mein Gesicht war dem ihren nahe, und sie musste mein lautschlagendes Herz fühlen. War sie ebenso unerfahren und schüchtern wie ich selbst? Keine Abwehr, aber auch kein Wort, keine Bewegung der Ermutigung oder Unterstützung. Aus weiter Ferne hörte man Stimmen, und wie so oft, wenn die Courage mich im Stich ließ und meine Unerfahrenheit die Oberhand gewann, flüchtete ich mich in Worte. Die unvergesslichen Worte, mit welchen ich mich aus dieser heiklen Lage herausredete, klingen mir noch heute in den Ohren: »Jetzt könnte ich, wenn ich wollte, doch dies ist nicht die Zeit noch der Ort!«

In diesem überfüllten Getto war es der einzige Ort, und wie sich die Dinge entwickelten, blieb es die einzige Gelegenheit. Zwar gehörte ich zu dem kleinen Prozentsatz (zwischen fünf und zehn Prozent) der jüdischen Bevölkerung, der den Churban überlebte, doch hatte sie dasselbe Glück? Nein! Weniger als zwei Monate später gab es keine Erna mehr.

Wir standen auf und machten uns schweigend auf den Weg nach Hause. Dachten wir beide über mein albernes Benehmen nach? Um meine durch eigenes Verschulden verletzte Männlichkeit zu verteidigen, präsentierte ich ihr später am Abend die »Weisheit«, dass der Altersunterschied von zwei Jahren viel kleiner erscheine, wenn man erstmal 28 oder 30 ist. Ihre Zustimmung zu dieser einfältigen Ausrede gab mir das Gefühl, dass ich meine maskuline Ehre gerettet habe.

»Die Gettos sind übervoll, und ein ›Umsiedlungsprogramm‹ muss nun stattfinden«, argumentierten die Deutschen, als sie begannen, Menschen nach Osten zu transportieren. Dieses einfache, fast unschuldige Wort »Umsiedlung« war der Auftakt zum grausamsten und gigantischsten Verbrechen der menschlichen Geschichte. Keiner wusste, wohin diese Transporte gingen; ein genauer Bestimmungsort wurde nicht bekannt gegeben. Familien versuchten zusammenzubleiben, und solche, die es nicht konnten, hofften auf eine Nachricht, wie und wo ihre Verwandten sich niedergelassen hatten. Eine der naiven Annahmen war, dass eine große Anzahl Arbeiter für die Ernte in der Ukraine benötigt würde. Jetzt, wo wir wissen, wozu die Nazis fähig waren, erscheinen solche Vermutungen unverständlich. Damals aber, da keinerlei Nachrichten durchdrangen, glaubten die Leute, was ihnen die Hoffnung diktierte und was sie glauben wollten. Und doch wurde bemerkt, dass die Älteren und Schwachen die ersten waren, welche »umgesiedelt« wurden, während viele der Jüngeren, speziell solche, die schon Sklavenarbeit verrichteten, zurückbleiben durften. All diese Ereignisse geschahen anderswo; Bochnia, vielleicht weil es eines von den kleineren Gettos war, wurde zu aller Erstaunen bisher weder von den Einsatzgruppen heimgesucht noch fanden hier die berüchtigten Transporte statt. Dies war Juni/Juli 1942.

Einige Monate vorher wurde vom Judenrat, welcher unter SS-Aufsicht das Getto leitete, verlangt, eine Anzahl kräftiger Männer für den Bau einer neuen Straße zum Munitionsdepot Klaj, einer etwa zehn Kilometer entfernten Kleinstadt, zu stellen.

In diese Gruppe wurde ich eingeteilt. Nach wenigen Tagen harter Arbeit um den Lohn einer geringfügig erhöhten Brotration entwarf ich einen Plan, mich dieses Frondienstes zu entledigen. Ich besuchte einen polnischen Arzt und nannte ihm alle Einzelheiten und Symptome, welche ich über Tuberkulose gelernt hatte. Da er keinen Röntgenapparat hatte, also mir nicht das Gegenteil beweisen konnte, schrieb er mir eine Bescheinigung, die mich von dieser Arbeit befreite. Ich muss meine Rolle gut gespielt haben, denn ich las Mitleid in seinen Augen, als er mir zum Abschied die Hand gab. Kein Wunder, TB war damals eine tödliche Krankheit.

Als Monate später die Gerüchte umgingen, dass diejenigen, welche in »kriegswichtiger« Beschäftigung standen, nicht »umgesiedelt« werden würden, gelang es mir, meine frühere Arbeit wieder zu bekommen. Die Arbeiter aus Bochnia fuhren täglich mit dem Zug nach Klaj, wo in einem nahe gelegenen Wald die Munitionsdepots errichtet wurden. Diese Gebäude wurden verstreut in den Wald gebaut und durch ein Schienensystem miteinander verbunden. Diese Unregelmäßigkeit sollte es erschweren, von oben entdeckt und bombardiert zu werden. Zudem lagen die Backsteinbaracken genügend weit voneinander entfernt, um eine Kettenreaktion zu verhindern, falls wirklich eine getroffen werden würde.

Eskapaden auf Schienen

Während die Viehwaggons gen Osten fuhren, in die bis zur äußersten Kapazitätsgrenze unglückliche und zur Vernichtung bestimmte Menschen gepresst waren, begann für mich eine Zeit von knabenhaften Abenteuern. Hier möchte ich betonen, dass die volle und tragische Wahrheit den meisten bis nach dem Kriege unbekannt war, obwohl wir der unbekannten Ziele der Transporte und des »Umsiedlungsprogrammes« wegen voller dunkler Vorahnungen waren. Das Gehirn entwickelte seine eigene Logik: »Die Deutschen neigen zum Gebrauch von Sklavenarbeitern, sie brauchen Sklavenarbeiter – das ist jedem ersichtlich. Was aber geschieht mit Frauen und Kindern? Tja, sie benötigen auch Köche und Putzfrauen – und jemand muss schließlich auf die Kinder aufpassen.« Was mich betrifft, so waren sogar in meinen schwärzesten Gedanken Funken von Hoffnung, dass, obwohl viele sterben würden, viele auch überleben würden. Dass ein System in Bewegung gesetzt worden war, Menschen in Vernichtungslagern auszulöschen, konnte von normalen Gehirnen nicht akzeptiert werden – von meinem ganz sicher nicht.

Zu dieser Zeit waren auch andere Züge, die jeden Morgen in

Bochnia hielten, mehr als überfüllt. In den meisten Fällen konnten wir nicht in die Wagen einsteigen und mussten auf den Laufbrettern, welche an der Seite der Waggons angebracht waren, unsere Reise nach Klaj machen und uns mit grimmiger Entschlossenheit irgendwo festhalten. Um den kleinsten Fußhalt wurde gekämpft. Dies gab meiner natürlichen Neigung, mit Gefahr zu spielen, erst richtigen Antrieb. Ich erinnere mich verschiedener Vorfälle, deren Nachahmung ich meinen Kindern strengstens untersagen würde.

Der Zug, voll wie gewöhnlich, kam an; es gab keinen Platz, nicht einmal auf den Laufbrettern. Ich musste zur Arbeit; Entschuldigungen wurden nicht akzeptiert. Der Zug fing schon zu rollen an. Verzweifelt suchte ich nach dem kleinsten Halt. Ich fasste eine an der Türe angebrachte Haltestange und schwang mich mit einem Fuß auf die noch verfügbaren paar Zentimeter des Brettes. Mein Nachbar wollte oder konnte sich nicht bewegen. Als der Zug beschleunigte, hing ich mit einem Bein gefährlich in der Luft. Auf keinen Fall war es mir möglich, mich auf der ganzen Fahrt so zu halten. In meiner Verzweiflung wagte ich etwas, für das sich ein trainierter Akrobat nicht hätte schämen müssen. Ich begann, wie ein Pendel hin und her zu schwingen, bis ich endlich die Stange an der Türe des nächsten Waggons zu fassen bekam. Als Nächstes brachte ich meinen freien Fuß auf die Kante des anderen Laufbretts. In meiner Unreife schaute ich triumphierend umher, um sicher zu sein, dass mein Heldenstück auch richtig beachtet wurde. Auf zwei Wagen gleichzeitig fahrend, fühlte ich mich nun sicherer, und für den Moment war ich ganz zufrieden.

Als der Zug eine Rechtskurve machte, streckten sich meine Arme und Beine mehr und mehr. Ich rutschte mit meinen Händen an der Stange nach unten – andernfalls wären meine Arme nicht lang genug gewesen. Dieses allmähliche Strecken der Arme und Beine verursachte ein eigentümliches und Furcht erregendes Empfinden. Ich wusste, dass sich der Zug nicht beliebig stark krümmen konnte, aber es gab auch ein Limit, wie weit sich meine Arme und Beine strecken ließen. Ich bin sicher, dass es nicht länger als zwanzig oder dreißig Sekunden dauerte, aber die Arme zum Äußersten gestreckt und die Beine fast im Spagat, schien es mir eine Ewigkeit.

Bei einer anderen Gelegenheit, als wieder keine Chance bestand, ein- oder aufzusteigen, hatte ich plötzlich eine Idee: »Wie steht's mit der anderen Seite?« Gesagt, getan; ich schlüpfte schnell unter den Puffern zweier Eisenbahnwagen auf die andere Seite des stehenden Zuges. Zu meiner Überraschung schien ich der Einzige zu sein, der diese Idee hatte. Der Stolz über meinen glänzenden Einfall entschädigte mich kaum für eine Fahrt in Wind und Regen, die meine ganze Kraft beanspruchte.

Ich wurde dabei beobachtet und bald von anderen nachgeahmt – mit tragischem Resultat. Es geschah, als ich das dritte Mal von dem niedrigen Bahnsteig stieg und unter den Puffern die Schienen überquerte. Zwei Männer folgten mir. Zu unserem Schrecken begann der Zug anzurollen, als wir uns noch zwischen zwei Waggons befanden. Ich schaffte es leicht auf die andere Seite, drehte mich sofort um und vermochte den Zweiten noch herüberzuziehen; dem Dritten wurde der Kopf abgefahren. Für Sekunden standen wir starr vor Schreck. Realität und Unterbewusstsein wirkten zusammen. Der Mann war tot, wir mussten zur Arbeit. Noch halb betäubt sprangen wir auf das Trittbrett des letzten Wagens. Der Mann, dem ich helfen konnte, war einer meiner Kollegen, den anderen kannten wir beide nicht. Wir kamen zu dem Schluss, uns künftig in einer solchen Situation flach zwischen die Schienen zu legen und den Zug über uns wegfahren zu lassen.

Merkwürdigerweise war es viel leichter, auf dem Rückweg einen Platz, manchmal sogar einen Sitzplatz, zu bekommen, und es wäre nach schwerer Arbeit nur natürlich, davon Gebrauch zu machen. Aber nein.

Wir arbeiteten in einem Wald und hatten die Erlaubnis, Feuerholz mit nach Hause zu nehmen. »Erlaubt« ist vielleicht nicht das richtige Wort – vielmehr kümmerte sich niemand darum. Man würde das heute einen »Nebenverdienst« nennen, den der Job mit sich bringt. Wir brauchten Holz zum Kochen und selbstverständlich zum Heizen für den kommenden Winter.

Holz gab es genügend. Wir nahmen so viel mit, wie wir tragen konnten. Allerdings konnten wir große Bündel nicht mit in die Wagons nehmen. Das störte uns nicht. Einige von uns – man nannte uns Narren, man nannte uns tollkühn – platzierten ihre übergroßen Bündel auf die Puffer, setzten sich auf den kleinen, am Ende des Waggons vorstehenden Teil und stemmten die gebundenen Äste mit den Füßen gegen die Puffer, um sich selbst sowie die kostbare Fracht zu halten. Die Eisenbahnwaggons waren damals nicht durch Türen und Gänge miteinander verbunden, so hatte ich meist auch einen »Tollkühnen« oder »Narren« mir gegenüber.

Alles klappte großartig, und meine Stimmung stieg, wenn ich mir das Lob meiner Eltern für meinen Unternehmungsgeist und meine »Voraussicht« vorstellte. Da begann ich plötzlich, vor Schrecken zu schwitzen. Einer der größeren Äste hatte sich von meinem schlecht geschnürten Bündel gelöst und hüpfte auf den Puffern hin und her. Immer wenn die Räder über den Punkt rollten, wo die Schienen zusammentrafen, machte er einen Hopser. Mit den Händen konnte ich ihn nicht greifen, da ich mich damit festhielt. Könnte so ein Ast einen Zug entgleisen lassen, oder würde die Schwere des Zuges ihn einfach knacken? Noch fiel er nicht. Er tanzte hin und her, und sowohl meine Augen als auch die meines gegenübersitzenden Gefährten, der ein viel kleineres Bündel zu halten hatte, folgten der Posse dieses blöden Objekts mit hypnotischer Faszination. Das knorrige Stück Holz brachte uns fast um den Verstand. Plötzlich platzierte es sich wieder in der Mitte. Diese Gelegenheit durfte nicht verpasst werden. Ich drückte ihn mit einem Fuß gegen die anderen, dünneren Stücke, von denen sich einige prompt lösten und zwischen die Schienen fielen.

Glück im Unglück

Wir bauten derzeit eine Straße. Es handelte sich eigentlich um den Ausbau einer alten, aus der Pferdewagenzeit stammenden Dorfstraße, die dann schwerem, modernem Verkehr dienen sollte. Das Straßenbett war aus tausenden von eng zusammenliegenden Baumstämmen hergestellt, die alle 15 bis 25 Zentimeter dick und mit Sand und Kiesel bedeckt waren. Es war unsere Aufgabe, dieses Fundament zu beseitigen. Ein deutscher Zivilist zeigte uns, was wir tun sollten. Er nahm eine Pike, auch Spitzhacke genannt, holte weit aus und trieb ihre Spitze tief in das Ende eines Stammes, den dann zwei oder drei von uns an die Wegseite ziehen mussten. Es war schwere Arbeit, doch wurden wir mit einer Suppe und einem viertel Laib Brot entlohnt, wodurch die verbrauchten Kräfte ausreichend ersetzt wurden. Dies ermöglichte uns, weiterzuarbeiten und eine zum Tode führende Erschöpfung zu vermeiden. Schon bald würde dies die Strategie des Naziregimes werden.

Man sagt, dass das Unterbewusstsein schneller reagiert als das normale Bewusstsein. Das kann ich bestätigen. Mit einem großen Schwung trieb ich die Pike tief ins Holz – so dachte ich jedenfalls. Zu dritt versuchten wir mit einem »Hauruck! Hauruck!« gemeinsam, den widerspenstigen Klotz loszulösen und herauszuziehen. Der erste Zug ist gewöhnlich der schwerere, danach geht es leichter. Doch nach dem ersten »Hauruck!« und dem gleichzeitigen gemeinsamen Ziehen löste sich die Spitzhacke aus dem Baum. Zwei von uns fielen rückwärts in einen Graben, und das schwere Werkzeug folgte mir in kreisförmigem Flug, mit dem scharfen, breiteren Ende auf meinen Kopf zu. In diesem Moment bewahrte mich meine automatische Reaktion vor dem Tode.

Mein Arm schoss in die Höhe, ich bekam den Holzstiel des tödlichen Geschosses zu fassen, konnte jedoch den großen Schwung nicht vollständig abfangen. Die Spitzhacke traf mich mitten im Gesicht und schnitt meinen linken Nasenflügel ab. Die Nasenseite hing buchstäblich nur noch an einem fadendünnen Stückchen Haut. Meine erste Reaktion galt nicht dem Schmerz oder der Sorge über das hervorquellende Blut – sie galt vielmehr dem Bild meiner selbst, der ich nun verunstaltet durchs Leben gehen musste. Alle Leute und besonders die Mädchen würden sich von einem derart hässlichen, Mitleid erregenden Anblick abwenden. Entschlossen presste ich den losen Teil meiner Nase auf seinen vorigen Platz und hielt das angeklebte Stück mit meiner Hand fest. Als dann das Blut nach einiger Zeit trocknete, blieb der so befestigte Flügel in korrekter Position. Ein zusammengerolltes und um Nase und Kopf gewundenes Taschentuch schützte meine »Do it yourself«-Operation auf der Heimfahrt. Ich sehe noch immer die amüsierten Seitenblicke der mitfahrenden Passagiere. An diesem Abend nahm ich kein Holzbündel mit nach Hause; am nächsten Tag aber ging ich wieder zur Arbeit. Der Nasenflügel heilte bald. Die Narbe ist kaum noch zu sehen.

Wir werden getrennt

Wenn nur ein Jude überlebt

Inzwischen schrieb man Juli 1942. Ein Gerücht jagte das andere. Bisher wurde Bochnia aus uns unbekannten Gründen von den berüchtigten Einsatzgruppen, deren Auftauchen jetzt meistens den Transporten zur Vernichtung vorausging, verschont. Obwohl täglich erwartet, kamen sie nie. Keiner kannte das Ziel der Transporte, doch die rapide Verringerung der Bevölkerung in den größeren Gettos konnte nicht geheim gehalten werden.

Jeder zerbrach sich den Kopf – wohin gingen all diese Menschen? »Umsiedlung« – die offizielle Darstellung – wurde angezweifelt, doch gab es keinen Gegenbeweis. Die Erklärungsversuche gingen weiter – und manches klang ganz logisch: Wenn die Nazis die Leute umbringen wollten, warum sie erst verschleppen? Warum überhaupt Laderaum verschwenden, der so dringend für den »Totalen Krieg«, wie Hitler ihn jetzt nannte, benötigt wurde? Wo sie doch schon bewiesen hatten, dass sie Meister im Massenmord an Ort und Stelle waren. Vielleicht machten sie wirklich Gebrauch von all diesen Menschen und benutzten sie als unbezahlte Zwangsarbeiter. Wir klammerten uns an diese Illusionen, da wir die Alternative nicht in Betracht ziehen wollten.

Während vieler tief gehender Gespräche im Kreis unserer Familie ermutigten wir uns gegenseitig und versuchten, einander mit guten oder vermeintlich guten Gründen aufzuheitern. Oft gaben uns Nachrichten über Verzögerungen in der Offensive der deutschen Armee einen Hauch von Hoffnung: »Der Krieg kann doch nicht ewig dauern.« Abwegige Gründe wurden vorgebracht, um unsere äußerste Verzweiflung zu dämpfen. Mit der Zeit wurden wir alle still, es gab keine künstliche Ermutigung, keine Hoffnung mehr. Jeder lebte mit seinen eigenen schwarzen Gedanken und Befürchtungen. Mein Vater, meine Mutter, meine Schwester, ich selbst ... Was wird aus uns werden, und welche Überlebenschancen haben wir wirklich? Diese Gedanken hielten mich wach. Flucht? Doch wohin könnten wir gehen, besonders da Mutter gesundheitlich nicht auf der Höhe war? Vielleicht kommen diese Spezialkommandos doch nicht nach Bochnia. Ein Ertrinkender versucht, sich an einem Strohhalm zu halten.

Wir erwogen, das Getto zu verlassen, was gar nicht schwer gewesen wäre, besonders da wir am Rande wohnten und es keine Umzäunung gab wie bei anderen Gettos. Doch wohin sollten wir gehen? Wovon sollten wir leben? Dazu kam die berechtigte Angst, von der SS mit ihren Spürhunden entdeckt und auf der Stelle erschossen zu werden. Selbst wenn wir von Polen entdeckt werden würden, bestünde Gefahr, da es sehr viele Verräter unter ihnen gab – besonders seit die Deutschen eine Belohnung ausgesetzt hatten. All diese Gründe hätten nicht gezählt, wenn die Nazis nicht mit großer Raffiniertheit den falschen Samen der Hoffnung – die Übersiedlung irgendwo in die Urkaine – verbreitet hätten. Wenn wir gewusst hätten, dass diese Transporte direkt in den Tod führen würden, hätten wir mit dem Mut der Verzweiflung die Flucht gewagt. Doch wie die Situation war, kam jeder der Anordnung nach, sich bei der Bahnstation einzufinden.

Eine weitere List der Nazis war, den Leuten zu erlauben, ihr tragbares Eigentum mitzunehmen. Das bestärkte die Menschen in dem Glauben, dass sie, wie ihre Vorfahren vor Jahrhunderten, woanders ein neues Leben beginnen müssten. Sie ahnten nicht oder wollten es nicht wahrhaben, dass die Drohung erschossen zu werden, falls sie sich nicht freiwillig einstellten, ein bei weitem besseres Los gewesen wäre, als das, was sie erwartete. Diese List ermöglichte den SS-Bonzen außerdem, sich an den Wertsachen, welche diese Menschen natürlich mit sich nahmen, zu bereichern.

Für viele wurden diese Wertsachen Grundstock eines schönen Lebens in Südamerika.

Wieder saßen wir zusammen in unserer Stube; Mutter sagte: »Goebbels soll im Rundfunk verkündet haben, dass bereits zwei Millionen Juden liquidiert worden sind. Was wird mit uns geschehen?« Ob diese unerhörte Zahl stimmte oder nur Gerücht war, konnte ich damals nicht entscheiden, ich glaubte jedoch nicht, dass der deutsche Propagandaminister diese Angaben öffentlich gemacht hatte. Meine Mutter meinte dazu: »Was mit allen Juden geschehen wird, wird auch mit uns geschehen!« Diese resignierte Haltung weckte in mir Widerstand, meine unausgesprochene Erwiderung, welche Mutters Äußerung so unvergesslich machte, war: »Wenn nur ein Jude überlebt, dann bin ich es.« In meiner inneren Entschlossenheit fühlte ich, dass mir dies gelingen würde.

Heute weiß ich, dass das Überleben zwar auch von geistiger Kraft und unüberwindlichem Lebenswillen in der hoffnungslosesten Situation abhing, am meisten aber vom Glück. Natürlich musste das Glück von den durch die extremen Bedingungen äußerst geschärften Sinnen unterstützt werden. Kein Überlebender des *Churbans* dürfte eine andere Erklärung haben.

Laut aber, in Antwort auf Mutters grässliche Voraussage, sagte ich: »Wir müssen ein Versteck finden oder eines bauen.« Während ich von meiner Idee begeistert und bereit war, sie auf der Stelle auszuführen, spürte ich Zögern und Resignation bei meiner Mutter. Hätte ich sie nur wegen ihrer Zurückhaltung befragt und mit ihr darüber gesprochen, wenn auch nur, um mein nagendes Gefühl zu beschwichtigen, wäre vielleicht, aber nur vielleicht, alles anders gekommen.

Ein unzulängliches Versteck

Uns war vollkommen klar, dass es nur noch eine Frage der Zeit war, bevor Bochnia auf die Liste derer kam, welche diese Transporte anordneten. Ein Versteck wurde mit jedem Tag nötiger. Wir wussten, dass in anderen Gettos eine Anzahl Menschen zurückblieben, nachdem die mit unglücklichen Opfern voll gepfropften Transportzüge abgefahren waren. Trotz der Angst vor weiteren Razzien waren sie dem letzten Transport entgangen und lebten noch. Ich konnte es einrichten, dass mein Vater mit mir in Klaj arbeitete. Aber für meine Mutter und Schwester musste ich noch einen Ausweg finden, irgendeinen Weg, um zu vermeiden, dass sie abtransportiert wurden. Keiner meiner Pläne wurde akzeptiert, weil sie alle unzulänglich und fehlerhaft waren. Es gab einfach kein sicheres Versteck, und wir hatten kein Material, um ein unterirdisches zu bauen.

Die Hoffnungslosigkeit dieser Situation wurde für mich dadurch unterstrichen, dass selbst mein praktischer und erfinderischer Vater keinen Ausweg fand. Endlich, am 21. August, entschloss ich mich, ein Versteck zu bauen. »Bauen« ist nicht der richtige Ausdruck, »erfinden« käme der Sache näher. Was ich im Sinn hatte, war zwar nicht perfekt, konnte aber bei einer nicht allzu gründlichen Suche Schutz vor Entdeckung bieten.

Vor der Eingangstüre unseres Häuschens gab es einen kleinen Vorraum, darüber eine kleine Erweiterung des leeren Dachgeschosses. Diese Erweiterung hatte eine Bodenfläche von etwa 1,75 x 1,75 Meter und war mit einem kleinen Dach, das spitz zulief und in der Mitte weniger als anderthalb Meter hoch war, überdeckt. (Siehe Illustration des Verfassers.) In diesen winzigen Raum konnte man vom Dachboden aus hineinkriechen. Wie bereits erwähnt, hatten wir kein Baumaterial. Mit einem alten Pappdeckel, der vor den Eingang gestellt wurde, verbargen wir den

Das schlecht vorbereitete Versteck in der Mansarde über dem Vorbau

Zugang zu diesem Versteck. Die Idee war, dass jemand, der die Treppe hoch kam, nur einen leeren Speicher sehen würde. Meine Mutter und Schwester wären dann, für den Moment, gerettet – nur um der nächsten Hürde in diesem bizarren Spiel des Überlebens entgegenzusehen. Es kam anders.

Am 22. August wurde den Arbeitern in Klaj mitgeteilt, dass sie am nächsten Tag nicht mehr nach Bochnia zurückzufahren brauchten, sie würden in den neuen Baracken des Munitionslagers untergebracht. Wir nahmen an, dass die Wehrmacht über das Datum des nächsten Transportes informiert war und uns zu helfen versuchte. Einige von uns versuchten, die Erlaubnis zu erhalten, dass ihre Familien sie begleiten durften – doch dies wurde abgelehnt. Wir wussten nicht, ob man die Erlaubnis nicht erteilen wollte, es nicht konnte – oder es einfach nicht wagte. Am 23. morgens ging ich nochmals auf den Speicher, um die Tarnung zu verbessern. Ich war gar nicht glücklich darüber, aber es war besser als nichts.

Ein flüchtiger Blick würde das Versteck nicht enthüllen, bei einem wirklichen Suchen konnte es nicht übersehen werden.

Mein Vater und ich packten unsere Koffer. Die Zeit des Abschieds war gekommen. Ich blickte auf meine Eltern, sie kannten sich am längsten, sie hatten die Familie gegründet. Vielleicht erwartete ich von den Älteren, zu denen wir auch als unsere Lehrer aufschauten, eine magische Formel, eine Lösung in letzter Minute. Dann drehte ich mich, die Tränen zurückhaltend zur Seite – es gab keine Lösung.

»Versprecht mir, dass ihr ins Versteck geht«, drängte ich meine Mutter und Schwester – beide versprachen es. Wir küssten und umarmten uns nicht übermäßig, da wir bei uns selbst nicht den Eindruck erwecken wollten, als ob dies ein Abschied für immer sei. Schwer beladen mit unserem Gepäck verließen wir unser Heim; wir drehten uns um, sie winkten. Mein Herz war plötzlich voll schlimmer Vorahnungen. Nochmals drehte ich mich um, noch einmal schaute ich zurück, wie um mir das Bild von Mutti und Hannelorchen einzuprägen, damit es nie verblasse.

Am 24. August fand die »Evakuierung« des größten Teils der Bewohner des Gettos statt. Ein Zug genügte. Wir hörten diese Nachricht erst ein paar Tage später, und keiner von den Insassen unseres Lagers wusste, ob seine Familie dabei gewesen war.

Eine Woche später wurde uns erlaubt, die zehn Kilometer nach Bochnia zu Fuß zurückzukehren. Es war eine vielgewürdigte Geste des Militärs, das dazu kaum verpflichtet war. Vater und ich sprachen nicht viel, noch wagten wir darüber zu spekulieren, was uns erwarten würde. Weil man uns erzählt hatte, dass hunderte von Leuten zurückgeblieben waren, klammerten wir uns an diesen Funken Hoffnung. Immerhin hatten unsere Lieben ein Versteck, was bei den meisten anderen nicht der Fall war.

Nach ein oder zwei Kilometern machten mir meine Schuhe zu schaffen. Ich sah viele barfuß marschieren, und ich tat es ihnen gleich. Oh weh, ich war ein Stadtkind, dessen Füße nicht abgehärtet waren. Am Ende der Wanderung konnte ich weder laufen noch meine Schuhe anziehen.

Zu Hause angekommen fanden wir niemanden. Die Qual des Erkennens, dass meine Mutter und Schwester nicht mehr hier waren, überwältigte den körperlichen Schmerz meiner geschwollenen und mit Blasen überzogenen Füße. Die Tatsache, dass die anderen Bewohner auch weg waren, kam mir nicht in den Sinn.

Es kam noch ärger. Wie sich herausstellte, waren so viele Leute am Bahnhof gewesen, dass die erwartete Durchsuchung der Häuser gar nicht stattgefunden hatte. Aber warum sind sie dann freiwillig gegangen? Wahrscheinlich lag es daran, dass das Versteck an der Vorderseite des Hauses war, und alles, was auf der Straße vor sich ging, durch die Ritzen zwischen den Brettern beobachtet werden konnte. Möglicherweise sahen sie die Rubinsteins und andere Bekannte mit Gepäck zum Bahnhof gehen, und es wäre typisch für meine Mutter zu denken, dass, wenn andere Leute, einschließlich Intellektueller, diesen Weg »vorzogen«, es besser sein müsse, zu gehen als zurückzubleiben. Falls allerdings das Gerücht zutraf, dass die SS mit Lautsprechern durch die Straßen gegangen war und gedroht hatte, diejenigen zu erschießen, die nicht zum Bahnhof kämen, dann wäre die Erklärung, warum sie das Versteck verlassen hatten, eher verständlich. Dann hätte nicht physische Gewalt, sondern psychologische Einschüchterung meine Mutter bewegt, sich für den falschen, fatalen Weg zu entscheiden.

»Hätten sie nur gar nichts getan oder einfach am Tisch gesessen und Karten gespielt – nichts wäre ihnen passiert«, sagte ich, ein

Schluchzen unterdrückend, zu meinem Vater. Denn niemand hatte das Haus betreten.

Mein Vater stieg auf den Dachboden, um nachzusehen, ob das Versteck überhaupt benutzt worden war. Er fand zwei Bilder in Postkartengröße, auf welchen Mutter und Schwester auf dem berühmten Wawel in Krakau, dem späteren Hauptsitz der deutschen Besatzung, zu sehen waren. Diese Bilder wurden 1938 bei einem Ausflug aufgenommen. Auf der Rückseite jedes Bildes fanden wir einen identischen, mit zittriger Hand geschriebenen Abschiedsgruß – einen für mich und einen für meinen Vater.

Satans Drama hatte noch einen Höhepunkt. Da ich nicht laufen konnte, ging mein Vater zu dem christlichen Hufschmied gegenüber und kam mit einer Offenbarung zurück, die wie ein in unserer Wunde gedrehtes Messer wirkte. Er erzählte meinem Vater, dass meine kleine Schwester zu ihm gekommen war und ihn gebeten hatte: »Prowadz mnie do tatusta, prosze, ja chce zyc. Prowadz mnie do stacji« – »Bringen Sie mich zu meinem Vater, bitte, ich möchte leben. Bringen Sie mich zum Bahnhof«. Er tat es nicht – er fürchtete sich. Was konnten wir tun – was sonst als unsere Fäuste verzweifelt auf den Tisch, gegen unsere Köpfe, an die Wände zu schlagen?

Wann immer ich die Überlebenschancen wenigstens eines Familienmitgliedes berechnete, kam Hanna an erster Stelle. Ihr junges Gesicht fiel in keiner europäischen »Rasse« auf, ihr Polnisch war exzellent. O du unglückliches, von allen höheren Mächten verlassenes, kleines Mädchen! Warum hast du nicht selbst versucht, uns zu finden? Wir hätten dich verstecken und ernähren können – wenigstens für eine Weile –, bis weitere Pläne sich entwickeln konnten. Du hattest den Willen zum Leben und die Initiative, doch der wichtigste Faktor in diesem Würfelspiel des Überlebens, Glück, verließ dich gleich bei der ersten größeren Hürde. Der Schmerz war zu tief, um ihm Ausdruck zu geben.

Lange Zeit saßen wir stumm, mein Vater mit blassem Gesicht, ich mit schwerem Herzen. Hin und wieder, als ob er seine tiefsten Gedanken zugleich aus- und unterdrücken wollte, hörte ich ihn leise vor sich hin murmeln: »Fort ..., sie sind fort.« Es war das erste und einzige Mal in meinem Leben, dass ich in den Augen meines Vaters Tränen sah.

Zurückblickend kann ich sagen, dass damals weder meinem Vater noch mir in den Sinn gekommen ist, dass unsere Lieben höchstwahrscheinlich schon tot waren. Nicht nur wir klammerten uns an die Übersiedlungsidee, so unglaublich sie sich auch anhörte, auch alle anderen, die diesen Transporten bisher entgangen waren, glaubten daran. Das Wissen von den grausamen, traumatischen Vorgängen in den überfüllten Viehwaggons – erstickende Hitze im Sommer, tödliche Kälte im Winter – war damals noch nicht verbreitet. Der Gedanke, dass unsere Lieben ihre Koffer gepackt hatten, in einen Zug gestiegen und geradewegs in den Tod gefahren waren, ging einfach über unser Begriffsvermögen.

Selbst Jahre nach dem Krieg, fast bis zu dem Tag, wo ich dies zum ersten Mal niederschrieb, habe ich mich an die Illusion geklammert, dass der Transportzug ein normaler Personenzug war und dass sie zu der Zeit, als wir zum letzten Male in Bochnia waren, noch am Leben waren. Es war eine Vision, an der ich bewusst lange Zeit festhielt.

Damals verfolgte uns der Gedanke, ob sie der Härte der Arbeit und den anderen Bedingungen ihrer neuen Umgebung gewachsen waren. Immer wieder stellte ich mir meine clevere kleine Schwester lebend in nicht jüdischer Umgebung vor, nachdem sie aus dem Arbeitslager entflohen war. Meine Mutter aber mit ihrer schwächeren körperlichen Konstitution ... ich erlaubte mir niemals, diese Gedanken weiterzuverfolgen. Heute blicke ich den Tatsachen ins Auge. Selbst wenn sie die Reise im unmenschlich überfüllten Viehwaggon und in der Augusthitze überstanden, oder wenn sie, aus irgendeinem Grunde, den Tag überhaupt überlebten (vielleicht erreichten sie das Vernichtungslager erst nach »Feierabend«), war ihnen der Tod am nächsten Morgen sicher. Neue Transporte kamen ständig an, und die deutsche Gründlichkeit erlaubte keinen Rückstand oder Stillstand der Arbeit. »Mach schnell – ausziehen! Schnell, schnell, wir können hier keine Zeitvergeuden!«

Die zwei Stunden, die uns für ein »Wiedersehen« mit unserer Familie erlaubt worden waren, waren vorbei, und wir sollten uns am vereinbarten Sammelplatz einfinden. Die weißen Blasen an meinen Fußsohlen waren jedoch ziemlich groß, und der bisher unterdrückte Schmerz war nur erträglich, solange ich meine Füße nicht belastete. Der zehn Kilometer lange Rückmarsch war unmöglich; ich musste in Bochnia bleiben. Mein Vater zögerte, er wollte mich verständlicherweise nicht zurücklassen.
»Bitte gehe jetzt, Papa«, und zu seiner Beruhigung versicherte ich: »Ich komme morgen nach.«
Wir wussten beide, dass man bei seiner Rückkehr eine Erklärung für mein Fehlen verlangen würde. Wir wussten aber auch, dass man uns als Flüchtlinge betrachten würde, wenn wir beide nicht zurückkamen.
All diese dramatischen Ereignisse im Kopf, hat er seine Jacke irgendwo im Hause liegen lassen und mit ihr eines der beiden Fotos mit den zittrig geschriebenen Abschiedsworten auf der Rückseite – das einzige Vermächtnis, das ihm geblieben war. Leider bemerkte ich es auch nicht. Bevor er mich verließ, gab er mir noch den Rest seiner Brotration und ein Stückchen Margarine.
Nach einem längeren, von meinem Vater noch vorbereiteten warmen Fußbad vermochte ich mit nur geringen Schmerzen auf der Außenseite meiner Füße, die ich aber erst mit zerrissenen Betttüchern umwickeln musste, zu gehen. Ich ging erst zur Rück-

seite des Hauses, wo ich den von mir unter Gefahren angehäuften Holzvorrat fand. Bald würden andere Leute sich damit wärmen, ohne daran zu denken, auf welche Weise die Vorbesitzer verschwunden waren. Ich suchte mir eine passende Stütze aus und humpelte zur Vorderseite des Hauses, wo ich mich niedersetzte.

Die Sonne schien. Alles war still und friedvoll, wie an einem ruhigen Sommerabend, wenn man in Ehrfurcht die herrliche, von Gott geschaffene Welt bewundert.

Zirka sechs bis acht Minuten zu Fuß entfernt lag der Bahnhof, der vor gerade einer Woche der Treff- und Scheidepunkt von über achtzig Prozent der Gettobewohner war. Kein Stacheldraht, kein Gestank brennender Leichen wie in Auschwitz erinnerten mich an die Unwirklichkeit meines gegenwärtigen Daseins, keine Soldaten, keine Uniformen, keine Menschen. Vielleicht träumte ich, und es gab weder Krieg noch Mord – es war gerade Siesta und die Leute schliefen in ihren Häusern. Man sah den Gebäuden nicht an, welche vielfältigen und unaufhörlichen Tragödien hier stattgefunden hatten und noch stattfinden würden.

Unser Haus war ein Eckhaus und gleich zu meiner Linken führte eine Dorfstraße zum nächsten Ort. Ich war noch nie dort gewesen, doch Hannelorchen war öfters diesen Weg gegangen. Sie hatte des Hausherrn einzige Kuh zum Grasen aufs Feld geführt. Ach, wäre sie an dem schicksalsschweren 24. August 1942 nur diesen Weg gegangen.

Auf der anderen Seite dieses Weges, der sehr breit begann, sich aber dann schnell verengte, stand ein weißes Gebäude. Es war seiner Bewohner wegen ziemlich gut bekannt. Die gottesfürchtigen Eltern brachten sieben Töchter zur Welt, und sie hofften – und die Nachbarschaft mit ihnen –, dass das erwartete nächste Kind ein Junge würde. Ich kann mir die Freude vorstellen, als das achte tatsächlich ein Junge war. Ich kann mir nicht vorstellen, was sie empfanden, als sich herausstellte, dass der Knabe mongoloid war, obwohl mir versichert wurde, dass sie ihn deshalb nicht minder liebten. Aus diesem ziemlich großen Hause kam jemand auf die Straße – es war der kleine Junge. Ich rief ihm zu: »Guten Abend, wie geht es euch allen?«, und versuchte, mich dabei so wie immer zu geben. »Alle weg«, antwortete er, doch als ich ihn fragte, ob jemand zurückgeblieben war, nannte er mir die Namen zweier seiner Schwestern.

Aus irgendeinem Grunde war entschieden worden, dass der Junge zurückbleiben sollte, und zwei seiner Schwestern bei ihm. Minuten später kamen die zwei, um nach ihrem Bruder zu sehen. Als sie mich erblickten, fragten sie mich aus und luden mich ein, bei ihnen zu bleiben. Mit der Erklärung, dass ich morgen meinem Vater folgen müsse, lehnte ich bedauernd ab, obwohl ich unter anderen Umständen gerne akzeptiert hätte. In der Tat hatte ich vor, am kommenden Morgen den frühesten Zug nach Klaj zu nehmen. Sie nahmen den Jungen mit zurück ins Haus. Ich hätte noch gerne viele Fragen gestellt, tat es aber leider nicht, und ich sah sie nie wieder.

Das Arbeitslager Klaj

Die Füße neu bandagiert und mit einem Stock, auf den ich mich stützen konnte, verließ ich Bochnia früh am nächsten Morgen. Wie schwer das Leben dort auch war, weit über ein Jahr war es das letzte Heim meiner vollzähligen Familie gewesen. Dieses Mal schaute ich nicht zurück. Dieses Mal war keiner da, dem ich zum Abschied winken konnte.

Das Bündel mit meinen Habseligkeiten hängte ich mir zusammen mit meinen Schuhen über die Schulter, damit ich meine Hände für den Stock frei hatte. Ungerührt ob der neugierigen Blicke und des amüsierten Lächelns der Leute meiner riesigen Bandagen und des komischen Ganges wegen stieg ich in den Zug, in dem mir eine Dame sogar ihren Sitz anbot. Ich hatte für diese Reise keine offizielle Erlaubnis oder andere Papiere, welche belegten, dass ich für die Wehrmacht in Klaj arbeitete, erreichte jedoch mein neues »Heim« ohne weiteren Zwischenfall.

Die Hauptbüros für das Lager befanden sich am Rande des Waldes und in der Nähe des Bahnhofs. Sie bestanden aus mehreren Häusern, von welchen eines die Residenz des Oberleutnants, des Leiters des Munitionslagers, war. Dort verwaltete er auch sein Amt. Ein anderes, größeres war das Quartier des deutschen Personals – alles Soldaten in Uniform. Wieder andere Gebäude enthielten die Kantine, Aufenthaltsräume und weitere Büros.

Das Hauptlager war etwa anderthalb Kilometer entfernt und natürlich tief im Wald angelegt. Dazu gehörten im ganzen Wald verstreut errichtete Munitionsdepots sowie die neuen Baracken, in denen 150 männliche jüdische Arbeiter untergebracht waren. Dieses riesige Areal war mit Stacheldraht umzäunt.

Mein Vater erhielt den Posten des Schildermalers. Er hatte seine eigene Werkstatt in einem der Bürogebäude, und ich wurde ihm einige Zeit später als Gehilfe zugeteilt. Obwohl die Offiziere sich nicht dazu äußerten, nahm ich an, dass unsere Kenntnis der deutschen Sprache uns zu dieser Arbeit verholfen hatte. Zu der Zeit verfolgte mich der Gedanke, dass wir, wenn wir nur ein paar Wochen eher hier angefangen hätten, die Lagerleitung hätten überreden können, meine Mutter und meine Schwester für die Küchenarbeit oder fürs Reinemachen einzustellen. Bis heute beschäftigt mich dieses »Wenn« – wenn sie dies oder jenes getan oder nicht getan hätten, jedes Mal gefolgt von der Gewissheit, dass sie höchstwahrscheinlich die vielen gefährlichen Etappen, die noch kommen würden, nicht überlebt hätten.

Vernünftigerweise musste ich annehmen, dass nach den Kriterien, nach denen die SS ihre Arbeitskräfte aussuchte, meine Schwester noch zu jung, meine Mutter mit 44 Jahren wohl schon zu alt gewesen wäre. Allerdings traf ich 1946 Frau Krautwirth, eine gute Bekannte meiner Eltern. Sie war etwa so alt wie meine Mutter und ihre Tochter im gleichen Alter wie meine Schwester – beide hatten die Lager überlebt. Die Selbstfolterung hört nicht auf.

Mein erstes Lager

Ich meldete mich beim Dienst habenden Offizier und erzählte ihm meine Geschichte. Er fuhr mich ins Hauptlager, wo ich mich ausruhen durfte und mich nach dem Verheilen der Blasen wieder bei ihm melden sollte. Er versprach, meinen Vater von meiner Ankunft zu unterrichten, da dieser vor Abend nicht zu mir kommen konnte. Das klingt alles fast zu gemütlich; wahrlich, der Kontrast zu dem, was woanders vorging, konnte nicht größer sein. Auch dass ich mich hier ins Bett legen konnte (einstöckig, und nur *eine* Person pro Bett) und sechs Wochen nicht arbeiten musste (so lange dauerte es, bis meine Fußsohlen vollständig heilten), war in späteren Lagern einfach undenkbar.

Vater kam am Abend zu mir. Das Erste, was wir uns fragten, war: »Was ›sie‹ jetzt wohl tun mögen?« Wir trösteten einander mit allen denkbaren Hypothesen, warum sie trotz unserer Befürchtungen noch leben könnten, und stellten uns alles Mögliche vor, um unsere Hoffnung zu erhalten. Am Ende glaubten wir wirklich, dass es noch Chancen gab, unsere Lieben eines Tages wieder zu sehen. Die Tatsache, dass in diesem Lager die Bedingungen erträglich und auf keinen Fall lebensbedrohlich waren, dass das Benehmen der Soldaten streng, aber nicht unmenschlich war, half uns Betrübten und bestärkte uns in unserer Hoffnung. Wir wollten die beiden unglücklichen Seelen nicht aufgeben.

Nach meiner Erholung arbeitete ich mit meinem Vater in den Gebäuden des Hauptquartiers. Die erste Aufgabe war, einen riesigen Graph zu konstruieren, der etwa 1,20 Meter breit und zwei Meter lang war. Eine merkwürdige kleine Vorrichtung, wie ich sie noch nie gesehen hatte, wurde mir als Werkzeug gegeben. Es war etwa 7 cm lang und sah aus wie der Schnabel eines Vogels. Dieses Werkzeug musste mit Tinte gefüllt werden. Damit eine gleichmäßige Linie zu Stande kam, musste es in einem bestimmten Tempo über das Papier gezogen werden. Zu langsam gezogen, gab es Kleckse, ein bisschen zu schnell gezogen, wurde die Linie zu dünn; noch schneller gezogen, und das verdammte Ding verlor seinen Inhalt durch die offenen Seiten. Ein großer Bogen Papier wurde auf vier zusammengerückten Kantinentischen ausgebreitet, auf welchen ich sitzend, kniend und herumkriechend etliche dieser Bogen ruinierte, bevor ich damit umgehen konnte. Ich schwitzte reichlich aus Furcht vor einem Misserfolg und einer Rückversetzung zum Ein- und Ausladen der Waggons. Zum einen war das eine schwere Arbeit, und außerdem wollte ich weiterhin in der Nähe meines Vaters arbeiten. Der Soldat, der mich unterrichtete, muss wirklich große Geduld mit mir gehabt haben, zumal mein Vater und auch ich behauptet hatten, in dieser Arbeit bewandert zu sein.

Jedoch war es nicht Güte, die ihn bewegte, mich weitermachen zu lassen, bis ich den Kniff endlich heraus hatte. In wenigen gewählten Worten ließ er mich wissen, dass er für die Nazis, den Krieg und das Uniform-Tragen nichts übrig hatte. Sein Name war Bonatz, und ich traf ihn nach dem Krieg wieder. Es war ein zufälliges Treffen an einem Kiosk an der Konstablerwache in Frankfurt am Main. Wir wechselten nur ein paar Worte. Er schien sich unbehaglich zu fühlen und verließ mich, so schnell er konnte – ich hatte kaum Zeit, mich zu bedanken. Ich wüsste keine Gründe für sein eigenartiges Benehmen. Im Gegenteil, während meines Aufenthaltes in Klaj gab er mir manchmal extra Brot und andere Lebensmittel und sogar einige Zigaretten für meinen Vater.

Wir waren drei, die in dieser gewissermaßen höheren Position, vom Hauptlager entfernt, arbeiteten. Der Dritte war ein zirka fünfzigjähriger Maler. Neben dem großen Zimmer, in dem ich mich mit meinem Graph abmühte, war ein langer Korridor. Auf die blanken, fast weißen Wände malte er Kriegsszenen, die man nur als phantastisch bezeichnen konnte. Das eindrucksvollste dieser Bilder stellte Soldaten in Lebensgröße (Deutsche natürlich) dar, die auf einen feindlichen Panzer sprangen und Handgranaten in den drehbaren Turm warfen. Ein Oberleutnant mit dem französischen Namen Delorme zeigte spezielles Interesse an diesen Wandmalereien und kam öfter, um ihren Fortschritt zu begutachten. »Der will bei seinen Vorgesetzten, die manchmal das Lager besuchen, aufschneiden«, sagte ich mir und hatte irgendwie das Gefühl, dass unsere Arbeit uns Sicherheit gab. Unerklärlich, dumm – ja, ich weiß das jetzt, aber so fühlte ich.

Nur eine gewisse Anzahl dieser Riesengraphs wurde verlangt, und als ich endlich zum Experten geworden war, wurde diese Arbeit nicht mehr gebraucht. Es folgte eine Zeit, in der mir niemand sagte, was ich zu tun hätte; eine Situation, in der jeder dachte, dass andere für mich verantwortlich wären. Wann immer jemand mich sah, tat ich sehr beschäftigt, und das genügte.

Ein historisches Fiasko

Eines Tages wurde die übliche Routine durchbrochen. Mehr Soldaten als sonst liefen geschäftig umher; irgendetwas Besonderes lag in der Luft. Dann kam das Gerücht auf, jemand sehr Wichtiges würde morgen hier mit dem Zug vorbeikommen und an die Ostfront fahren. Später hieß es, das hohe Tier sei der »Führer« selbst. Ich war begierig, Genaueres zu erfahren, aber ich konnte unmöglich danach fragen. Doch Bonatz würde es mir sagen. Ich schaute mich nach ihm um, konnte ihn aber nirgends finden. Ich konnte frei herumlaufen; die Deutschen, die mich sahen, waren an mich gewöhnt und dachten, dass ich wahrscheinlich weiter mit Zeichnungen oder ähnlichen Dingen beschäftigt wäre.

Etliche Male war ich bereits im Büro des Oberleutnants gewesen – manchmal sogar alleine und ohne Aufsicht. Ich muss gestehen, dass ich manchmal in meinem jugendlichen Übermut seine Uniformjacke und Kappe anzog und mich im Spiegel betrachtete. Beides war zu groß für mich, doch dadurch kam mir die Idee, dass der Besitz einer Uniform eines gewöhnlichen Soldaten – mein Gesicht war zu jung für einen höheren Rang – eines Tages nützlich sein könnte. Von da an hielt ich Ausschau nach solchen Gegenständen. Wenn ich Kontakt mit einer Untergrundorganisation gehabt hätte, so hätte ich ihnen sicher nützlich sein können. Wenn mir jemand gesagt hätte, wonach ich Ausschau halten sollte, hätte ich die Bücher und Fahrpläne der Munitionszüge studiert, anstatt meine Zeit zu vergeuden. Ein einziges Mal öffnete ich sein Tagebuch. Ich wollte wissen, ob wirklich Adolf Schickelgruber persönlich morgen hier vorbeifahren würde. Ich fand leider keine Notiz darin, die dies bestätigt hätte. Was, wenn es nun wirklich er wäre? Ich könnte gar nichts tun, ich hatte kein Gewehr, keine Granaten, und sollte es mir gelingen, diese zu stehlen, dann wüsste ich nicht, sie zu gebrauchen.

Am Abend diskutierte ich diese Gerüchte mit meinem Vater. Er hatte auch gehört, dass der »Führer« auf dem Weg zur Ostfront vorbeikommen würde. Ich hatte eine Idee: »Wie wäre es, wenn wir ein paar Steine oder Holzklötze auf die Schienen legen würden, davon gibt's hier jede Menge, und sie sind groß genug, um einen Zug entgleisen zu lassen.«

»Wie kann man sicher sein, dass es Schickelgruber ist, der da entlangfährt – vielleicht ist es nur ein General?«, bedachte mein Vater. »Auf jeden Fall ist es zu gefährlich.«

»Du hast den Aufwand bestimmt auch bemerkt; das ist nicht nur ein General. Deren Besuche kennen wir – das ist kein Vergleich«, argumentierte ich.

»Die Idee ist trotzdem gedankenlos und an den Haaren herbeigezogen – da gibt es zu viele unbekannte Faktoren«, setzte er fort. »Außerdem, die erhöhte Betriebsamkeit in der ganzen Gegend zeigt, dass sie auf der Hut sind – sie patrouillieren bestimmt in der Umgebung.«

»Das ist genau, was ich meine. Als der General hier war, gab es keine solche Patrouillen, es muss also eine wichtigere Person sein – wer anders als Schickelgruber?«

Wir setzten unsere Diskussion fort und wogen das Für und Wider meiner Idee ab. Wir begeisterten uns an dem Gedanken, die Welt von einem fanatischen Ungeheuer zu befreien. Wer weiß, vielleicht würde das den Krieg beenden und das Leben von tausenden Menschen retten, einschließlich unserer Lieben.

Nicht aus Verzagtheit, sondern auf Grund wohl durchdachter

Schlussfolgerungen und der Weisheit seines Alters zügelte mein Vater meinen Impetus. Ich musste zugeben, dass solch ein Unternehmen Vorausplanung, Erwägung aller Einzelheiten und Vorbereitungen bedürfe, um überhaupt Chancen auf Erfolg zu haben. Nachts jedoch konnte ich keinen Schlaf finden. Ich war überzeugt, dass es Schickelgruber war, die Verkörperung allen Übels, der morgen hier vorbeifahren würde. Mit seiner Vernichtung würde alles wieder normal werden. Es war gar nicht so lange her, dass ich befürchtet hatte, ein Ast könnte einen Zug zum Entgleisen bringen. Warum sollte ich es nicht versuchen? Vater hatte natürlich auch Recht, es hätte alles erst richtig vorbereitet werden müssen.

Doch die Episode mit dem hüpfenden Ast ließ mir keine Ruhe. Es war schon nach Mitternacht, als ich mich aus unserer Schlafbaracke schlich. Der Weg führte zum Bahnhof, wo ich während des Tages das Kommen und Gehen der Soldaten beobachtet hatte. Ich kannte das Gelände und hielt mich links in Richtung des Hauptlagers. Bald erreichte ich den dichteren Teil des Waldes und verließ die Straße, um etwaige unliebsame Begegnungen zu vermeiden. Meine Schritte waren fast unhörbar und außer dem gelegentlichen Bellen von Hunden in weiter Ferne (Patrouillen mit Hunden?) war ich von einer bangen, beinahe Furcht erregenden Stille umgeben.

Jetzt musste ich an meinen bevorzugten Jugendschriftsteller Karl May und die Abenteuer von Old Shatterhand und Winnetou denken. Was würden sie in dieser Situation tun? Sie wären an das Lagerfeuer des Feindes geschlichen, an dem praktischerweise gerade die Pläne erörtert wurden, welche die Helden dann durchkreuzten – vorzugsweise durch die Gefangennahme des gegnerischen Häuptlings. Wie schön und aufregend, diese Dinge im Buch zu lesen. Wie anders und folgenschwer war jedoch die Wirklichkeit.

Nach etwa fünf Minuten erreichte ich den Platz, an dem viele Ster Holz aufgestapelt waren. Ich wählte das schwerste Stück, das ich tragen konnte, legte es mir über die Schultern und ging dann in östlicher Richtung meiner schicksalsschwangeren Mission entgegen. Ich musste nun ausfindig machen, ob auf dieser Strecke patrouilliert wurde. Vorsichtig ging ich noch ein gutes Stück weiter, auf jedes Geräusch horchend. Doch es war nichts zu hören, absolut gar nichts, nicht einmal der Laut flüsternder Blätter.

Als ich nach zirka zwei Kilometern vom Bahnhof entfernt die Schienen erreichte, ließ ich meine Last zu Boden fallen. Ich suchte die Umgebung nach weiterem brauchbaren Material ab. Anschließend setzte ich mich auf einen Baumstamm, der viel größer war als der, den ich hierhergeschleppt hatte. Tatsächlich hätte ich mir die Mühe sparen können, denn es gab hier geeignetere Stücke. Dann tat ich, was ich schon viel früher hätte tun sollen: Ich dachte ernsthaft über die Situation nach.

Nachdem ich mir alle Argumente meines Vaters durch den Kopf hatte gehen lassen, musste ich zugeben, dass meine Chancen auf Erfolg wirklich sehr gering waren. Obwohl der Zug früh am Morgen ankommen sollte, war es doch möglich, dass vorher noch ein anderer kommen könnte. Ich hoffte natürlich, dass die Linie für den »Führer« frei gemacht worden war und der Zug in voller Geschwindigkeit durchfahren würde. Sollte der Zug aber verlangsamen oder gar anhalten, könnte er dann zum Entgleisen gebracht werden, und wenn ja, würde dies auch alle Passagiere töten? Ich war fast am Verzagen. Jedoch zurückzugehen, ohne wenigstens den Versuch gemacht zu haben, vereinbarte sich nicht mit meinem Charakter. Außerdem würde es ewig an meinem Gewissen nagen. Es würde mir später im Leben als eine verpasste Gelegenheit erscheinen, die vielleicht meine Mutter und meine Schwester, die in meiner Vorstellung irgendwo in einem Lager in der Ukraine schmachteten, gerettet hätte. Es war die Chance, das Leben unzähliger Menschen zu retten und möglicherweise den Lauf der Geschichte zu ändern.

Jetzt fiel mir ein, dass ein paar quer über die Schienen gelegte Holzklötze vielleicht nicht ausreichen würden, eine riesige Dampflokomotive aus der Bahn zu werfen. Am Ende aller Überlegungen aber stand die Tatsache, dass ich nun mal hier war und ganz gewiss diesen Platz nicht verlassen konnte, ohne irgendetwas getan zu haben. Da saß ich, eine einsame Figur in den frühen Morgenstunden eines möglicherweise verhängnisvollen Tages, zögernd, auf eine Inspiration wartend, unentschlossen und mit einem miserablen Gefühl der Albernheit.

Ich saß bereits eine halbe Stunde in der Dunkelheit, als ich entfernte Geräusche hörte. So leise wie möglich zog ich mich tiefer in den Wald zurück. Die näher kommenden Geräusche identifizierte ich schließlich als die Stimmen zweier Deutscher, die gemächlich auf der anderen Seite der Schienen in Richtung Bahnhof gingen. Ich versuchte zu verstehen, ob sie nicht etwas Wichtiges sagten – vergeblich. Einer von beiden erzählte in bayerischem Dialekt von einem Kameraden, der das Glück gehabt hatte, sich bei einem Motorradunfall ein Bein zu brechen, gerade als er an die Front geschickt werden sollte. Sollte dies eine Patrouille sein, folgten dann noch andere? Wäre es da nicht zwecklos, etwas auf die Schienen zu legen? Es würde die umgebende Bevölkerung und uns selbst absolut unnötig in Gefahr bringen. Ich entschloss mich zu warten.

Der Tag dämmerte schon und niemand war zu sehen – ich konnte nicht länger zögern. Ich häufte auf beiden Seiten der Schienen Schotter an. Dazwischen bettete ich einen größeren Balken, hinter dem ich zwei andere in einem Winkel von 45 Grad gegen die Schwellen stemmte. Dann legte ich Äste vor den ersten Balken, die stärksten zuerst, die dünnsten zuletzt. Dies sollte die Lokomotive aus den Gleisen heben. Ein letzter Blick auf diese hastige Konstruktion, und mehr laufend als gehend eilte ich zurück.

Ich hatte keine Uhr, doch fühlte ich, dass es noch zu früh war, als dass schon jemand unterwegs sein könnte. Ungesehen erreichte ich unser Schlafquartier. Vater war hellwach. Ich brauchte ihm nicht zu erzählen, was ich getan hatte. Ich sah ihn an und fühlte mich euphorisch und unbehaglich zugleich.

»Ein unreifes, schlecht durchdachtes und geradezu dummes Vorgehen«, war sein vielleicht nicht unerwartetes, nichtsdestoweniger verheerendes Urteil. Er setzte mir auseinander, dass es im Leben ebenso wie im Schachspiel absolut notwendig ist, des Gegners Reaktion vorauszusehen, bevor man seinen eigenen Zug macht, und dass ich von diesem Grundsatz aus gesehen eine äußerst unbesonnene Tat verübt hätte.

»Gesetzt den Fall«, fuhr er mit leiser Stimme fort, »dass seine Komplizen einfach weitermachen werden? Erinnerst du dich, dass sie fast alle Synagogen in Deutschland niederbrannten und dies als Rache des Volkes für die Ermordung eines Deutschen in Paris ausgaben?« Dies war ein Hinweis auf die »Reichskristallnacht« am 9. November 1938. »Eine Regierung kann man nur von innen stürzen, ebenso einen Krieg nur von innen beenden. Es ist eine bekannte Tatsache, dass die Wehrmacht, obwohl sie alles tun würde, um den Krieg für ihr Land zu gewinnen, die SS als unliebsame Gegenspielerin betrachtet – und vice versa. Wann immer Militär und SS aufeinander treffen, benimmt sich Letztere, die sich als Elite der ›Herrenrasse‹ betrachtet, in herablassender Weise gegenüber Gleichrangigen in der Wehrmacht. Diese Feindschaft wird früher oder später zum Ausbruch kommen. Dieser Ausbruch oder ein schnelles Ende des Krieges ist unsere einzige Hoffnung.« »Wie kannst du deine Hoffnung auf ein frühes Ende des Krieges mit einer deutschen Niederlage stützen«, protestierte ich, »wenn die Deutschen nach allem, was wir hören und sehen, an allen Fronten siegen?« Das Schlagwort »Deutschland siegt an allen Fronten« konnte man überall hören. »Und sollte ich erfolgreich sein, wäre das nicht eine Gelegenheit für die Gegner Schickelgrubers, die Macht zu übernehmen?«

»Wie auch immer, im Moment ist nur eine Sache sicher, unser Leben ist in größerer Gefahr denn je. Und einen deutschen Sieg in Russland wird es nie geben, keinem ist dies jemals gelungen. Russland ist überwältigend groß und kalt, und die langen Wintermonate demoralisieren die Truppen. Ein Blitzkrieg ist dort unmöglich, die Nachschublinie ist zu lang und wird immer länger, je tiefer die Deutschen ins Land dringen.«

»Warum können die Deutschen nicht sehen, was uns so augenscheinlich ist?« Dankbar für den Themenwechsel setzte ich die Unterhaltung fort.

»Sie sind von ihren anfänglichen Erfolgen berauscht, genau wie im Ersten Weltkrieg, als sie sich zu Tode siegten.«

»Gut, aber wie viele Menschen müssen noch sterben, bevor das passiert?«

»Gegenwärtig wird das deutsche Volk mit den glorreichen Taten seiner Armee übersättigt«, antwortete mein Vater. »In diesem euphorischen Klima würde ein ermordeter Führer nur zum Märtyrer werden. Er würde als der Retter betrauert werden, dessen vorzeitigem Tod die Niederlage und die darauf folgende Misere Deutschlands zugeschrieben würde. Die Ermordung von ein paar tausend Juden wird keine Rebellion verursachen. Andererseits wird Schickelgruber nach einer gewissen Zeit bei seinen Leuten als das erkannt werden, was er wirklich ist: ein Besessener, ein irrationaler Fanatiker und ein Größenwahnsinniger.«

Die Ermordung von ein paar tausend Juden! Als mein Vater das sagte, dachte er dabei an zehn-, zwanzig-, fünfzigtausend? Damals wusste keiner von uns beiden, dass die Maschinerie der Massenvernichtung schon in vollem Gange war. Treblinka,

Chelmno, Sobibor, Maidanek, Belzec arbeiteten bereits mit deutscher Präzision. Diese Lager wurden zu keinem anderen Zweck als der Vernichtung der Juden errichtet. In den letzten vierzig Jahren hörte ich von einigen Dutzend Überlebenden dieser Orte, jedoch nicht von einem Einzigen aus Belzec, wohin die Transporte von Bochnia gingen. Belzec ist allgemein nicht so bekannt wie die anderen Vernichtungslager, möglicherweise deshalb, weil dort »nur« etwa zweihundertfünfzigtausend Menschen ermordet wurden.

Nach einer mit schweren Gedanken schwangeren Pause schlug mein Vater vor, noch etwas zu schlafen. Zaghaft warf ich ein, dass es vielleicht besser wäre, schon jetzt zu fliehen. »Nein, noch nicht, ich muss noch für Proviant sorgen. Lass uns abwarten und sehen, was passieren wird.« Mit diesen pragmatischen Worten drehte er sich zur Wand.

Schlafen – das war natürlich leichter gesagt als getan. Am Ende gewann die Natur. Mein Schlummer wurde, wie man sich vorstellen kann, von unsteten Träumen gestört. Eine rasende, dampfende Lokomotive schoss, nachdem sie auf mein in Eile gebautes Hindernis gestoßen war, hoch in die Luft. Mein Unternehmen war erfolgreich, die Hydra enthauptet – doch alle Leute starrten auf mich, und ich wusste, dass man mich jeden Moment verhaften würde. Ich sah mich selbst, verfolgt von einem Rudel Hunde, durch Weizenfelder rennen. In Schweiß gebadet wachte ich auf. Die anderen waren schon auf und ließen mich einfach schlafen. Da ich unter keiner besonderen Aufsicht stand, würde mich keiner vermissen, und für mich gab es sowieso keine Arbeit mehr im Hauptquartier.

Die Furcht aus meinem Traum hielt mich noch gefangen. Ich eilte zu meinem Vater und drang nochmals in ihn, sich für eine schnelle Flucht zu entscheiden. Er hatte sich schon mit Vorrat für ein paar Tage eingedeckt. Er nahm an, dass sowohl Erfolg als auch Misserfolg eine Untersuchung nach sich ziehen würde. Im ersten Fall bestand die Hoffnung, dass während eines Interregnums überall Erhebungen und Massenflucht stattfinden würden und dass es nach wenigen Tagen keinen Grund zum Verstecken mehr geben würde. Im zweiten Fall, einem Misserfolg, war die Aussicht wenig hoffnungsvoll. Wir erlaubten uns keinen Gedanken an diese tödliche Vision. Im Moment konnten wir nichts anderes tun als warten.

Unruhe und Neugier trieben mich zum Bahnhof. Wiederum verließ ich die Straße und ging durch den an dieser Stelle lichten Wald. Ich sah einen haltenden Zug mit nur einigen Wagen. Vorsichtig pirschte ich mich näher heran. Die Lokomotive spie einige heftige Dampfwolken aus, und die Räder begannen zu rollen. Ich wollte unbedingt mehr sehen und wagte mich noch etwas näher. Im mittleren Wagen sah ich einen uniformierten Mann ohne Kopfbedeckung am Fenster sitzen, der ein Papier studierte. Der Haarschnitt und der gestutzte Schnurrbart waren unverkennbar Haar- und Barttracht Adolf Hitlers. In Erwartung des Aufpralls des Zuges auf mein Hindernis stand ich wie angewurzelt, im Bann eines großen Ereignisses. Als der Zug ungehindert in der Ferne verschwand, kam mir die niederschmetternde Erkenntnis, dass ich den Lauf der Dinge nicht hatte ändern können. Ich lief zu meinem Vater und erzählte ihm, was ich gesehen hatte. »Jemand hat die Gleise geräumt«, bestätigte er das Offensichtliche. »Vielleicht fuhr niemand von Wichtigkeit in diesem Zug, vielleicht war es ein ganz gewöhnlicher Zug, vielleicht wurde dein Hindernis von der Zehn-Tonnen-Maschine einfach zur Seite geschoben.«

»Nein, nein und nochmals nein«, antwortete ich erregt und brachte dann meine eigenen Theorien vor. »Vielleicht sah ein hiesiger Bauer die Barriere und räumte sie einfach weg; vielleicht räumte eine deutsche Patrouille die Gleise, und die Polizei oder die Gestapo haben schon mit ihrer Untersuchung begonnen.«

»Vielleicht«, warf mein Vater ein, »wird die ganze Sache vertuscht. Ein Mordversuch an dem geliebten ›Führer‹ würde seine Gegner erfreuen und womöglich zu Nachahmungen einladen.«

»Kann sein«, stimmte ich bei, »wir können da ewig herumraten. Was tun wir jetzt?«

»Normal benehmen, Augen und Ohren offen halten und vorbereitet sein.« Mit dieser lakonischen Antwort kehrte mein Vater zu seiner Arbeit zurück.

Der Misserfolg meines Unternehmens und die darauf folgende Unterhaltung mit meinem Vater beschäftigten mich lange. Die Massenvernichtung meines Volkes wäre gestoppt worden, wenn nur ... Oft sann ich darüber nach. Hätte ich etwas besser machen können? Später kam mir auch in den Sinn, dass, falls mein Plan gelungen wäre, Hitlers Nachfolger den Churban fortgesetzt hätten und meine »scheußliche Tat« möglicherweise in die Geschichte als der Grund für die weitere Ermordung von Millionen eingegangen wäre. Dieser Gedanke war mein einziger Trost und half mir über die verschiedenen Komplexe hinweg, welche mich nach dem erfolglosen Versuch, den »Führer« zu beseitigen, befielen.

Solange ich nicht wusste, was mit meinem Hindernis geschehen war, fürchtete ich um unser Leben. Meine Nervosität stieg stündlich. Ich hätte Bonatz gerne einige scheinheilige Fragen gestellt, doch er war nirgends zu sehen. Im langen Flur sah ich den alten jüdischen Maler bei der Arbeit.

»Du siehst heute blass aus, fehlt dir etwas?«, grüßte er mich mit ungewohnter Freundlichkeit.

»Ich bin wohlauf«, log ich tapfer. »Dieses Mauerbild wird ein Meisterstück.« Mit diesem ehrlich gemeinten Kompliment brachte ich das Gespräch auf seine Arbeit.

»Ich könnte deine Hilfe gebrauchen, falls du nichts Dringendes zu tun hast«, sagte er. Vielleicht war dies ja der Grund für seinen freundlichen Gruß.

»Nichts sehr Dringendes«, antwortete ich, dankbar, dass ich Beschäftigung hatte. »Was kann ich für Sie tun?«

Ich musste ein grob gewobenes, ungebrauchtes Putztuch in einen Eimer Farbe tauchen und auswringen, bis es nicht mehr tropfte. Dann nahm der Maler das gewundene Tuch, das ich noch vor dem Auswringen doppelt gefaltet hatte, in beide Hände und rollte es diagonal auf die hellgefärbte Wand. Zuerst sanft und dann mit zunehmend stärkerem Druck presste er die restliche Farbe aus dem Tuch an die Wand und erzeugte dabei ein interessantes und kunstvoll aussehendes Muster. Es sah gar nicht so schwer aus. Ich fragte ihn, ob ich es mal probieren dürfe. Nach kurzem Zögern und mit einem eigentümlichen Grinsen nickte er. Vorsichtigerweise wählte ich einen anderen Teil des Korridors und begann meine Arbeit mit Enthusiasmus.

Was für eine Pfuscherei! Beim Auswringen des rauen Gewebes drehte ich zu kräftig und zu schnell. Meine Hose, mein Hemd, nur nicht die Wand bekamen großzügig Farbkleckse ab. Als ich den feuchten Lappen an die Wand brachte, drückte ich zu fest, und statt eines schönen Musters produzierte ich ein heilloses Geschmier. Der Morgen verging mit der Reinigung der Wand und meiner Kleider, begleitet vom Spott meines Lehrers.

Mittags traf ich meinen Vater. Keiner von uns hatte etwas Neues zu berichten. Sollte sich bis zum Abend nichts mehr tun, waren wir wohl sicher. Als ich ihm von meiner Kalamität mit dem farbdurchtränkten Putzlumpen erzählte, glitt ein leises Lächeln über sein Gesicht. Zu meiner Verwunderung verlangte er, diese Mauermalerei zu sehen. Dann erklärte er mir Schritt für Schritt den korrekten Ablauf für diese Art der Malerei. Ich gewann mein Selbstvertrauen und kurz darauf meinen Enthusiasmus wieder. Innerhalb einer halben Stunde, bevor mein erster Lehrer wieder erschien, bemalte ich einen größeren Teil der Wand. Es war gar nicht schwer. Mit meinen Fortschritten zufrieden, verließ mich mein Vater. Als der Maler zurückkam, sah er mich emsig beschäftigt. »Ehrgeizig!«, sagte er nur. Ob dies ein Kompliment war oder nicht, mein Eifer wurde dadurch nicht verringert.

Der Abend kam schnell, und wir hatten immer noch keine Neuigkeiten erfahren. »Wenn wir nur wüssten, welche von unseren Theorien die richtige ist«, sagte ich zu meinem Vater.

»Sollten wir morgen noch nichts hören, dann bleiben nur zwei Möglichkeiten: Entweder waren die Gleise geräumt worden, oder man beschloss, den Anschlag aus politischen Gründen zu vertuschen«, war seine Antwort.

Das einzig Neue, was wir in den nächsten paar Tagen erfuhren, war, dass der Führer die Ostfront besucht hatte.

Der Maler erlaubte mir, die begonnene Arbeit fortzusetzen. Jedoch nach wenigen Tagen war auch diese Arbeit getan, und ich musste wieder herumlaufen und so tun, als ob ich beschäftigt wäre.

Der größte Esel – bin ich

Ich sah mich nach Arbeit um und erhielt etliche Hefte mit der Anweisung, sie zu beschriften. Sie hatten etwas mit den von mir entworfenen Graphen zu tun. Ich hatte keine Ahnung, ob diese Titel oben oder in der Mitte angebracht werden sollten. Ich wusste um die deutsche Genauigkeit, die oft aus einer Mücke einen Elefanten macht. Um einen Fehler zu vermeiden, beschloss ich, meinen Vater zu fragen. Auf dem Weg zu ihm sah ich den neuen Oberleutnant, einen großen Mann, der eher wie ein Schauspieler als ein Soldat aussah. Ich weiß nicht, was mich trieb; ich trat vor ihn, stand stramm und, nachdem er mich fragend anschaute, begann ich: »Herr Oberleutnant, wo möchten Sie, dass ich die Titel anbringe – ganz oben oder mehr in der Mitte?« Er hob seine Augenbrauen: »Ist das alles, was du zu tun hast?« Mit diesen paar Worten ließ er mich stehen. Natürlich erkannte ich sofort die Torheit meines Bemühens, beschäftigt zu erscheinen.

Mein Vater schüttelte den Kopf, und mit einem Sarkasmus, den ich gar nicht an ihm gewohnt war, sagte er: »Was für ein Junge! Vorige Woche wollte er den Kurs der Weltgeschichte ändern, und heute benimmt er sich wie der größte Esel, der je gelebt hat!«

Die Strafe für meine Dummheit folgte auf dem Fuß. Noch am selben Tag musste ich mich im Hauptlager melden, wo ich nun zu bleiben und zu arbeiten hatte. Jede Handlung hat ihre Konsequenzen. Schlechtes kann sich zum Guten wenden und umgekehrt. Zu Beginn allerdings hatte ich guten Grund, mein albernes Verhalten, das ich bestenfalls als eine Mischung aus Chuzpe und jugendlicher Unreife bezeichnen kann, bitter zu bereuen. Auf keinen Fall war es ein angemessenes Benehmen für einen jungen, 19-jährigen Mann, der noch vor kurzer Zeit mit nicht geringem Eigendünkel schwor: »Wenn nur ein Jude überlebt – dann bin ich es.«

Mit einer Gruppe anderer junger Männer musste ich nun Waggons mit Munition be- und entladen. Jedes dieser schweren Artillerieprojektile wog etwa fünfzig Kilo. Die Geschosse auf den Schultern zu tragen, war nicht das Schlimmste, sie aufzuheben und langsam niederzulegen war die eigentliche Qual. Warum litt ich anscheinend mehr als alle anderen? War ich tatsächlich so ein Schwächling? Ich hatte damals keine Ahnung von Konditionstraining und Muskelbildung. Ich wusste nur, dass mein Körper unmäßig schmerzte, und ich verfluchte die Dummheit, die meine Versetzung verursacht hatte. Als wir erfuhren, dass unser Oberleutnant zum Hauptmann befördert worden war, dachte ich ärgerlich, dass er diesen Aufstieg meinem schmerzenden Rücken zu verdanken hatte.

Manchmal kam die Munition in speziell konstruierten Körben an. Sonderbarerweise schienen sie dann leichter zu sein – oder waren wenigstens leichter zu tragen. Während ich beim Aufheben und Niederlegen dieser gefährlichen Objekte aus Furcht vor einer gigantischen Explosion genau Acht gab, warfen die Erfahrenen sie einfach von den Schultern auf den Stapel und richteten sie dann aus. Die Gleichgültigkeit der uns bewachenden Soldaten veranlasste mich zu der Schlussfolgerung, dass diesen Geschossen die Zündvorrichtung noch fehlte. Nach dieser Beobachtung folgte ich den anderen und entlud mich meiner Last auf gleiche Art, bis ein neuer, unerfahrener Soldat die Wache übernahm. Sichtlich erschrocken fuhr er uns an: »Ihr wollt uns wohl in die Luft sprengen!« Ich weiß bis heute nichts über die tatsächliche Gefährlichkeit dieser Munition.

Obwohl unsere Lebensmittelrationen für einen jungen und schwer arbeitenden Mann nicht ausreichten, konnte man sie auch nicht – nicht in diesem Lager – als eine Hungerdiät bezeichnen. Dazu kam, dass mein Vater sich in seiner bevorzugten Stellung hier und da einige Extrarationen verschaffen konnte, die er dann mit mir teilte. Durch die schwere Arbeit und die Extranahrung bekam ich allmählich Muskeln. Wenn die Wache nicht herschaute, nahm ich manchmal zwei Projektile – eines auf jede Schulter – und sie kamen mir leichter vor als am Anfang eines.

Nach etwa drei Wochen schloss ich mich zwei oder drei Aufschneidern an, die es tatsächlich fertig brachten, drei zu tragen. Wir taten dies, wenn, wie es öfters vorkam, keine Aufsicht zugegen war. Es wäre vielleicht gar nicht schwer gewesen, die Munitionsbaracken zu sabotieren, aber ich bin sicher, dass dies keinem meiner Kameraden in den Sinn kam. Wir wären dabei alle umgekommen.

Eine Flucht aus diesem Lager wäre auch nicht schwierig gewesen, schwierig war die Antwort auf das lebenswichtige »Wohin«. Die Bevölkerung draußen war zum großen Teil entweder gierig oder feindlich. Die Gierigen, das waren entweder die Aasgeier, die sich an Dingen bereicherten, welche die Juden zurücklassen mussten, oder die Spitzel, die für eine Belohnung jeden verraten würden. Natürlich gab es auch anständige Menschen, doch die meisten von ihnen fürchteten die Konsequenzen, einem »Feind« Hilfe geleistet zu haben. Solche, die das Risiko eingegangen wären, kannten wir nicht, noch wussten wir, wo sie zu finden waren. Kurz gesagt, eine Flucht in der gegenwärtigen Situation war ein Hasardspiel, bei dem die Wetten gegen uns gestanden hätten. Momentan fühlten wir uns hier sicher, insbesondere da unsere Arbeit »kriegswichtig« war. Niemand wurde misshandelt oder gar getötet.

Zwar gab es einen Toten, aber dazu kam es durch einen Unfall. Ziemlich regelmäßig mussten wir Waggons umrangieren oder von einem Gebäude zum nächsten schieben. Da unsere ganze Gruppe, 18 bis 20 Mann, an diesem Vorgang beteiligt war, war es eine leichte Arbeit. Für ein paar Angeber, darunter auch ich, war es aber auch eine Gelegenheit, einen Waggon ganz alleine zu schieben. Wenn eine ganze Gruppe schob, war mein Platz immer zwischen den Puffern; ich fühlte mich da am sichersten. Wenn wir innerhalb des Lagers umladen oder die Lagerplätze der Munition wechseln mussten, benutzten wir offene, wandlose Waggons. Sie hatten den Vorteil, dass man sah, wann man anhalten musste. Eines Tages schob meine Gruppe solch einen offenen Waggon – ich befand mich wie gewöhnlich zwischen den Puffern –, und wir näherten uns einer der Lagerhallen mit den Rampen zum Ein- und Ausladen. Die an der Flanke schoben, ließen den Wagen los und stiegen die Treppen der Rampe hoch, um von oben mitzuhelfen. Einer hatte den Moment des Loslassens verpasst und wurde zwischen Rampe und dem noch rollenden Waggon zu Tode gedrückt.

Ich stand gebeugt zwischen den Puffern, als ich einen Aufschrei hörte. Ich richtete mich auf. Was ich sah, ließ mein Blut erstarren. Seinen Körper konnte ich nicht sehen, er wurde zwischen Waggon und Rampe entlanggeschleift, sein Arm und seine Hand aber ragten aus der schmalen Lücke zwischen Wagen und Rampe hervor wie bei einem Ertrinkenden. Das Bild des ausgestreckten Armes mit der schlaffen Hand prägte sich meinem Gedächtnis ein.

Das Ein- und Ausladen der Munition war, obwohl ich mich jetzt viel stärker fühlte, sehr ermüdend – vor allem im Vergleich mit der Malerei. Ich bat meinen Vater, er möge sich doch umhören, ob es eine andere Arbeit für mich gäbe. Es stellte sich heraus, dass der Maler eine Arbeit hatte, die, wie er dachte, eher für eine jüngere Person geeignet war. Jedes Lagerhaus hatte eine aus Holz gefertigte Nummer, die an einem hervorstehenden Balken an der Seite befestigt war. Diese römischen Zahlen sollten nun mit Ölfarbe vor dem Wetter geschützt werden.

»Benutze eine unauffällige Farbe wegen der möglichen Luftangriffe!«, belehrte mich der ewig übel gelaunte Maler. Nichts leichter als das, dachte ich, und begann, mich sofort mit meiner neuen Aufgabe zu beschäftigen. Ich hoffte, anschließend im Hauptquartier arbeiten zu können. Während ich nach einer geeigneten Leiter suchte, betrachtete ich die ziemlich hoch angebrachten Nummern, um mich für eine geeignete Farbe zu entscheiden. Es war ein wunderschöner wolkenloser Tag, und ich dachte, dass bei diesem Hintergrund Himmelblau am besten wäre. Als der Maler meine Arbeit begutachtete, glaubte ich, er bekäme einen Schlaganfall. »Willst du, dass wir alle wegen Sabotage erschossen werden?«, donnerte er. Ich verstand seinen Wutausbruch sofort. Ich hatte abermals eine Eselei begangen. Die Piloten würden herunter und nicht wie ich nach oben schauen, wenn sie vorhatten, unser

Waffenarsenal zu bombardieren. Im Stillen dachte ich, dass wohl keiner der anwesenden Deutschen die geringste Notiz davon genommen hätte, da diese weniger als einen halben Meter großen Nummern wohl kaum als ein Lichtzeichen für ein hochfliegendes Flugzeug dienen konnten. Trotzdem schämte ich mich meiner Logik, die ich bei anderen mit gnadenlosem Spott belohnt hätte.

Ein amerikanisches Intermezzo

Plötzlich standen wir vor einer neuen, vollständig unerwarteten Entwicklung, die ich bis zum heutigen Tag nicht ganz verstehen kann. Alle amerikanischen Juden unter den Lagerinsassen sollten sich bei der Lagerleitung melden. Wie üblich gaben die Deutschen keine Erklärung für diesen Aufruf. Wir konnten nur spekulieren. War es ein gegenseitiger Austausch von Staatsangehörigen? Handelte es sich um einen Gefangenenaustausch? War es irgendein Trick? War es zu einer Annäherung zwischen Amerika und Deutschland gekommen? Wie auch immer, wir waren zwar keine Amerikaner, doch wir hatten Briefe, die bezeugten, dass wir schon lange vor Ausbruch des Krieges auf ein Einreisevisum in die Vereinigten Staaten von Amerika warteten.

Wir entschlossen uns, es zu versuchen. Ich bin sicher, dass jeder Einzelne unserer Mitgefangenen gerne an unserer Stelle gewesen wäre, als wir mit unserem Gepäck die »Reise nach Amerika« antraten.

Was für eine Wendung! Gestern noch war ich – laut Nazi-Indoktrination – ein Untermensch, heute schon ein freier Mann, ein amerikanischer Bürger – na ja, noch nicht ganz. Seit Jahren musste ich die Ideologie von der »Herrenrasse« und die damit verbundenen körperlichen und geistigen Qualen ertragen, musste mich wie ein »Nichts« behandeln und mir jede Laune der »Herren« gefallen lassen, so dass ich mich schon selber fragte, ob ich wirklich ein »Untermensch« sei. Nun, durch einen Federstrich wurde ich plötzlich zu einem Bürger der fortgeschrittensten Gesellschaft der Erde. Kein Wunder, dass ich ziemlich verwirrt war. Gleichzeitig steckte in uns natürlich die Furcht, dass das Ganze ein Versehen war, ein Fehler, der uns nur zu bald zurück in die Schattenwelt der Verdammten fegen würde.

In der Zwischenzeit jedoch gab es Hoffnung. Die erste Etappe unserer Reise in die Gestade der Freiheit endete in Montelupich, einem wohl bekannten Gefängnis in Krakau. Dort wurden wir mit 150 anderen potenziellen Emigranten zusammengesteckt. Männer und Frauen wurden getrennt. Dreiundsiebzig Männer plus Gepäck teilten sich einen Raum von zirka dreißig Quadratmetern. In einem kleinen Nebenraum gab es eine einzige Toilette und ein Waschbecken. Nicht gerade das Ritz. Nicht ganz, was richtige Amerikaner annehmen würden. Die Erwartungen waren gleichzeitig hoch und gering.

Wir hatten unsere Papiere, nämlich die erwähnten Briefe, ausgehändigt und warteten. Welchen Status besaßen wir nun, fragten wir uns. Waren wir Gefangene oder war es eine Art Internierung? Diese Frage wurde ständig diskutiert. Es gab hier nichts anderes zu tun, als zu sitzen, zu reden und zu warten.

Mit jedem Tag, der vorüberging, wurde ich verzagter. Es konnte einfach nicht wahr sein. Die wollten wahrscheinlich echte Amerikaner, und ein Beamter hatte die Anordnung zu großzügig ausgelegt. Vielleicht erhofften sich die Deutschen etwas von den Amerikanern im Austausch für so viele Gefangene. Alles Vermutungen – wir wussten absolut gar nichts.

Unsere Bewacher waren schweigende, streng aussehende, schwarz gekleidete und bewaffnete SS-Männer mit Stahlhelmen. Ein großer Unterschied zu unseren Wachen im Munitionslager, mit denen man hin und wieder ein Wort wechseln konnte. Die schwarzen Uniformen mit dem Totenkopf-Emblem zusammen mit der Verrufenheit ihrer Träger strahlten eine Aura von Grausamkeit und Terror aus, die unsere Herzen erzittern ließ, wenn sie nur vorbeigingen.

Ungefähr eine Woche später mussten wir uns im großen Vorhof des Gefängnisses versammeln. Als wir alle dastanden und das Urteil erwarteten, fühlten wir uns, als ob wir dem Jüngsten Gericht entgegensahen. Plötzlich marschierte eine Abteilung von etwa vierzig SS-Wachen auf und stellte sich in einer Entfernung von zirka zwanzig Metern uns gegenüber. Wie hypnotisiert sah und hörte ich das Spannen und das kurze metallene Geräusch von vierzig klickenden Gewehrhähnen.

Was jetzt? Hatten sie herausgefunden, dass wir nicht einmal potenzielle Amerikaner waren? Hatten sich die Amerikaner geweigert, uns als Immigranten aufzunehmen, so dass wir nun wieder bloß Juden waren, ein Volk ohne Staat und Schutz, eine Art von Freiwild, auf welches man nach Lust und Laune schießen konnte und für das immer Jagdsaison war?

Mein Gehirn arbeitete fieberhaft. Sollten wir warten, bis das Kommando »Feuer!« kam, oder sollten wir sie überrennen, da der Tod sowieso fast sicher war? Sie hatten Gewehre, wir aber, sollte es uns gelingen, die paar Meter zurückzulegen, waren ihnen vier zu eins überlegen. Was immer dabei herauskäme, es wäre besser als das Warten darauf, wie Lämmer abgeschlachtet zu werden. Doch wer würde das Kommando geben, und wer würde folgen? Diese Situation muss tausende Male vorgekommen sein. Ohne die richtige Organisation, ohne dass jemand ein solches Kommando gäbe, würde keiner wissen, wie er zu handeln hatte. Entscheidende Sekunden wären verloren, genügend Zeit für die Schlächter, ihre Arbeit zu verrichten.

Wir hatten Glück. Die Tore wurden geöffnet, und wir marschierten hinaus. Das Nächste, an das ich mich erinnere, ist, dass ich auf einem offenen Lastwagen auf einem Haufen Stroh in der Sonne lag. Wir fuhren offensichtlich nicht nach Amerika, sondern dahin zurück, wo wir herkamen – und wiederum gab es keine Erklärung.

Neben mir lag ein reizendes Mädchen. Wir begannen, uns zu unterhalten und nach nur wenigen Minuten entflammten mein Herz und meine Seele. Sie war eine der wenigen, die nach den Transporten noch in Bochnias Getto geblieben waren. Ganz natürlich ergaben sich zwei Gesprächsthemen: Erstens, ob jemand von unserer Gruppe wirklich das Glück und die nötigen Papiere gehabt hatte, um sich für eine Reise nach Amerika zu qualifizieren. Meine Begleiterin meinte, zwei oder drei hätten es geschafft. Zweitens: das Schicksal unserer Familien. Wie so viele andere hatte auch sie alle Angehörigen verloren, die, wie sie gehört hatte, an einen Ort namens Belzec transportiert worden waren.

»Belzec? Noch nie davon gehört. Hoffen wir, dass sie nicht zu schwer arbeiten müssen«, setzte ich das Gespräch fort.

»Falls sie noch am Leben sind«, antwortete sie, das Unsagbare in Worte kleidend.

»Wir dürfen die Hoffnung nicht aufgeben«, sagte ich, nicht ahnend, dass Belzec ein Vernichtungslager war. Wie ich nach dem Krieg erfuhr, war es zur Zeit des ersten Transportes gerade neu gebaut worden, und Gerüchten zufolge funktionierten die Gaskammern noch nicht. Ich habe nie erfahren, auf welche Weise meine Mutter, Ida Wermuth, und meine Schwester, Hanna Wermuth, ums Leben gebracht wurden. Geschah es durch Erschießen, Vergasen, oder sind sie vielleicht schon in der Augusthitze auf dem Transport im überfüllten Viehwaggon erstickt? Wurde ihnen vielleicht wie hunderttausend anderen befohlen, sich auszuziehen, die Kleider ordentlich zusammenzulegen, bevor sie entweder einzeln durch Genickschuss oder in Gruppen von Maschinengewehren niedergemacht wurden? Oder vielleicht kamen sie durch Auspuffgase in hermetisch versiegelten Lastwagen um, die Vorläufer der Gaskammern. Das Kohlenmonoxid tötete die Menschen in zwanzig Minuten, während das »gnadenvolle« Zyklon-B in den Gaskammern »nur« etwa drei Minuten brauchte. Die Verfahren waren verschieden, und die Auswahl ist meiner Imagination auf ewig überlassen. Dieses waren noch die »besseren« Methoden, über die anderen möchte ich weder nachdenken noch sie niederschreiben.

In Klaj fingen wir da wieder an, wo wir aufgehört hatten. Bonatz beschäftigte mich weiter. Einmal lud er mich zu einem Mahl in seine Baracke ein, das – wie er mir erklärte – er selber gekocht hätte. Bedächtig an dem, was ich für Huhn hielt, kauend, wagte ich ihm die Frage zu stellen: »Wie weit, denken Sie, wird die deutsche Armee in Russland vordringen?« Er zuckte die Schultern: »Ich weiß es nicht, und es ist mir auch egal, solange ich nicht dahin muss«. Es war das letzte Mal, dass ich ihn bis zu dem zufälligen Treffen nach dem Krieg sah. Als ich ihn dabei auf das schmackhafte Huhn ansprach, erfuhr ich, dass es Kaninchenbraten gewesen war.

Am nächsten Tag kam die Anordnung, dass wir packen und uns versammeln sollten. Ohne Vorwarnung oder Erklärung befanden wir uns in einem Zug – Bestimmungsort unbekannt. Als erstes bemerkte ich, dass wir nicht nach Osten fuhren. Instinktiv war der Osten für mich mit Gefahren verbunden, und ich fühlte mich irgendwie erleichtert. »Andererseits«, sagte ich zu meinem Vater, »könnten wir vielleicht ins selbe Lager wie unsere Lieben kommen. Dann könnten wir versuchen, ihnen zu helfen.« Auf jeden Fall hofften wir, dass wir nicht in ein Lager kämen, das die SS leitete.

Die Reise war kurz. Wir kamen in Plaszów (sprich Plaschuw) an. Wir wussten noch nichts über dieses Lager und seinen Ruf.

Seinen Ruf? Dieses Lager ist in meiner Erinnerung tief eingegraben als das schlimmste, das ich persönlich erlebt habe. Ich glaube, dass mit Ausnahme der Überlebenden und der Leser bzw. Zuschauer von »Schindlers Liste« verhältnismäßig wenige von diesem Lager gehört haben. Das Wort Plaszów bleibt nicht leicht im Gedächtnis und bezeichnet nur einen Vorort Krakaus.

Die Hölle von Plaszów

Der größte Mörder aller Zeiten

Es gibt noch heute Leute, die über die verschiedenen Konzentrationslager unvollständig informiert sind. Ich versuche, hier zu erklären, was ich selbst erst im Laufe der Zeit lernte. Jedes Lager war natürlich ein Zwangsarbeitslager. Unter ziviler und militärischer Leitung gab es selten Tote, während in einem von der SS geleiteten Lager die Vernichtung der Gefangenen das politische Ziel war. Die Gefangenen starben an Hunger, Misshandlungen oder Entkräftung. Dann gab es noch die berüchtigten Vernichtungslager, deren einziger Zweck die rationelle Ermordung der beinahe täglich ankommenden »Ladungen« von Juden war und welche nach Vollendung ihrer grausigen Aufgabe dem Erdboden gleichgemacht wurden. Eine Besonderheit stellte das Vernichtungslager Auschwitz dar. Dort wurden nicht nur Juden, sondern auch Menschen anderer Völker umgebracht. Außerdem hielten sich dort die Deutschen einen »Vorrat« Sklaven für alle möglichen Zwecke einschließlich medizinischer Experimente. Die Zahl der in Auschwitz Ermordeten geht in die Millionen.

Der vollständige Name des Lagers, in dem wir uns befanden, lautete »Zwangsarbeitslager Krakau-Plaszów«. Dessen Häftlinge mussten Sklavenarbeit verrichten; ihr Leben hing von dem berüchtigten Kommandanten Amon Göth ab. Wir erfuhren am ersten Tage, dass dieser Mann sich rühmte, der größte Mörder aller Zeiten zu sein. Er habe achtzigtausend Juden mit eigener Hand getötet. Hätte er den Krieg überlebt, würde er wahrscheinlich wie alle anderen Mörder behauptet haben, er habe nur Befehle ausgeführt. Das Vernichten von Menschenleben war ihm, wie aus seinem ganzen Verhalten hervorging, ein sichtliches Vergnügen.

Töten war seine Unterhaltung und sein Sport. Glücklicherweise, soweit es mich selbst betraf, war er stolz auf seinen Ruf, niemals mehr als eine Kugel pro Person zu »verschwenden«. Dieser Mann war von seiner Macht besessen, er entschied wie ein Gott und Herr über Leben und Tod seiner »Sklaven«. Der Tod war die Folge einer Laune oder eines Missvergnügens Göths.

Im Lager angekommen, mussten wir uns sofort aufstellen. Da standen wir, die ganze Gruppe, ein jeder mit dem wenigen, das ihm geblieben war. Wir standen, und wir warteten besorgt, was wohl auf uns zukommen würde. Mein Instinkt sagte mir, dass unsere »guten« Zeiten vorüber waren. Vier ukrainische Wachen stellten sich etwa drei Meter vor uns auf. Einer von ihnen schlenderte die Reihe entlang. Ich versuchte, die Situation einzuschätzen. Vier Mann mit Gewehren. Sie sahen eigentlich etwas gelangweilt aus, sie verrichteten wahrscheinlich eine Routinearbeit. Es sah nicht so aus, als ob sie auf uns anlegen sollten. Der schlendernde Ukrainer kam näher. Ich nahm eine unserer letzten drei Wertsachen in die Hand, eine Taschenuhr. Sie war weder aus Gold noch aus Silber, jedoch damals ein geschätzter Besitz. Ich schwang sie an ihrer Kette, wahrscheinlich hoffte ich auf einen sofortigen oder zukünftigen Gefallen. Ich konnte keinesfalls einschätzen, ob dieser Mann in der Position war, uns zu helfen. Alles, was ich fühlte, war, dass ich zu handeln hatte – ich musste irgendetwas tun.

»Was werden sie mit uns tun? Worauf warten wir?«, murmelte ich, als der Mann nahe genug war, um mich zu hören. Im Bruchteil einer Sekunde verschwand die Uhr in seiner Tasche. »Entlausen. Noch nicht fertig«, knurrte er im Vorbeigehen. Ich sah meinen Vater an, ob er mich für diesen dummen Bestechungsversuch zurechtweisen würde. Immerhin hatte es uns ein wertvolles Tauschobjekt gekostet. Mein Vater sagte gar nichts.

Wie sich herausstellte, war eine Reparatur an der Entlausungsinstallation der Grund der Verzögerung. Es war Winter, und das Heißwassersystem funktionierte nicht richtig. Dies war augenscheinlich das übliche Verfahren, ob es nötig war oder nicht. Als ich während der berüchtigten Transporte im Frühjahr 1945 von Läusen beinahe aufgefressen wurde, war eine solche Prozedur nicht vorgesehen.

In diesem Falle ließ die deutsche Gründlichkeit zu wünschen übrig, denn als wir aus dem »Waschhaus« kamen, stand unser ganzes Gepäck draußen – unentlaust. Die bewaffnete Wache war nicht mehr da, und ich sah den neuen Eigentümer meiner Taschenuhr nie wieder.

Zwei Häftlinge kamen mit Eimern voll Farbe und Pinsel. Zu meinem Schrecken und Erstaunen begannen sie, rote Striche auf unsere Jacken zu malen. Zwei vertikale und einige horizontale Linien hinten und vorne. Auf jedes Hosenbein malten sie eine Linie, die am Gürtel begann, über dem Knie aufhörte und dann unter dem Knie weiterlief. Was diesen Vorfall so in mein Gedächtnis grub, war der große, gelbe, runde Fleck, den sie dann auf jedes Knie malten. Ich fühlte mich wie ein Clown, gedemütigt und verspottet. Ich fragte mich, ob dieses letzte Stück Malkunst ihre eigene Idee gewesen war oder ob es ihnen so befohlen worden war. Diese Handlung war jedenfalls ein Teil des Entmenschlichungsprozesses und würde auch eine Flucht erschweren. Ich tröstete mich mit dem Gedanken, dass meine zwei besseren Anzüge noch unentlaust und unbemalt in unseren Koffern waren und daher ein Entkommen immer noch möglich sei.

Wir marschierten zu unseren Schlafquartieren. Auf dem Wege sahen wir, wie mit einem Bagger Erdreich ausgehoben wurde. Man erklärte uns, dass diese Maschine oft menschliche Gebeine ausgraben würde. Kaum ausgesprochen, sahen wir Knochen aus der geschaufelten Erde herausragen. Es gruselte mich, als ich mir vorstellte, dass diese Knochen schon mehrere tausend Jahre alt waren. Dann erfuhr ich, dass dieses Lager auf einem nicht sehr alten jüdischen Friedhof errichtet worden war und die Grabsteine nun als Straßenpflaster benutzt wurden. Für einen makabren Moment stellte ich mir vor, dass diese Maschine auch bald meine Gebeine ausgraben würde.

Die »Betten« waren riesige, aneinander gereihte Pritschen, immer drei übereinander. Vater wählte unseren Platz auf dem obersten »Stockwerk«. Wahrscheinlich glaubte er, dass es in zwei Meter Höhe und somit der direkten Sicht entzogen etwas sicherer wäre. Uns Neuankömmlingen wurde die schwerste Arbeit zugeteilt. In diesem Lager, wie in den meisten folgenden, wurden wir anfänglich im Straßenbau beschäftigt. Von anderen erfuhren wir bald, dass wir nicht nur die härteste Arbeit und die längste Arbeitszeit (mindestens zwölf Stunden) hatten, sondern auch an der gefährlichsten Stelle des ganzen Lagers arbeiteten. Die tödlichste Zeit waren die Morgenstunden, wenn es den Kommandanten Amon Göth – möge er in der ewigen Verdammnis rösten – nach etwas Sport gelüstete.

Wir alle nannten ihn »Get«, da die meisten der Häftlinge polnische Juden waren, die den deutschen Namen nicht richtig aussprechen konnten. Als ich im Jahre 1983 meine Memoiren auf Englisch schrieb, buchstabierte ich seinen Namen immer noch G, e, t, bis ich dann die richtige Schreibweise in Thomas Keneallys »Schindlers Liste« fand. Beim bloßen Erwähnen dieses Namens schaudert es mich bis zum heutigen Tage.

Göth konnte uns von seiner Villa aus beobachten. Er benutzte ein starkes Fernglas, um sich seine Opfer auszusuchen. Gewöhnlich war es ein armer Tropf, der für einen Moment ausruhen musste. Mit einem wohlgezielten Schuss führte er die Politik seiner Vorgesetzten aus: entweder Juden zu töten oder sie sich zu Tode arbeiten zu lassen. Von nun an wagte keiner mehr, sich auch nur einen Moment auszuruhen, und die Menschen arbeiteten, bis sie buchstäblich umfielen. Auf einen Schlag wurde alles, was bisher Gerücht oder Hörensagen war, zur grausamen Wirklichkeit.

In dieser Zeit wurde ich abrupt vom Knaben zum Mann. Dies war die Zeit, in der alle Träume enden mussten. Nun gab es nur noch ein Ziel: überleben.

Es war daher nur natürlich, dass ich als Erstes das Gelände in Augenschein nahm, um abzuschätzen, was Göth beobachten konnte und was nicht. Aus jeder Entfernung konnte der auf der Lauer liegende Mörder sehen, ob sich ein Mensch bewegte, also arbeitete. Ich nahm an, dass er nicht beachten würde, wie viel eigentlich auf der Schaufel lag. Die Opfer waren gewöhnlich diejenigen, die vor lauter Erschöpfung riskierten, sich für einige Momente auf die Schaufel oder den Pickel zu stützen. Meine Methode, nicht aufzufallen, war denkbar einfach. Ich simulierte die Bewegungen des Grabens und Schmeißens der Erde und erhielt mir so die Kraft zum Überleben. Fühlte ich mich beobachtet, war ich wahrscheinlich der fleißigste Arbeiter der Gruppe.

Kurz nach unserer Ankunft in diesem Lager schlug ich meinem Vater vor, uns umzuschauen, ob wir hier einen Bekannten fänden, der vielleicht eine »höhere« Position hatte und uns aus dieser üblen Situation heraushelfen könnte – entweder durch eine andere Arbeit oder eine größere Lebensmittelration, am besten beides.

»Prominente« hieß man diejenigen, denen es auf irgendeine Weise gelungen war, sich eine »höhere« Position zu verschaffen. Man konnte sie an ihrem autoritären Benehmen, an ihrer besseren Kleidung und nicht zuletzt daran erkennen, dass sie besser genährt aussahen. In Auschwitz wurden solche Menschen die berüchtigten Kapos. In diesem Lager gab es außerdem noch den »Ordnungsdienst«, kurz OD. Das war die jüdische Polizei, die wie die polnische in schwarze Uniformen mit militärischer Kappe gekleidet war. Es gab sogar Rangstufen unter ihnen. Ein Studium, wie diese Ränge erreicht wurden, würde auf verstörende Weise offenbaren, wie tief ein Mensch, oft durch die herrschenden Bedingungen gezwungen, sinken kann.

Den Mitgliedern des »Ordnungsdienstes« ging es ähnlich wie den Männern des Judenrates in den Gettos. Unter normalen Umständen hätten sie nie einen Verrat an ihren Mitmenschen begangen. Nun aber würden sie, wenn es darauf ankam, das Leben ihrer Familie oder das eigene zu retten, das Ungeheuerlichste tun. Für diese Haltung kann ich Verständnis aufbringen, doch im OD gab es einige, die über ihre »Pflicht« hinausgingen. Die Gründe für ihre unbegreiflich verächtlichen Handlungen kann ich nicht einmal versuchen zu analysieren.

Ränge wurden durch Streifen auf den Schulterklappen und, falls ich mich richtig erinnere, auch an den Ärmeln angezeigt. Es gab nur einen OD mit drei Streifen, sein Name war Chilowicz, und er war der Chef dieser Truppe. Einige hatten zwei, und mehrere hatten nur einen Streifen. Die meisten waren natürlich gewöhnliche Polizisten. Gewöhnliche? Die Leute vom OD waren die Einzigen, die Schlafquartiere hatten, in denen sie mit ihren Frauen und anderen Mitgliedern ihrer Familie, falls noch welche da waren, wohnen durften. Trotz ihres Dienstes, den sie ihren »Herren« auf die eine oder andere Weise geleistet hatten, gab es viele ODs, deren Familie ebenfalls schon stark dezimiert war. Die Ehepaare, die einige oder alle ihre Kinder verloren hatten, umarmten sich in der Nacht mehr in Tränen als in Freude. Am Tage jedoch waren sie die Mächtigen, der verlängerte Arm des Kommandanten und seiner Henkersknechte, durch deren Duldung sie ihre »höhere« Position beibehielten. Ich erinnere mich nur noch an vier dieser OD-Männer namentlich: Chilowicz, Finkelstein, Salz und Sigmund Rosenblum, der Cousin meines Vaters. Finkelstein, obwohl nur mit einem Knüppel bewaffnet, war der Berüchtigtste von allen. Im Lager erzählte man sich voller Galgenhumor, dass der Kommandant Göth die Häftlinge warnte,

Finkelstein sei in der Nähe. Ich hatte Sigmund Rosenblum und seine Eltern noch in Krakau getroffen, sie hatten uns zu einem Sabbatmahl eingeladen. Aus irgendeinem Grund waren meine Mutter und Schwester nicht mitgegangen. Sigmunds Eltern waren der Onkel und die Tante meines Vaters. Es war viel gelacht worden, und jeder schien den andern mit Witzen übertreffen zu wollen. Als man nach dem Essen das Dankgebet gesprochen hatte, war Sigmund aufgestanden. Er begann in Anspielung auf die Lahmheit des Propagandaministers Goebbels auf die Melodie des *Ken jeworech* zu humpeln.

Die Freundin und spätere Frau Sigmunds hatte ihn nach dem Essen abgeholt. Sie war außergewöhnlich schön. Es bedurfte in jenen Tagen nicht viel, mich zu verlieben, doch dies war Liebe auf den ersten Blick. Sie hatte eine Eigenheit, welcher ich mich speziell erinnere – sie sprach das »S« in einer Weise aus, die ich weder vorher noch nachher jemals gehört habe. Es war kein Lispeln, sondern eher eine Art Sibilieren, das ihren Charme nur noch vergrößerte. Das zweite und letzte Mal, dass ich sie traf, war hier im Lager. Sie war immer noch schön, jedoch die Linien in ihrem Gesicht zeugten von großem Kummer. Nach dem folgenden Vorfall sah ich sie nie wieder, obwohl ich noch fast zehn Monate in diesem Lager verbrachte.

Etwa zwei Wochen nach unserer Ankunft in Plaszów verbreitete sich das Gerücht, dass Göth 150 Männer wollte, die erschossen werden sollten. Ein Grund wurde nicht angegeben. Wir konnten nur spekulieren, was diesem selbststilisierten Halbgott missfallen und ihn in schlechte Laune versetzt haben könnte. Die Schergen begannen, die Lagerinsassen einzukreisen, und Leute flohen in alle Richtungen. Wer solche Menschenjagden schon vorher erlebt hatte, eilte zu den vorbereiteten Verstecken. Wir, die auf offener Straße arbeiteten, waren die geeignetsten Opfer. Ich sagte mir Folgendes: Wahrscheinlich muss der Ordnungsdienst bei diesem

Menschenfang mithelfen, also gibt es kein besseres Versteck als die Polizeibaracke. Da wir uns auf Sigmund beriefen, ließ uns seine Frau ein. Sie sorgte auch dafür, dass wir aus dieser Unterkunft nicht hinausgeworfen wurden, bis die Razzia vorüber war. Inzwischen hatten 150 Kameraden ihr Leben gelassen.

Vermutlich nach einer Absprache zwischen meinem Vater und Sigmund bekamen wir eine neue Arbeit in der Metallverarbeitung, die sich in einem anderen Teil des Lagers befand. Es war eine Art Lager innerhalb des Lagers und ebenso wie fast alles hier durch Stacheldraht abgeteilt (siehe Lagerplan Seite 164).

Wir mussten aus dem Riesenhaufen von Metallstücken und Blechen in allen Größen hinter der Werkstatt verschiedene Gegenstände herstellen. Da sich von nun an unser Leben nur noch um unsere neue Arbeit, um Essen, Trinken und Schlafen drehte und wir uns außerdem so weit wie möglich von Gefahren fern zu halten suchten, hatten wir keine Ahnung, was in den benachbarten Werkstätten vorging. Aus diesem Grund hörte ich auch bis lange nach dem Krieg nichts von Oskar Schindler, dem deutschen Unternehmer, der seine Arbeiter als seine Schützlinge betrachtete und über tausend jüdischen Menschen ermöglichte, den Krieg zu überleben – und das unter dem Einsatz des eigenen Lebens.

Ich erinnere mich dunkel, dass ich mir immer wieder Karotten und einige Kartoffeln verschaffte, die in einem unterirdischen Silo aufbewahrt wurden. Ein willkommener Zusatz zu unserer Ration. Später erfuhr ich, dass der Fund einer einzigen Kartoffel bei einem Häftling zur Bestrafung aller Barackeninsassen führte. Jeder bekam 20 bis 25 Stockschläge – und musste dabei laut mitzählen. Noch verschwommener ist meine Erinnerung an ein oder zwei Gelegenheiten, bei denen ich zusätzliches Essen direkt aus der Küche bekam, die auch von Stacheldraht umgeben war, obwohl dies auf der Skizze nicht zu sehen ist. Der OD namens Salz händigte mir diese Extraportionen aus. Sigmund hatte das veranlasst, der anscheinend tat, was er konnte, um uns zu helfen.

Wir arbeiteten nun also in der etwas privilegierten Metallverarbeitung. Was wir hier produzierten, konnte selbst bei blühendster Phantasie nicht »kriegswichtig« sein. Wir waren jedoch unbezahlte Arbeiter, welche aus ausrangierten und ansonsten unbrauchbaren Blechen und Metallstücken etwas erzeugten. Das Resultat wurde auf dem Schwarzmarkt verkauft und füllte jemandem die Tasche – wahrscheinlich Göth.

Es wurde alles Mögliche hergestellt. Meine Aufgabe war es, solche Metallstücke herauszusuchen, die mit Hilfe von Maschinen in Kehrschaufeln umgearbeitet werden konnten. Wir produzierten hunderte, tausende davon; mein Vater musste sie dann in verschiedenen Farben anmalen. Wir arbeiteten in Zwölf-Stunden-Schichten; ich bevorzugte die Nachtschicht. Dafür hatte ich zwei Gründe. Erstens wurde nur selten jemand während der Nachtstunden ermordet. Die »Lagerleitung« war mit Huren und Saufen zu beschäftigt, und dabei wurden, wie ich später erfuhr, potenzielle Schwarzmarktkunden mit Speise und Trank unterhalten. Mein zweiter Grund war ein Freund, den ich in der Werkstatt gefunden hatte, den Musikprofessor Springhut, dessen Eltern noch in Frankfurt mit den meinen befreundet gewesen waren. Viele der langen Nächte verbrachten wir mit interessanter Unterhaltung und erfundenen Spielen. Ich erinnere mich insbesondere an eine Nacht, in der wir im Wettstreit die ersten paar Worte eines Liedes, alt oder neu, Schlager oder aus einer Oper, sangen oder hersagten. Der andere musste die Melodie oder den Text fortsetzen und dann ein anderes beginnen. Wir hätten noch viel länger weitermachen können und verabredeten, am nächsten Abend das Spiel fortzusetzen. Ich sah Springhut nie wieder. Mein Vater, der seinen ungewöhnlich schweren Husten bemerkt hatte, meinte, dass mein Freund der Schwindsucht erlegen sei.

Auch Vater hatte einen Kameraden, Siegfried Vogler, einen echten Wiener. Er half oft beim Bemalen der fertigen Produkte. Die beiden spielten ein anderes Spiel. Jedes Mal, wenn ich mich ihrem Arbeitstisch näherte, erzählte der eine oder der andere gerade einen Witz. Wäre ich der Schiedsrichter gewesen, dann hätte ich Siggi, so nannten wir ihn, zum Sieger erklärt. Aber ich durfte hier nicht Richter sein, da ich die meisten Witze meines Vaters schon kannte. Siggi war 14 Jahre älter als ich; er überlebte den Krieg und wurde mein erster »Geschäftspartner« in Rom.

Nach diesen gemütlich erscheinenden Erinnerungen mag es seltsam klingen, dass meiner Erfahrung nach das Zwangsarbeitslager Krakau-Plaszów schlimmer war als Auschwitz, ein Name, den ich damals noch gar nicht gehört hatte. Nachdem man dort nicht zum Vergasen sondern zur Arbeit selektiert worden war, war die direkte Lebensgefahr – obwohl immer gegenwärtig – doch nicht ganz dieselbe wie hier in Plaszów. Hier mussten wir uns an die Vorstellung gewöhnen, dass wir zu jeder Zeit das mögliche Ziel des Kommandanten werden konnten, dessen täglicher Sport und einziges Vergnügen darin bestand, mindestens einen oder zwei von uns zu erschießen. Die Tage waren selten, an denen keine Berichte über Göths Ausschreitungen zirkulierten.

Für die meisten Leute ist Auschwitz der Höhepunkt und ein Synonym für den *Churban*. Allein wegen der ungeheuren Anzahl der in Auschwitz Ermordeten ging dieses Lager als Höhepunkt des *Churban* in die Annalen der Geschichte ein. Nur ein neues kataklystisches Ereignis wie ein dritter Weltkrieg könnte die Signifikanz dieser obersten Hölle relativieren. Scheußlichkeiten und äußerste Grausamkeiten wurden an so vielen Orten verübt, dass es sinnlos ist, den »ärgsten« zu nominieren. Wir alle wissen, dass Auschwitz den Tod von etwa 95 Prozent der dorthin Transportierten bedeutete. Dieser Ruhm wurde nur von den Vernichtungslagern übertroffen, die, abgesehen von einer Hand voll Entflohener aus Treblinka und Sobibor, den Ruf genossen, zu hundert Prozent effektiv zu sein. Doch in Auschwitz gab es für diejenigen, die bei der Selektion den Gaskammern entkamen, wenigstens zeitweilig ein Gefühl der Erleichterung. Die Zukunft sah zwar genauso grimmig aus wie in Plaszów, aber da gab es wenigstens keinen Amon Göth, der im Lager herumstolzierte auf der Suche nach seinem nächsten Opfer. In den Buna-Werken von Auschwitz hatte ich den Eindruck, dass die Chancen, das Ende der Woche zu erleben, größer waren als in Plaszów, wo die Furcht, »der Nächste« zu sein, mich selten verließ. Verständlicherweise werden manche mit meinem Vergleich nicht einverstanden sein; ich muss daher betonen, dass ich hier nur aus eigener Erfahrung spreche.

Zweimal gehängt

»Alles raus, auf den Appellplatz, schnell, schnell!«

Mein Vater und ich schauten einander an; die Ungewissheit darüber, was der Grund für diesen Aufruf sein mochte, löste tiefe Furcht und Schrecken aus. Vielleicht ist wieder einer entflohen, und Göth benötigte seine fünfzig Opfer.

Als wir zum Appellplatz eilten, hatten wir keine Zeit zu überlegen, was Göth mit uns vorhatte. Da standen wir, Reihe um Reihe, mit militärischer Präzision – nach meiner Schätzung zehntausend. Uns gegenüber hatte eine Abteilung der schwarzuniformierten Waffen-SS mit Stahlhelmen und mit entsicherten Gewehren Stellung bezogen.

Diese Szene ist mir noch so deutlich vor Augen, als wäre es gestern geschehen. Mein Schrecken ließ etwas nach, als ich feststellte, dass keine Maschinengewehre in Position gestellt worden waren. Göth und andere SS-Offiziere schritten langsam auf uns zu. Sie hielten mir gegenüber vor einer Konstruktion, die einem Fußballtor ähnlich sah. Sie war zirka 2,5 Meter breit und etwa 3,5 Meter hoch. Zwei runde Metallhaken waren unter dem horizontalen Balken angebracht.

Zwei Hinrichtungen! Muss ich mich jetzt schämen, wenn ich sage, dass ich erleichtert war? Zwei arme Kerle müssen sterben – aber nicht ich.

Zuerst war ich neugierig, dann aber loderte ein heißer Zorn in mir auf. Hier standen wir in einem Verhältnis von etwa hundert zu eins gegen sie, hoffnungslos, hilflos. Gab es nicht einen der klassischen Helden unter uns, der uns durch seine bloße Persönlichkeit augenblicklich vereinen würde, der uns auf das Kommando »Angriff!« mit vorwärts reißen würde? Zahlenmäßig überlegen, könnten wir uns auf sie stürzen, uns ihrer Waffen bemächtigen, sie umbringen. Einer entschlossenen spontanen Gruppe würden andere sofort folgen, wenn auch nur aus dem Grunde, dass es keinen anderen Ausweg mehr gab – töte oder werde getötet!

Leider gab es keine solche Person oder organisierte Gruppe. Zehntausend Menschen mussten machtlos zusehen, wie zwei ihrer Kameraden gehängt wurden. Zornig ob meiner Hilflosigkeit, jedoch gleichzeitig die drohende Reihe der bewaffneten SS fürchtend, stand und beobachtete ich alles.

Zunächst sah ich nur eines der Opfer, dessen Namen ich nicht kannte, bis ich dann in dem Buch »Schindlers Liste« mehr über ihn erfuhr. Sein Verbrechen war, so sagte mir mein Nachbar, dass er die »Marseillaise« gepfiffen habe. (Nach Keneally war es die kommunistische »Internationale«.) Der junge Mann stand auf einer erhöhten Plattform – vermutlich ein Stuhl oder eine hölzerne Kiste. Meine Aufmerksamkeit war auf seine angsterfüllten Augen und seinen Mund gerichtet. »Ich bin unschuldig«, rief er, »ich bin unschuldig.« Als die Schlinge um seinen Hals gelegt wurde, stieß er gellende Schreie aus. Er wiederholte immer dieselben an Göth gerichteten Worte. Niemand erwartete, dass dieses Ungeheuer dadurch bewegt würde; er benötigte dieses kleine Schauspiel wahrscheinlich als Gesprächsstoff für die abendliche Party.

Das Drama nahm eine unerwartete Wendung. Die Plattform wurde unter den Füßen des Jungen weggestoßen; das Seil riss, und der Mann fiel, die Hände auf den Rücken gebunden, auf die Erde. Ich erinnerte mich, dass ich einmal von einem internationalen Gesetz gehört hatte, wonach das Reißen des Strickes als Gottesurteil betrachtet und der Verurteilte daraufhin begnadigt wurde. Die irrige Annahme, dass dieses Gesetz hier angewendet werde, währte nicht länger als zwei Sekunden. Auf dem Bauch liegend, kroch der junge Mann zum Kommandanten, seine Unschuldsbeteuerungen mischte er nun mit demütigen Bitten. Göth schob mit seinem rechten Fuß den lästigen Wurm von sich. Dann wandte er sich zum OD Salz, der die Exekutionen vorzubereiten hatte. In der stillen Atmosphäre der Erwartung hörte ich deutlich seine Drohung: »Wenn das noch mal passiert, dann hängst du!« Man konnte sehen, dass der jüdische Polizist mit zwei Streifen das Seil verdoppelte. Was konnte er sonst tun, wenn er das eigene Leben retten wollte?

Ich nahm an, dass ein doppeltes Seil die Agonie verlängern würde; eine zusätzliche Dimension der Tragödie eines so jungen Lebens, das nun durch Hängen ausgelöscht wurde – ein zweimaliges Hängen wegen Pfeifens.

Merkwürdigerweise sah ich den anderen Todeskandidaten nicht bis zu diesem Moment. Er war mittleren Alters und lag mit auf den Rücken gebundenen Händen auf dem Boden. Er war tot. Anscheinend hatte er es irgendwie fertig gebracht, Selbstmord zu begehen und Göth damit der Genugtuung zu berauben. Warum er den Tod »verdiente«, habe ich vergessen. Jedenfalls wurde er in der Schlinge neben dem ersten Opfer, dessen spasmisch zuckender Körper seinen Todeskampf bekundete, aufgehängt.

Ein SS-Offizier von kleiner Statur stolzierte am Galgen entlang. Sein Oberkörper war derart zurückgebogen, dass er unter anderen Umständen ein Lächeln des Spottes hervorgerufen hätte; offensichtlich versuchte er, größer und wichtiger zu erscheinen. Langsam und nonchalant zog er seinen Revolver und schoss mehrere Kugeln in die Unterkiefer der beiden Gehängten. Die durch den Geschoss-Einschlag ruckenden Köpfe waren das Ende dieser makabren »Show«.

Wir durften abtreten und gingen zurück an unsere Arbeit, als ob nichts Außergewöhnliches geschehen wäre. Die Nachtschicht, die eigens aufgeweckt worden war, um bei diesem Ereignis Zeuge zu sein, ging in ihr Quartier zurück, um ihren unterbrochenen Schlaf fortzusetzen. Ich bin sicher, dass es manche wirklich fertig brachten, weiterzuschlafen. Man wird abgehärtet.

Eine erfolgreiche Flucht – 49 Tote

Ich arbeitete auf Tagschicht, als uns die Neuigkeit erreichte, dass einer von der Autoreparaturwerkstatt entflohen sei. Freude mischte sich mit Schrecken. Freude, weil wir hofften und beteten, dass jemand am Leben bleiben würde, um der Außenwelt zu erzählen, dass die Hölle nicht im Jenseits sei, sondern hier auf Erden. Freude auch für jene, welche die Hoffnung nährten, dass eines Tages die Flucht gelingen würde. Schrecken, da die Flucht des jungen Mannes einigen von uns das Leben kosten würde.

Wir überlegten: Normalerweise würde Göth die Gruppe bestrafen, die mit dem »Schuldigen« zusammengearbeitet hatte. In diesem Falle bezweifelten wir jedoch, dass er seine Opfer aus der privilegierten Mannschaft der Werkstattarbeiter wählen würde. Es war eine bekannte Tatsache, dass er mit »seiner« Autowerkstatt den prominenten Besuchern gegenüber groß angab.

Den mutigen Burschen, der sein Leben für die Freiheit einsetzte, kannte ich noch von Bochnia. Wir hatten uns damals des Öfteren darüber unterhalten, wie leicht es wäre, aus dem unumzäunten Getto zu fliehen. Er war übrigens einer der wenigen, dessen Flucht auch wirklich erfolgreich war. Ich habe ihn im Frühsommer 1945 in Modena, im Norden Italiens, wieder getroffen.

Da ich mich trotz allem nur an den Anfangsbuchstaben seines Vornamens erinnere, nenne ich ihn hier Daniel. Er bewerkstelligte seine Flucht, indem er sich am Fahrgestell eines Lastwagens festband. Da er aus Bochnia war, überlegten wir, ob alle aus diesem Getto Stammenden Opfer der Bestrafungsaktion werden würden. Da wir selbst über das Munitionslager Klaj hierher gekommen waren, hofften wir, dass dem Kommandanten unsere Verbindung mit Bochnia nicht bekannt war. Sollte eine Menschenjagd veranstaltet werden, während wir bei der Arbeit waren, hatten wir kaum eine Chance, dem zu entgehen – in unseren Schlafquartieren wären wir sicherer.

Inzwischen hatten wir unsere Baracken gewechselt. Anstatt auf langen Regalen schliefen wir jetzt in dreistöckigen Holzbetten mit Strohmatratzen, und im Gegensatz zu Auschwitz und späteren Lagern genossen wir den »Luxus« eines eigenen Bettes – wir hatten sogar noch unsere eigene Bettwäsche. Wiederum war es mir gelungen, eine Schlafstelle im obersten »Stockwerk« zu bekommen. Zwischen der vorherigen und der jetzigen Unterkunft gab es einen wichtigen Unterschied: Nur etwa einen Meter über den oberen Betten war die aus Holzplanken bestehende Decke. Verschob man einige der losen Bretter, konnte man sich dahinter verstecken. Ideal war dieses Versteck auf keinen Fall, besonders wenn andere dieselbe Idee hatten und jemand beim Zurückschieben der Bretter erwischt wurde. Der Fehler eines Einzelnen wäre dann das Ende aller. Glücklicherweise musste ich während meines Aufenthaltes im Lager keinen Gebrauch von diesem Unterschlupf machen. Wir versteckten dort Kartoffeln und Karotten sowie einige der uns verbliebenen Wertsachen.

49 meiner Mitgefangenen bezahlten für Daniels Flucht mit ihrem Leben. Eigentlich waren es fünfzig, die auf den berüchtigten »Todeshügel« geführt wurden und dort erschossen werden sollten. Es war spät am Tage, und das Einfüllen des Massengrabes wurde auf den nächsten Morgen verschoben.

Die Nachtschicht unserer Nachbarbaracke bekam in dieser Nacht einen Besucher, völlig nackt und blutend, aber lebend. Es war einer der Niedergemetzelten, der verwundet worden war und für tot gehalten wurde. Es bedarf keiner Erläuterung, dass ihm geholfen wurde.

Dieses Ereignis birgt die grausame Frage, wie viele von den Nazis in Europa massakrierten Menschen wohl lebend begraben wurden.

Damals hörte ich auch von dem schrecklichsten und unvorstellbarsten aller Verstecke, das meist dann benutzt wurde, wenn auf Kinder Jagd gemacht wurde: die Latrinen. Die Kleinen wurden meistens von ihren Eltern – wenn verwaist von erwachsenen Freunden – versteckt gehalten. So stark war ihr ungeheurer Wille zum Überleben – oder die Furcht vor dem Tode –, dass sie sich durch die Öffnungen der Latrine quetschten und oft bis zum Kinn in menschlichen Exkrementen standen. Um diese relativ sicheren Plätze wurde sogar gestritten. Anscheinend wurden immer genug Opfer bei diesen »Razzien« zusammengetrieben, um eine Suche in diesen schauderhaften Verstecken für unnötig zu halten – wenigstens während meiner Zeit in Plaszów war es so. Eine kurze Zeit lang gab es keine Neuigkeiten über Göths Verbrechen. »Göth ist auf Urlaub«, war die Annahme, »möge er nie zurückkommen« das Gebet der Gefangenen.

Ein tödlicher Marathon

Es wurde angeordnet, dass jede Werkstatt und jede Arbeitsgruppe eine Anzahl Leute für eine spezielle Aufgabe zur Verfügung stellen musste. Gewöhnlich misstraute ich jeder neuen Weisung, dieses Mal jedoch wussten wir im Voraus, dass ein Zug mit Baumaterial angekommen war, der ausgeladen werden musste. Ich verließ meinen Arbeitsplatz nicht gern, war jedoch froh, dass wenigstens mein Vater, der vor kurzem 47 Jahre alt geworden war, zurückbleiben durfte. Als unsere kleine Gruppe ankam, wurde bereits entladen. Bald stellte sich heraus, warum für diesen Job so viele benötigt wurden. Fünf Backsteine wurden auf meine Schultern geladen, welche ich mit meiner Rechten in Balance halten musste, bevor ich einen Mini-Marathon begann, den ich wohl nie vergessen werde.

»Schnell, schnell!«, brüllte der Mann, der mit erhobener Peitsche am Wegrand bereitstand, um die Träger anzutreiben. Die Last musste in dieser Sommerhitze im Laufschritt zirka einen halben Kilometer geschleppt und dann abgelegt werden. Alle fünfzig bis hundert Meter stand solch ein Sadist, und man konnte ihren Gesichtern deutlich ansehen, dass ihnen ihre Aufgabe Vergnügen bereitete.

Sie konnten Deutsche oder auch Ukrainer sein; das gebrüllte »Schnell, schnell!« war vollständig frei von jedem Akzent.

Nach dem Abladen musste man sofort umdrehen und schnell, schnell an den Peinigern vorbei zurücklaufen, um weitere fünf Steine aufzunehmen. Ich versuchte, auf den Waggon zu klettern. Das Laden auf andere Schultern war leichter als das Tragen. Ich hatte jedoch kein Glück; fünf weitere Steine. Als ich einmal nur vier nehmen wollte, wurde ich vor den grässlichen Folgen gewarnt, die mir in einem solchen Fall drohten. Ich wagte den Versuch nicht. Es gelang mir, einige zerbrochene Steine dazwischen aufzunehmen – schwerer zu balancieren, doch leichter im Gewicht. Schnell, schnell, die Peitschenschläge hagelten auf meinen Rücken; es hieß, die Zähne zusammenbeißen und, was immer auch passiert, die Ladung nicht verlieren. Manche hatten Pech und mussten ihre Last unter Beschimpfungen und Prügeln wieder aufnehmen. Die Aufseher schienen mehr Lust daran zu haben, die mit Last Beladenen zu quälen als die sich auf dem Rückweg Befindenden.

Das Gewicht, das Rennen und die Hitze waren für viele bald unerträglich. Einige brachen zusammen, nachdem sie die Strecke mehrmals zurückgelegt hatten. In manchen Fällen konnten auch Schläge die Unglücklichen nicht mehr bewegen aufzustehen; sie gaben auf. Ich erwartete, dass sie erschossen würden, doch Dank der Abwesenheit Göths geschah das nicht. Trotzdem starben nicht wenige an den Schlägen und aus reiner Erschöpfung.

Dank meiner Aufmerksamkeit konnte ich das Schlimmste vermeiden. Etwa auf halbem Weg zum Entladeplatz betrug der Abstand zwischen zwei Wachen zirka hundert Meter. Dort befand sich ein ganz kleiner Hügel und dahinter eine Vertiefung, die ich gleich bei meinem ersten Lauf bemerkte. Als ich beim zweiten Lauf diese Bodenerhebung passierte, bückte ich mich ein wenig, um von dem Aufseher hinter mir nicht gesehen zu werden, und als ich bemerkte, dass die Wache vor mir mit Schlagen beschäftigt war, ließ ich meine Last einfach fallen. Ich drehte mich sofort um und lief zurück zum Zug. Wie erschöpft man auch sein mochte, es war besser ohne als mit Last zu laufen.

Wieder einmal entkam ich dem Schlimmsten, und mir wurde immer klarer, dass nur absolute Wachsamkeit eine Chance zum Überleben bot. Der Zug war bald entladen. Ich habe nie erfahren, wie viele Todesopfer oder Verletzte diese kleine Operation gefordert hat.

Als ich völlig erschöpft die Metallverarbeitung betrat, hörte ich

Siggi Vogler sein Lieblingslied, das lebhafte »Wiener Fiakerlied«, singen. Wie dünn war doch die Linie zwischen dem leidvollen Stöhnen, welches ich draußen gerade verlassen hatte, und der Unbekümmertheit der nicht davon Betroffenen. Diese erstaunliche »dünne Trennungslinie« wurde hier tausendfach offenbar: zwischen Hunger und Sättigung, äußerster Misere und kurzlebigster Heiterkeit und im Besonderen – zwischen Leben und Tod. Die menschliche Natur besitzt eine unglaubliche Elastizität, die auf das geringste Nachlassen von Stress reagiert und sich, beinahe sofort, für Gelittenes entschädigt. Wie anders könnte man das frohe Singen Siggis, den gelegentlichen Ausbruch von Lachen und die witzigen Bemerkungen von meinem Vater und mir selbst erklären?

Dem Tod entronnen

Eines Tages musste ich aus dem Metallhaufen hinter der Baracke geeignetes Material suchen, aus welchem wir dann Kehrichtschaufeln herstellen sollten. Zwei andere kletterten bereits auf dem Metallberg herum, der – wie ich erst kürzlich erfuhr – zum großen Teil aus den Emaillewerken des erstaunlichen Oskar Schindler stammte. Wir häuften unser Sammelgut am Fuß des Hügels ziemlich nahe beieinander auf. Nach einer Weile sah ich meine zwei Kameraden in ein Gespräch vertieft, als ob sie noch nie von Göth und seinem tödlichen Sport, alle, die er des Müßiggangs verdächtigte, einfach niederzuknallen, gehört hätten. Verstohlen sondierte ich die Umgebung, und da kein Mensch zu sehen war, stieg ich hinunter und gesellte mich zu den beiden. Eigentlich wollte ich sie vor einer Fortsetzung ihrer Unterhaltung warnen. Als ich die beiden erreichte, wurde ich von meinem Vorhaben durch die Erzählung des jüngeren, etwa 16-jährigen Burschen, der erst vor einigen Tagen hier ins Lager gekommen war, abgelenkt. Ich erfuhr zum ersten Mal von einem Schicksal, das ich später auch von anderen in verschiedenen Variationen zu hören bekam. Sechs Monate lang lebte er mit seinen Eltern, einer Tante und einem jüngeren Bruder bei einer polnischen Familie versteckt, die sie auch mit Proviant versorgte. Sie mussten aber jeden Laib Brot mit Gold und Juwelen bezahlen. Wie in so vielen ähnlichen Fällen rechneten sie ängstlich und hofften auf das Ende des Krieges, bevor ihre Habe aufgebraucht war und sie den übermäßigen Forderungen ihrer »Wohltäter« nicht mehr nachkommen konnten.

Vor drei Wochen mussten sie ihr Versteck verlassen. Anschließend hatten sie sich, den kommenden Herbst und Winter fürchtend, in den Wäldern durchgeschlagen. Vor einigen Tagen war er zu Bauern gegangen, um etwas Essbares zu erbetteln. Er erhielt einige Eier, etwas Brot und eine Wurst. Er wusste, dass sein Vater, der es bisher nicht fertig gebracht hatte, seine religiösen Grundsätze aufzugeben, sich mit einem Ei begnügen, jedoch seiner hungrigen Familie keine Vorschriften machen würde. Voller Freude über seinen Erfolg machte er sich auf den Weg zurück in den Wald. Als er die Stelle erreichte, wo er seine Familie verlassen hatte, fand er zwei geöffnete Koffer und am Boden verstreute Gegenstände, die seinem Bruder und ihm gehörten, vor – aber nicht einen einzigen seiner Angehörigen.

Starr vor Schreck setzte er sich nieder, bis er sich nach einer Weile entschloss, nach ihnen zu forschen – mag kommen, was wolle. Er packte die wenige Habe in die Koffer und machte sich auf den Weg zur nächsten Ortschaft. Im vollen Bewusstsein der Gefahr, in die er sich begab, wollte er mit einem Polizeibeamten über das Verschwinden seiner Familie sprechen.

Mit klopfendem Herzen näherte er sich zwei polnischen Polizisten und fragte sie, ob sie irgendetwas über den Vorfall im Wald wüssten. Sie verneinten und übergaben ihn der deutschen Obrigkeit, von der er überhaupt keine Antwort auf seine Fragen und Bitten erhielt. Zwei Tage später wurde er in dieses Lager eingeliefert.

Nachdem er seine kummervolle Erzählung beendet hatte, langte er in seine Innentasche und zog ein Bündel Fotos heraus – wahrscheinlich, um uns seine Familie zu zeigen. Es war das Letzte, was er tat. Wir standen nahe beisammen. Der große Bursche zu meiner Rechten bückte sich etwas, um sich die Bilder anzuschauen. Ihn traf der erste Schuss mitten in die Stirn. Sein Blut über mich spritzend fiel er nach vorn und quer über meine Füße. Der zweite Schuss zerriss meinen Jackettkragen. Meine Hände, die mit dem warmen Blut des ersten Opfers reichlich bedeckt waren, schnellten hoch und schmierten das Blut an meinen Hals und über meine Wangen. In die Knie sinkend ließ ich mich auf den am Boden liegenden Körper fallen. Der Junge wurde tödlich getroffen und fiel auf meinen linken Arm, sein Kopf landete auf meinem Hals.

Warum fiel ich eigentlich? War es Geistesgegenwart, Schreck, Instinkt oder einfach eine Reflexbewegung? Ich weiß es nicht und kann mich auch nicht erinnern. Jedoch besteht kein Zweifel, dass diese Reaktion und das reichlich über mich vergossene Blut meiner Kameraden, deren Namen ich nicht mal kannte, mein Leben rettete.

Da liege ich, das Gesicht dem Boden zugekehrt, der Mund weit offen. Ich wage nicht, mich zu rühren. Schritte nähern sich. Sie halten an. Ich bin steif vor Angst. Nicht atmen – nur nicht atmen. Ein Spiel kommt mir in den Sinn, ein Wettstreit: Sechs Klassenkameraden, wer kann den Atem am längsten anhalten – ich gewann – ich muss auch jetzt gewinnen. Die Schritte entfernen sich.

Die Menge des Blutes musste den Mörder überzeugt haben, dass sein Werk erfolgreich war. Mein Leben war gerettet – oder?

Wer wird nun kommen – und wann, um die »drei« Leichen zum Begräbnis abzuholen? Soll ich aufstehen und mich verstecken? Was, wenn diejenigen, die beauftragt werden, die drei Leichen abzuholen, nur zwei vorfinden? Unsinn, ich muss diesen Platz verlassen, ich kann doch nicht warten, bis sie mich begraben! Nein, ich darf noch nicht aufstehen – die Wachen! Die Schüsse mussten die nächst postierten Wachen aufmerksam gemacht haben. Sie waren an solche Szenen, welche nur allzu oft in diesem Lager vorkamen, gewöhnt; dass sich jedoch eine der »Leichen« auf- und davonmacht, kam sicher nur selten vor. Ich entschloss mich, noch ein bisschen länger zu warten.

Einige der Einzelheiten dieses Geschehens wurden mir später von meinem Vater erzählt. Der erste Schuss löste Panik unter den Arbeitern aus, und jeder beschäftigte sich emsig, schließlich hing das Leben davon ab. Aller Augen waren ängstlich zur Türe gerichtet; wenn sie sich geöffnet hätte und die gewaltigen Konturen des Kommandanten darin erschienen wären, wäre jeder Augenkontakt absolut vermieden worden.

Wenn sie sich von Göth beobachtet fühlten, arbeiteten sie so schnell sie nur konnten. Nach einer Weile würde er sagen: »Du hast so viele Stücke in zehn Minuten gemacht – was tatest du den ganzen Morgen?« Das Resultat war oft ein tödlicher Schuss. Durch unglaubliches Glück oder reinen Zufall betrat Göth die »Metallverarbeitung« nie während meiner Schicht.

Während die anderen, als sie den ersten Schuss hörten, sich sofort eifrig mit ihrer Arbeit beschäftigten, eilte mein Vater, da er mich draußen wusste, zum Fenster, um nach mir Ausschau zu halten. Er sah mich gerade noch fallen. Er wollte hinaus und mir helfen; er wurde zornig, als die anderen ihn zurückhielten. »Dein Sohn ist tot, du kannst ihm nicht helfen, und es ist Selbstmord, wenn du jetzt nach draußen gehst.« Sie erinnerten ihn, wie gefährlich es sei, weitere Aufmerksamkeit auf sich zu lenken. Er musste einsehen, dass sie Recht hatten.

Seine Gefühle beschrieb er nicht – es war auch nicht nötig, denn er alterte in zehn Minuten um zehn Jahre – er saß da, bewegungslos. Wäre Göth jetzt eingetreten, hätte sich mein Vater damit zum Ziel gemacht. Dann rief einer, dass Göth weg sei. Niemand wusste, wann und wie normalerweise Leichen weggeräumt wurden. Nun ließ sich mein Vater nicht mehr halten – er wollte seinen Sohn noch einmal sehen.

Er wollte Deckung haben und fragte nach Freiwilligen, die mit ihm das bereits gesammelte Material in die Werkstatt bringen sollten – es gab keinen. Dann ging er gerade zu dem mir nächst liegenden Haufen und hob einige Stücke auf. Er schaute sich um – niemand in Sicht, niemand, der ihn stören konnte. Als er die Unmenge Blut auf meine Kleidern und meinem Gesicht sah, fing er an zu schluchzen. Ich hörte ihn, wagte jedoch nicht, meine Augen zu öffnen, da ich nicht sicher war, wer es sei. Er legte das Aufgehobene wieder nieder und begann »Jiskadal w' jiskadasch ...«, den Anfang des *Kaddisch,* des jüdischen Gebetes für Verschiedene, zu rezitieren. Es zeigte seinen Zustand des Schreckens und der Verwirrung, da dieses Gebet gewöhnlich nicht ohne ein *Minjan* – ein Dekorum von mindestens zehn Männern – gebetet werden sollte.

Ich erkannte seine Stimme. »Papa, ich bin nicht verletzt«, rief ich in leisem Ton. Sein Gebet stoppte und beinahe auch sein Herz. Er war sich nicht ganz sicher, ob er richtig gehört hatte. »Heinz«, antwortete er mit bebender und leiser Stimme, »du bist ...?«

Ich wiederholte, dass ich nicht verletzt sei; dann warnte ich: »Komm nicht näher, beobachte die Wachtürme, gehe in die Werkstatt und berate dich mit den anderen, was jetzt zu tun ist.«

Wie in einem Traum hob er einige Stücke des Metallabfalls auf, und mehr wankend als gehend begab er sich zurück in die Baracke, um unseren Mitarbeitern das Erstaunliche zu berichten.

Es waren noch mehrere Stunden bis zur Nacht und der Dunkelheit, doch wie ich meinen Vater kannte, konnte ich mich auf schnelles Handeln verlassen. Minuten erschienen mir wie Ewigkeiten, und wiederum wollte ich einfach aufstehen und diesen entsetzlichen Platz verlassen. Da sah ich drei Männer von der Baracke her näher kommen. Sie sagten mir, dass ich mich noch ein bisschen gedulden solle, da sie erst abschätzen wollten, was man von den Wachtürmen aus beobachten konnte. Nachdem jeder einige Gegenstände aufgehoben hatte, gingen sie zurück in die Werkstatt.

Ich bewegte mich nicht, hielt jedoch jetzt die Augen offen. Bald kamen sechs Männer und nahmen uns auf ihre Schultern. Sie trugen uns um die Ecke des Gebäudes – außer Sicht spähender Blicke. Noch einmal sahen sie sich um, bevor sie uns niederließen. Auf Grund des langen reglosen Liegens waren meine Glieder ganz steif geworden. Das legte sich aber schnell, während ich mich reinigte. Wenig später gelangte ich, ohne eine Stütze zu benötigen, zu meinem Vater. Er, der sonst als zäh und mannhaft galt, war leichenblass und saß sichtlich erschüttert auf seinem Platz.

War ich nun sicher? Natürlich nicht. Niemand wusste, was als Nächstes zu erwarten war, jeder riet etwas anderes. Die Fragen, die ich mir vorher selber gestellt hatte, wurden nun von anderen wiederholt: Würde Göth jemanden senden, um die Leichen abzuholen? Was würde geschehen, wenn ihm berichtet wurde, dass es nur zwei waren?

Ich dachte an die peinlich genaue Buchhaltung der Deutschen. Wie viele »verstorbene« Menschen würden sie registrieren? Die Gefahr war noch nicht vorbei. Ich setzte mich neben meinen Vater und bemalte Kehrichtschaufeln. Mein Vorhaben, die Blutflecken auf meinen Kleidern mit roter oder brauner Farbe zu überpinseln, konnte ich leider nicht ausführen, da diese sehr gebrauchten Farben gerade nicht vorrätig waren. Glücklicherweise war diese Maskerade nicht nötig – keiner kam und kontrollierte. Am Ende unserer Schicht war immer noch keiner gekommen, um unsere zwei Kameraden abzuholen. Ich betrachtete dies als ein gutes Zeichen; hätte Göth deren Abtransport angeordnet, wäre das schon vor Stunden geschehen. Als wir an den Unglücklichen vorbeigingen, erblickte ich nochmals die, deren Namen ich nicht kannte und deren Blut mir das Leben gerettet hatte.

Über Religion – und ein Gelübde

Tallit und *Tefillin,* Gebetsmantel und Gebetsriemen, Besitz eines religiösen Juden, sollten eigentlich noch unter unserer wenigen Habe sein. Sie waren es aber nicht. Seit wir das erste Konzentrationslager betraten, habe ich diese Gegenstände bei keinem mehr gesehen. Von uns wurden sie in Bochnia zurückgelassen, dem Ort, den ich ohne meine Mutter, ohne meine Schwester und wahrscheinlich ohne Religion verließ. Während meiner Jahre in den Lagern sah noch hörte ich jemanden beten. Doch wurde bestimmt stumm gebetet – unzählige Gebete – alle, außer einer lächerlich geringen Anzahl, unerhört. Der Genauigkeit wegen muss ich hier von vier Ausnahmen berichten: das gerade erwähnte Gebet meines Vaters für die Toten, das zweite später in Auschwitz, als ein Bombe in unserer Nähe abgeworfen wurde. Die dritte Ausnahme geschah während der Nacht, als ich meinen Vater um ein passendes Gebet für die zwei armen Seelen fragte, die ich hätte warnen sollen, anstatt mich ihnen zuzugesellen und an ihrer leichtsinnigen Unterhaltung teilzunehmen. Das vierte Gebet finden wir im Kapitel »Eine unvergessliche Nacht«.

Waren wir noch Gläubige? Wir sprachen nie mehr über Religion, so kann ich nur für mich selbst sprechen. Glauben ist heute genauso schwierig zu definieren, wie er es schon immer war. Die vollständige Verneinung einer Gottheit wäre für mich gleichbedeutend mit der Behauptung, dass wir Erdenbewohner die höchstentwickelten Wesen im Universum seien. Was ich an allen Religionen auszusetzen habe, ist die Doktrin eines »allmächtigen« und gleichzeitig »gnädigen« Gottes. Ein Diktum, das ich mit meiner begrenzten menschlichen Logik einfach nicht in unserer Welt verwirklicht sehe.

Ich wuchs mit dem Wissen auf, dass die Juden im Verlauf der Geschichte immer wieder verfolgt worden waren. Das ist nicht neu. Die Gründe für diese unfasslichen Ereignisse aber sind teilweise neu. Das Ausmaß – die für das menschliche Gehirn nicht vorstellbaren Zahlen und die Tatsache, dass die Juden vorher niemals Feinde der Deutschen waren und deshalb also »grundlos« hingemordet wurden – ist neu. Unbegreiflich und neu.

Im Spätsommer 1943, als der Großteil der europäischen Juden seinem tödlichen Schicksal schon zum Opfer gefallen war und der Völkermord mit zehn- bis zwanzigtausend Toten täglich fortschritt, waren wir über die uns umgebende Tragödie nur teilweise im Bilde. Wenn Leute später erfuhren, dass ich Häftling in Auschwitz war, nahmen sie automatisch an, dass ich über alle damals vorgekommenen Grausamkeiten informiert war. Das war nicht der Fall. Erst nach dem Krieg erfuhr ich zusammen mit der restlichen Welt – jedoch mit weit weniger Erstaunen – das volle Ausmaß der undenkbaren Methoden wie auch die unvorstellbare Zahl der vernichteten Menschen. Ich wusste damals nichts über die berüchtigten Vernichtungslager. Selbst in Auschwitz informierte mich niemand über die fast täglich eintreffenden Transporte von Menschen, die – mit wenigen Ausnahmen – gleich zur Vernichtung in die Gaskammern gebracht wurden.

Unsere Sterblichkeit ist uns während unseres Lebens durchaus bewusst, doch können wir die meiste Zeit vermeiden, darüber nachzudenken. Ähnlich ließ ich diese Tatsache in damaligen Tagen, als wir ganz sicher waren, dass wir einen vorzeitigen Tod zu erwarten hatten, in meinen Gedanken nicht zu, außer wenn mich die krassen Umstände dazu zwangen. In Plaszów traten diese Umstände häufiger ein als in Auschwitz.

Es war, als ob Gott nichts mit diesen Ereignissen zu tun hätte – oder vice versa. Leute mit tief verwurzeltem Glauben müssen in der Tat völlig desorientiert gewesen sein. Jedoch im gegebenen Fall und wenn sie die Zeit dazu hatten, starben sie mit dem »Schema Yisrael …« (Höre (oh) Israel …), dem jüdischen Glaubensbekenntnis, auf den Lippen. Meine eigenen Gefühle wurden am besten durch Lord Alfred Tennyson ausgedrückt:

»I found Him in the shining of the stars,
I marked Him in the flowering of His fields,
But in His ways with men I find Him not.«

(Ich fand Ihn im Glänzen der Sterne,
Ich erkannte Ihn im Blühen Seiner Felder,
Jedoch in Seinem Umgang mit den Menschen finde ich Ihn nicht.)

Ich habe damals (außer bei den erwähnten Ausnahmen) nie bewusst gebetet – es schien zwecklos. Aber ich beneidete, ich träumte und ich wünschte: Ich beneidete jeden, der außerhalb dieser Stacheldrahtumzäunung und frei von ständiger Bedrohung lebte. Ich träumte vom Essen. (Mädchen kamen mir nicht mal in den Sinn.) Mein innigster Wunsch wurde von meinen Leidensgenossen wegen der sich ständig verschlechternden Lage in dem immer wiederkehrenden Satz ausgedrückt: »Nor zi iberleben, abie mit a trickenem Kartoffel!« (Wörtlich: »Nur überleben, und sei es mit einer trockenen Kartoffel!«) Dies enthielt gleichzeitig ein Element des Gebetes und einen Versuch, das Schicksal – oder Gott – zu bestechen oder zu beeinflussen. Diese »Bestechung«, die dem Schicksal, Gott oder einer höheren Macht angeboten wurde, war ein Gelübde. Sollte dieser Wunsch bewilligt werden, würde sich der so Begünstigte mit einer »trockenen Kartoffel«, also mit dem Minimum, das es zur Erhaltung des Lebens braucht, zufrieden geben.

Ein verhinderter Fluchtversuch

Am nächsten Tag schien die Sonne, von den Toten war nichts mehr zu sehen. Ich stampfte noch ein paar Dutzend Schaufeln aus dem am Vortag gesammelten Material. Das Leben ging seinen »normalen« Gang, und jeder fragte wie immer nach Neuigkeiten – insbesondere nach Göths »Heldentaten«. Gegen Abend fühlte ich mich sicherer, und nach der Arbeit sprach ich mit meinem Vater über die Möglichkeit zu fliehen. Die Flucht sollte während unserer Nachtschicht stattfinden. Unsere Werkstatt war der Stacheldrahtumzäunung am nächsten; zwar hieß es, dass sie unter Strom stand, doch keiner wusste das genau.

In der Werkstatt fanden wir die nötigen Werkzeuge, um die Drähte durchschneiden zu können. Wir beobachteten die rotierenden Scheinwerfer und ermittelten ihren Rhythmus. Es schien, als ob ein Ausbruch gar nicht so schwer wäre. Es war uns wohl bewusst, dass eine Flucht ein Spiel auf Leben und Tod war, jedoch ein Verbleiben in diesem Lager, speziell nach dem, was ich gerade erlebt hatte, würde früher oder später den sicheren Tod bedeuten. Dieser Kommandant würde uns keinesfalls erlauben, den Krieg zu überleben, egal wer ihn gewann. Wie immer war die

Frage nach dem Wohin das unlösbare Problem. Außerdem fügte mein Vater schwermütig hinzu: »Wie viele wird man wegen uns töten?«

»Daran habe ich auch gedacht«, antwortete ich; jedoch von meiner Erfahrung beeinflusst, erinnerte ich ihn an unsere ausdrückliche Überzeugung, dass es nur eine Frage der Zeit sei, bis alle hier umgebracht würden. Wir erinnerten uns auch, wie wir Daniels kühne Flucht beneidet und ihm applaudiert hatten, in der Hoffnung natürlich, dass wir nicht mit unserem Leben dafür bezahlen mussten. Wir waren auch überzeugt, dass solche Erwägungen niemanden zurückhalten würden, wenn er eine Möglichkeit sah, ins Leben zu entkommen.

An diesem Abend, nachdem wir jedes Für und Wider in Betracht gezogen hatten, entschlossen wir uns, an unserem Fluchtplan zu arbeiten. Mein Vater, der immer noch mehr als ich unter dem Schrecken litt, bemerkte, dass dieser Entschluss allein schon seine seit gestern unerträgliche Depression einigermaßen linderte. Unsere Nachtschicht begann erst in zwei Wochen. Wir erkundeten das Terrain genau. Wir bestimmten den genauen Punkt, an dem wir durchbrechen mussten. Nun mussten wir für Proviant sorgen.

Außerdem fertigten wir zwei Furcht erregende, gut geschärfte und spitz zulaufende Messer mit mindestens zwanzig Zentimeter langen Klingen.

Leider gab es unter all diesem Metall keinen Stacheldraht, an dem wir uns hätten üben können. Als wir unsere Notizen über die Ablösung der Wachturmbesatzung verglichen, stellten wir mit einigem Erstaunen fest, dass es keine Hundepatrouille gab. Doch das schrieben wir unserer notwendigerweise mangelhaften Beobachtung zu.

Wir wählten die Nacht des nächsten Samstags für unseren »Durchbruch« in die Freiheit; noch fünf Tage oder eigentlich

Nächte bis zum entscheidenden Moment. Wir fühlten, dass wir bereit waren. Auch wenn die eine Frage, die tausende solcher Pläne durchkreuzte und zu der Hamlet in seinem berühmten Monolog die Beobachtung machte: »... und so würden wir eher die uns bekannten Übel ertragen, denn zu entfliehen zu andern, von denen wir nichts wissen!«, noch nicht geklärt war: Nach dem Ausbruch – wohin?

Unserer Meinung nach gab es nur eine durchführbare Möglichkeit: versuchen, in die Schweiz zu kommen. Es war ein Zeichen unserer zähen Entschlossenheit, dass wir, obwohl das zuerst festgesetzte Datum verschoben wurde, ohne Unterlass weitere Informationen, in welcher Richtung wohl die nächste Grenze lag, sammelten. Das uns am nächsten liegende Land, die Tschechoslowakei, war natürlich auch von den Deutschen besetzt. Um die Richtung einzuhalten, müssten wir dann ein Land von gleicher Gefährlichkeit durchqueren – Deutschland oder Österreich. Wenigstens kannten wir da die Sprache. Es wäre uns niemals eingefallen, uns östlich oder gar nördlich zu wenden.

Größte Vorsicht war geboten, um auch bei unseren Mithäftlingen keinen Verdacht zu erregen. Furcht und Selbsterhaltungstrieb konnten sie veranlassen, uns zu verraten. Einen älteren Mitarbeiter (im Lager galt ein Fünfzigjähriger als alt), der sich geografisch gut auskannte, verwickelten wir in ein Spiel um die besten Fluchtrouten. Mein Vater, der ebenso gute Kenntnisse in Geografie hatte, konnte wichtige Fakten beitragen, während ich stumm dabeisaß. Ich bedauerte, dass ich in meiner Schulzeit so wenig Interesse an diesem Fach gezeigt hatte.

Die Hindernisse erschienen unüberwindbar. Zu unseren Gunsten verzeichneten wir die Tatsache, dass jeder von uns noch einen Anzug und einen Mantel hatte, die nicht mit farbigen Streifen bemalt waren. Vater hatte auch noch seinen Ehering und eine Taschenuhr – beides in Gold. Mein Polnisch war nicht perfekt, aber ausreichend, und Deutsch war kein Problem. Das Unberechenbarste waren die Menschen, denen wir auf dieser neunhundert Kilometer langen Reise begegnen mussten.

Obwohl ich damals wie heute der Überzeugung bin, dass die Mehrzahl der Menschheit, einschließlich der Deutschen, im Grunde anständig und aufrecht gesinnt ist, war ich mir ebenso bewusst, dass es auf unserem Weg nur einen zu geben brauchte, der aus Hass, Panik, Bosheit oder reiner Dummheit die Behörden auf uns hetzen würde – vielleicht im Glauben, seine gutbürgerliche Pflicht getan zu haben, ohne daran zu denken (vielleicht gar nicht zu wissen), was dann mit uns geschehen würde. Als wir alle diese Einzelheiten erwogen und unsere Chancen bewerteten, schwankte unsere Begeisterung zwischen sehr hoch und trübselig tief.

Wir waren wieder auf Tagesschicht, als ich hinausging, um weitere Stücke für unsere Arbeit auszusortieren. Sehnsüchtig schaute ich in die Richtung, wo die Außen- und Innenumzäunung für eine kurze Distanz in einem verlief – genau der Ort, wo, wie mein Vater und ich übereinkamen, die leichteste und geeignetste Ausbruchstelle war. Zu meinem Schrecken sah ich eine Arbeitsgruppe beschäftigt, gewaltige Stacheldrahtrollen genau an der Außenseite dieses Abschnitts anzubringen. Wir würden also nicht mehr schnell genug durchbrechen können, um die Scheinwerfer oder etwaige Patrouillen zu vermeiden. »Verhext«, dachte ich. »So viel zu unserem ›schwachen‹ Durchbruchspunkt«, murmelte ich. Ich eilte zu meinem Vater, um ihm die entmutigende Nachricht zu bringen.

»Es hat nicht sein sollen«, sagte er philosophisch. Und, wer weiß, vielleicht hatte Göth selber schon diese Schwachstelle entdeckt, und sie war vielleicht besser bewacht gewesen, als wir dachten. Wir stimmten überein, dass diese unglückliche und unvorhergesehene Störung unserer Pläne keineswegs das Resultat unserer Beobachtungen sein konnte, da diese sehr unauffällig stattgefunden hatten. Wir waren jedoch entschlossen, nicht aufzugeben. Das Planen würde eben ein bisschen länger dauern.

Rettung durch eine List

Es war nun November oder Dezember 1943. Der Winter würde eine Flucht erschweren, Schnee würde sie unmöglich machen. Eines Tages wurden wieder einige von uns zur Außenarbeit abkommandiert. Nicht schon wieder Bausteine schleppen, hoffte ich. Es handelte sich um eine Straßenreparatur einige Kilometer vom Lager entfernt. Hier gab es für mindestens eine Woche Arbeit; eine großartige Gelegenheit, um unsere Pläne zu fördern. Am Abend sprach ich mit meinem Vater über diese neue Chance. Ich erzählte ihm, dass wir über eine große Fläche verteilt arbeiteten, und dass ausnahmsweise die Wachen nicht ausreichten, um uns alle zu beaufsichtigen. Wir mussten erreichen, dass mein Vater zu dem Straßenbautrupp eingeteilt wurde, ohne Verdacht zu erregen. Denn niemand würde freiwillig eine leichte Innenarbeit gegen einen Job in der Kälte tauschen.

Die Straße innerhalb des Lagers, auf der wir zur Arbeit (und wieder zurück) marschierten, war teilweise mit Grabsteinen eines jüdischen Friedhofs gepflastert. Schon vor dem Krieg hieß sie Jerozolimska – Jerusalemstraße; unter den jetzigen Umständen der reine Hohn.

Als wir am Abend des dritten Tages das Lager betraten, bemerkten wir sofort eine ungewöhnliche Geschäftigkeit. Jedes Geschehen hier, das nicht sofort als harmlos erkannt wurde, verursachte Furcht – und meist aus gutem Grund. Aus der Ferne hörten wir lautes Geschrei. Es waren keine Laute von Menschen in Schmerz oder Angst, sondern mehrere Stimmen, die gleichzeitig Befehle brüllten. Es war schon zu dunkel, um zu erkennen, was dort geschah. Ich sah Lichter und Bewegungen zur Rechten der Jerozolimska. Teilweise konnte ich Befehle zum Aufstellen heraushören. Der Appellplatz, wo im Sommer das Hängen stattgefunden hatte, war zur Linken und viel weiter entfernt.

Meine Befürchtungen, was sich dort wohl abspielte, wurden bald durch einen viel größeren Schrecken verdrängt. Unsere ukrainischen Wachen ignorierten das Getümmel und die lauten Anordnungen und befahlen, uns in den üblichen Fünferreihen aufzustellen; offensichtlich wollten sie ihre Tagesarbeit beenden. Ich dachte an meinen Vater: War er in Sicherheit? Meine Gedanken kehrten unvermittelt zu unserer Gruppe zurück.

»Neunundvierzig, einer fehlt!«, rief eine der Wachen. Mein Herz stand beinahe still. Panik, kalter Schweiß. Wir wussten alle, was es bedeutete, falls einer von uns geflohen wäre. In diesem Moment dachte ich nicht daran, dass ich genau dasselbe geplant hatte. Ich sah mich und meine Gruppe abgeführt, hinauf auf den berüchtigten Hügel, wo all die Massenmorde stattfanden. Jetzt gab es kein Entkommen, kein Verstecken. Die Wachen zählten wieder und begannen zum dritten Mal, als ich ihnen zurief, dass einer von uns den Befehlen gehorcht hatte, und auf den Appellplatz geeilt war. Glücklicherweise hörte man jetzt ganz in der Nähe eine Stimme (ich konnte den Rufer nicht sehen), die uns allen ungewollt half. In perfektem Deutsch wurde der laute Befehl gegeben, sich auf den Appellplatz zu begeben – schnell, schnell.

Ich nahm meine zwei Nachbarn am Arm und sie mit einem mächtigen Ruck vorwärts ziehend brüllte ich (ebenfalls auf Deutsch): »Habt ihr nicht gehört, vorwärts zum Appellplatz, schnell, schnell!« Innerhalb von Sekunden mischten wir uns unter andere, die in die gleiche Richtung liefen. Wie erwartet folgte uns die ganze Gruppe. Wir hatten unsere drei ukrainischen Wachen überlistet. Ich war sicher, dass sie nichts weiter tun würden, als vielleicht ihre Köpfe zu schütteln und Feierabend zu machen.

Wahrscheinlich waren sie sogar froh. Nicht aus menschlichen Gründen – unser Tod hätte ihnen nichts bedeutet –, sondern weil sie sich nun ersparten, über einen fehlenden Häftling Bericht zu erstatten und damit ihre dienstfreie Zeit zu vergeuden.

Für einen kurzen Moment fühlte ich mich in gehobener Stimmung. Ich hatte mein Leben, nein, das Leben meiner ganzen Gruppe gerettet. Ich war froh, erregt und stolz – für einen kurzen Moment.

Alles riskiert – nichts gewonnen

Auf dem Appellplatz (nicht der, wo das Hängen stattfand) hatten sich tausende von Leuten eingefunden, die einander Fragen stellten. Keiner kannte den Grund für den Befehl, sich zu versammeln. Viele mussten ihren Arbeitsplatz verlassen. Als Erstes versuchte ich natürlich herauszufinden, ob jemand von der Metallverarbeitung hierherbeordert worden war. »Nein«, war die Antwort, »von denen ist niemand da.« Diese Antwort befreite mich von der Aufgabe, in dieser Menschenmenge und in dieser Dunkelheit nach meinem Vater zu suchen.

Obwohl ich wie alle anderen hier den Sinn der ganzen Aktion nicht verstand, sagte mir die Vernunft, dass eine Versammlung im Dunkeln für den Zweck einer Massenhinrichtung nicht praktisch sei, und so musste ich eben warten und mich gedulden. Vergessen war das knappe Entrinnen vom sicheren Tode vor nur wenigen Minuten; jetzt fürchtete ich, dass ich meinen Vater nicht mehr sehen würde. Was immer auch geschehen mochte, ich war entschlossen zu versuchen, in den Teil des Lagers zurückzukommen, in dem sich mein Vater befand.

Die lauten Stimmen kamen von den so genannten »Prominenten«, der »Elite« unter den Insassen. Sie forderten jeden auf, sich in der gewohnten Ordnung – fünf in jeder Reihe – aufzustellen. Geordnete Gruppen marschierten zur Jerozolimska. Es war alles so verwirrend. Dies verlief nicht nach dem Muster einer Massenexekution, und die Leute zu dieser Tages- oder vielmehr Nachtzeit zur Arbeit zu schicken war bestimmt auch nicht der Zweck des Unterfangens.

Bevor ich für die Vorgänge eine logische Erklärung finden konnte, marschierte ich schon mit den anderen. Als ich die Straße erreichte, stand Göth etwa 15 Meter vor mir und sprach lebhaft mit anderen SS-Offizieren. Die jüdische Polizei stand auch dabei. Sobald die Kolonne diese Gruppe erreichte, wendete sie sich nach links, und während die Reihen gezählt wurden, marschierten sie in ein eigens umzäuntes Mini-Lager. Da ich es vorher noch nie bemerkt hatte, vermutete ich, dass es speziell für die Ereignisse der heutigen Nacht errichtet worden war.

Aber weshalb? Um Gefangene zu ermorden, ergriff Göth keine derartigen Maßnahmen. Was auch der Grund war, ich durfte nicht dabei sein. Der Gedanke, dass ich von meinem Vater für immer getrennt werden könnte, erfüllte mich mit Panik.

»Ich darf nicht dabei sein, nicht in dieses Mini-Lager marschieren! Aber wie kann ich mich aus dieser Situation herauswinden?« Meine Hand fuhr an die Seite meines Stiefels, wo ich das Messer trug. Diese Bewegung war unwillkürlich, da ich in diesem Moment keine Absicht hatte, es zu gebrauchen. Mein Körper, alles in mir war gespannt wie eine Feder, bereit, bei der kleinsten Berührung in Aktion zu treten.

Langsam kam ich dem beleuchteten Ort näher, wo unsere Quäler standen und uns zählten. Ich verschwendete kaum einen Gedanken darauf, ob Göth mich, den Jungen, den er vor einigen Wochen »erschossen« hatte, wieder erkennen würde. Gegenwärtig schien es, als ob er mit den anderen über etwas konferieren würde; ich war noch nicht nahe genug, um hören zu können, was da gesprochen wurde. Plötzlich erhob Göth seine Stimme: »Wo ist Chilowicz?«, rief er. Chilowicz war der Oberste der jüdischen Polizei. Diese Worte waren der Auslöser, der die gespannte Feder in Bewegung setzte. Im Bruchteil einer Sekunde, jedenfalls schneller, als es erzählt werden kann, schoss ich, gleichzeitig einige erstaunte Leute zur Seite drängend, aus meiner Reihe heraus. »Chilowicz, Chilowicz« rufend rannte ich achtzig oder neunzig Meter zurück auf das unbeleuchtete Areal des Versammlungsplatzes, wo noch immer zum Aufstellen kommandiert wurde. Ich drehte mich um. Der Ausbruch aus den geordneten Reihen musste große Verwirrung und Unordnung hervorgerufen haben – aber niemand folgte mir. Zudem wäre es sehr einfach gewesen, bei dieser Dunkelheit in der Masse zu verschwinden. Es war jedoch nicht zu dunkel, um auf zwei Meter Entfernung Gesichter zu erkennen. Ich hörte mit dem Rufen auf. Da ich mich nun schon mal auffällig gemacht hatte, begann ich, im Befehlston und in akzentfreiem Deutsch die anderen aufzufordern, sich aufzustellen. Ungläubige Blicke trafen mich. Jemand, der so ärmlich gekleidet war, gab normalerweise keine Befehle. Doch mein selbstbewusstes Auftreten ließ sie gehorchen.

Meine Dreistigkeit konnte nicht lange gut gehen. Bei der nächsten Gelegenheit stellte ich mich selbst, so weit hinten wie nur möglich, in eine Reihe.

Wiederum marschierte ich auf das Verhängnis zu. Jetzt wusste ich, was vor mir lag. Es war unwahrscheinlich, dass sich wieder eine ähnliche Chance ergeben würde, das Schicksal, zumal in der Nähe des Kommandanten, derart herauszufordern. Die Tatsache, dass die Leute abgezählt wurden, und das Wissen, dass mein Vater zusammen mit der weitaus größeren Zahl der Lagerbevölkerung nicht hier war, brachte mich auf die Idee, dass nur eine begrenzte Anzahl ausgewählt wurde. Ich musste einen zweiten Ausbruch wagen, und zwar bevor wir den beleuchteten Teil der

Straße erreichten. Anschließend müsste ich mich am Ende der noch ziemlich langen Schlange einreihen, in der Hoffnung, dass hier mehr Leute versammelt waren als benötigt wurden. Doch dazu musste ich an den Begleitern, einigen bösartigen »Prominenten«, vorbei.

Niemand hatte mich gestoppt, als ich vorgab, den Polizisten Chilowicz zu rufen, jedoch fürchtete ich, dass dieser Trick nicht wiederholbar sei. Aus der Reihe zu treten könnte verhängnisvoll, sogar tödlich sein, und je näher wir der Stelle kamen, wo die SS noch immer am Zählen war, desto größer war das Risiko. In meiner Entschlossenheit, zu meinem Vater zurückzukehren, war ich bereit, dieses Risiko auf mich zu nehmen. Mit jedem Schritt fühlte ich mein Herz stärker klopfen, die Spannung stieg. Noch ein paar Schritte, und ich würde in den Lichtkreis treten, dann wäre es zu spät zum Handeln. Während das erste Davonrennen impulsiv geschah, würde ich dieses Mal einfach aus der Reihe gehen und auf mein Glück vertrauen, die richtige Ausrede zu finden, falls ich herausgefordert würde.

Zu spät! Ich trat aus der Dunkelheit heraus und würde in wenigen Sekunden in das Mini-Lager hineingezählt werden. Da geschah etwas, was sich sonst nur in dramatischen Filmen ereignet: Jemand rief im letzten Moment: »Genug!« Die Kolonne hielt an, und in weniger als einer Minute leerte sich der Platz; jeder eilte zurück in seine Baracke.

Nie zuvor in meinem Leben hatte ich solches Verlangen verspürt, bei meinem Vater zu sein. Wie ein Schuljunge, der ein besseres Zeugnis als erwartet nach Hause bringt, eilte ich zurück. Ich wollte ihn sehen und ihm von dem unglaublichen Glück, vom Überlisten der ukrainischen Wache und der Rettung des Lebens unserer Gruppe erzählen. Vor allem wollte ich natürlich auch von meiner Entschlossenheit und der gelungenen List berichten, der wir unser Wiedersehen verdankten. Vielleicht wollte ich auch etwas in meinem Erfolg schwelgen. Ich konnte es kaum erwarten, sein Gesicht zu sehen, wenn er meine Geschichte hörte.

Ich hatte den Sinn für die Zeit verloren und wusste nicht, ob sich mein Vater noch bei der Arbeit oder schon in unserem Schlafquartier befand. Armer Mann; ich stellte mir vor, wie besorgt er wegen der heutigen Ereignisse sein musste. Wie glücklich würde er sein, mich wieder zu sehen. Auf dem Weg zur Werkstatt betrat ich unsere Baracke, in der ich ihn nicht fand. Am Arbeitsplatz war er auch nicht. Wie sich herausstellte, war er mit einigen anderen in eine Gruppe geraten, die in das Mini-Lager marschierte. Meine Gefühle beim Hören dieser Nachricht kann ich nicht beschreiben.

Ein waghalsiger Plan

In dieser Nacht, da es schien, dass ich meinen Vater und einzigen Freund verloren hatte und von nun an alleine sein würde, überwand ich die letzte Barriere, die mich vom Erwachsensein trennte. Der Jüngling wurde zum Mann.

Als ich endlich erschöpft in einen unsteten Schlaf fiel, fanden alle Fragen, zu denen ich bisher verzweifelt eine logische Antwort gesucht hatte, ihren Weg in meine Träume. Es waren immer dieselben Fragen – und sie führten zu negativen Antworten. Dieses Lager war nach jedermanns Überzeugung unser letztes. Entweder würden wir hier das Ende des Krieges erleben, oder, was wahrscheinlicher war, hier sterben.

Die Möglichkeit, zur Liquidation woanders hingebracht zu werden, verwarf ich sofort. Aus einem Lager wie Klaj – ja. Aber aus dem Zwangsarbeitslager Krakau-Plaszów? Diese Möglichkeit erschien so lächerlich, wie ein Loch in einen Eimer zu bohren, um den Inhalt auszugießen. Ich wusste damals nicht, dass die Nazis in

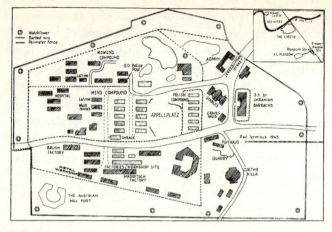

Skizze des Lagers Krakau-Plaszów

ihrem Vorhaben, alle Juden zu töten, bereits so weit gegangen waren, dass ein Mangel an Sklavenarbeitern bestand.

Der Morgen brach an, und da ich keine zufrieden stellende Antwort gefunden hatte, entschloss ich mich, meinen Vater aus dieser misslichen Situation zu befreien. Von den gestrigen Erfolgen ermutigt, glaubte ich wirklich, dass ich es bewerkstelligen könnte. Mein Plan war einfach, die Ausführung nicht: Sigmund Rosenblum, der Cousin meines Vaters und Angehöriger der jüdischen Lagerpolizei, dessen Frau uns bei der ersten Menschenjagd, die wir hier erlebt hatten, geholfen hatte, war der Schlüssel zu diesem Plan. Während unseres neun- oder zehnmonatigen Aufenthalts in diesem Lager war ich ihm nur zwei Mal begegnet. Es würde nicht leicht sein, ihn zu treffen, da Göth überall Stacheldrahtzäune hatte errichten lassen. Seit wir in der Metallverarbeitung beschäftigt waren, pendelten wir nur zwischen der Werkstatt und unserer Wohnbaracke hin und her. Beide waren durch Drahtzäune getrennt. Ich hatte keine Ahnung, wie viele dieser Zäune zwischen meinem Arbeitsplatz und der Polizeistation waren.

Meine Idee war, Sigmund einen Freiwilligen anzubieten, der für meinen Vater ausgewechselt würde. Ich war bereit, alle Wertgegenstände, die wir noch hatten, dafür einzusetzen. Vaters Ring und die Taschenuhr waren an der Stelle, wo wir sie versteckt hatten. Er hatte seine Habe selbstverständlich nicht mitnehmen können.

Ich würde nun zur Arbeit gehen, um mich dort zu zeigen, und dann irgendwie durch die um diese Zeit unbewachten Innenzäune zu Sigmund kommen. Doch schon bald befand ich mich wieder in einer marschierenden Gruppe. Wir sollten die Arbeit, die wir vor einigen Tagen begonnen hatten, beendigen. Wir marschierten auf der anderen »Hauptstraße« des Lagers und passierten den hinteren Teil des »Minilagers«, dessen Insassen bereits am Stacheldraht standen, winkten und uns zuschrien. Einige von unserer Gruppe riefen ihr letztes »Auf Wiedersehen«, wenn sie jemanden sahen, der ihnen bekannt war.

Was auf dem (nicht von mir stammenden) Plan des K.L. Plaszów als »Polencompound« bezeichnet wird, war nach meiner Erinnerung der Ort, an dem sich mein Vater damals befand. Jedenfalls stimmt diese Zeichnung nicht mit meiner Erinnerung überein. Während der Zaun auf der Skizze fast den Straßenrand berührt, waren die uns Zuwinkenden, unter denen ich auch meinen Vater entdeckte, mindestens vierzig Meter entfernt. Das Geschrei war so laut und die Entfernung so groß, dass ich ihn nicht verstand. Wir durften weder stehen bleiben, noch wagten wir uns aus der Reihe, um den Rufenden näher zu treten. In wenigen Sekunden würden wir ganz außer Hörweite sein. Würde dieses Winken aus der Ferne das Letzte sein, was ich von meinem Vater sah? Ich versuchte, die anderen zu überschreien. Gleichzeitig bedeutete ich ihm durch Gesten mein Vorhaben, ihn aus dem »Minilager« herauszubekommen. Zwar konnte ich ihn hören, aber einzelne Worte zu verstehen war in diesem Lärm unmöglich. Dann sah und deutete ich seine Gesten: Er streckte seinen Arm aus und zeigte mit dem Finger auf mich. Dann deutete er mehrere Male und mit Nachdruck nach unten. Er musste wohl verstanden haben, was ich ihm angezeigt hatte. Seine Gebärden aber bedeuteten, dass ich zu ihm kommen sollte.

Hatte er etwas erfahren, das ich nicht wusste? Wie sich später herausstellte, war das nicht der Fall. Doch hatte er sich dieselben Fragen gestellt. Er hatte sich gesagt, dass man Leute, die umgebracht werden sollen, nicht erst in besseren Baracken unterbringt und mit besseren Rationen versorgt. Er konnte damals nicht wissen, dass man in Auschwitz am Abend, bevor man vergast wurde, oft besseres Essen erhielt.

Nun beschäftigte mich ein weiteres Problem: Unsere Gruppe war etwas größer als gestern, und wiederum waren es nur drei Ukrainer, die uns bewachten. Diese konnten nicht ahnen, dass es noch einen vierten Wächter gab – mich. Ich beobachtete alles und jeden und forschte nach dem geringsten verdächtigen Zeichen, das auf eine Flucht hindeutete. Nach der gestrigen Erfahrung fürchtete ich eine solche Möglichkeit. Welche Gegensätze das Leben doch bietet! Gestern noch war ich es, der eine Flucht plante, heute wurde ich zum freiwilligen, jedoch geheimen Wächter, um eine solche zu verhindern. Das glückliche Entkommen eines Häftlings am Tag zuvor war bestimmt das einzige in der Geschichte dieses Lagers, das keine blutigen Konsequenzen für die anderen nach sich zog. Es war höchst unwahrscheinlich, dass sich so etwas wiederholen könnte.

Am nächsten Morgen gelang es mir, der Abkommandierung zur Außenarbeit zu entgehen. Die Menschen im »Polencompound« waren augenscheinlich nicht zur Vernichtung, sondern zum Abtransport in ein anderes Lager bestimmt. Doch wann sollte dieser Transport stattfinden? Plötzlich hatte ich wahnsinnige Angst, dass mein Plan scheitern könnte und ich nicht zu meinem Vater käme. Außerdem könnte ich in gefährliche Situationen geraten, in denen ich spontan reagieren musste. Während der Arbeitszeit im Lager herumzuwandern hieß wirklich, das Schicksal herauszufordern. Aber die Furcht, erwischt zu werden, möglicherweise dem herumstreifenden Göth selbst zu begegnen, hatte gegen die Furcht vor einer endgültigen Trennung von meinem Vater keine Chance. Da gab es nichts zu überlegen.

Den Gerüchten nach sollte die Abreise in drei Tagen stattfinden, über das Ziel der Reise wurde absolut nichts bekannt. Obwohl ich noch nie auf der Polizeistation, dem Büro des jüdischen Ordnungsdienstes (OD), gewesen war, wusste ich ungefähr, wo sie zu finden war.

Ich erwähnte bereits, dass einiges auf der Skizze des Lagers Plaszów nicht mit meiner Erinnerung übereinstimmt. Ich weiß nicht, wer die Skizze in Keneallys Buch »Schindlers Liste« entwarf und ob dabei überhaupt ein Maßstab benutzt wurde. Wenn ich die Skizze nachzeichnen würde, kämen folgende Änderungen vor: Mit Bestimmtheit kann ich sagen, dass der Stacheldrahtzaun hinter der Metallverarbeitung, wo der riesige Metallhaufen lag und wo Göth auf mich geschossen hatte, weiter zurückgesetzt werden müsste. Die Baracke der Metallverarbeitung selbst würde ich weiter links, näher der Umzäunung, wo wir ausbrechen wollten, aufzeichnen. Es gab auch viel mehr Baracken für Männer, als auf dieser Karte zu sehen sind. Den Versammlungsort, der für mich eine so bedeutende Rolle gespielt hatte, der aber wahrscheinlich keine besondere Relevanz hatte, habe ich selbst eingezeichnet. Das L-förmige Gebäude in der Nähe der Bürstenfabrik muss die Küche gewesen sein.

Nachdem ich meinen Arbeitsplatz verlassen hatte, ging ich an der Garage, der Reparaturwerkstatt für die Fahrzeuge des Lagers, vorbei zurück zu unserer Baracke. Dort füllte ich einen der uns verbliebenen Federbettüberzüge mit allerlei Dingen, damit er einen ansehnlichen Umfang bekam. Diese »Last« auf dem Rücken tragend, beugte ich mich mehr als nötig nach vorne, um den Eindruck zu erwecken, dass ich schwer zu tragen hätte, und machte mich dann auf den Weg zurück zu den Werkstätten. Ich hätte von meiner Baracke aus geradeaus zu meinem nächsten Ziel, der Küche, gehen können. Doch wollte ich innerhalb des Arbeitsplatzes »das Terrain testen«, um mich ein wenig sicherer zu fühlen. Sobald ich durch das offene Tor der Umzäunung trat, wendete ich mich nach rechts und schlüpfte durch eine bereits vorher entdeckte kleine Öffnung gerade hinter der Küche.

Ich hoffte, den OD Salz zu finden, der uns schon zwei Mal Extrarationen hatte zukommen lassen, denn ich war ziemlich sicher, dass er mir bei meinen Plänen helfen würde. Durch eine Hintertür betrat ich die Küche. Auf dem Weg durch das Gebäude zum Vordereingang traf ich überhaupt niemanden. Unterwegs entwendete ich eine weiße Kochmütze, die ich, nachdem ich die Küche verlassen hatte, aufsetzte. Mit jedem Schritt, den ich nun machte, wuchs mein Selbstvertrauen, besonders da mir niemand die geringste Beachtung schenkte. Und so erreichte ich meinen Bestimmungsort ohne Behelligung. Meinen »Hut« nun versteckend, begab ich mich zum Dienst habenden Polizisten und fragte ihn, wo ich wohl Sigmund Rosenblum finden könnte. Er wusste es nicht.

Nachdem ich zwei kostbare Stunden vergeblich gewartet hatte, verwickelte ich ihn in ein Gespräch über den »Polencompound«, das »Minilager«. Er wusste absolut gar nichts, kannte nicht einmal die Gerüchte, die ich gehört hatte. Für die Häftlinge gehörten die jüdischen ODs »zur anderen Seite«, da sie wie die richtige Polizei nach den herrschenden »Gesetzen« handeln mussten. Doch ich konnte nicht länger warten und musste riskieren, ihn einzuweihen. Ich sagte ihm, dass ich mit jemandem, der den Compound verlassen wollte, ausgetauscht werden wollte. Falls sich aber jemand fände, der in das »Minilager« hinein wollte, solle er gegen meinen Vater ausgewechselt werden. »Würden Sie dies bitte dem Cousin meines Vaters, Sigmund Rosenblum, oder jemand anderem, der helfen könnte, ausrichten?«

Der Gegensatz zwischen meiner dringlichen Bitte und seiner augenscheinlichen Gleichgültigkeit konnte größer nicht sein. Dieser Mann blieb völlig ungerührt. Wie konnte ich Mitgefühl erwarten, da so viele Familien auseinander gerissen worden waren? Hilfsbereitschaft, freundschaftliche Gefälligkeit, Nachsicht, Nächstenliebe und Mildtätigkeit begannen nachzulassen, als die Härte einsetzte, und mit des Unterdrückers wachsender Grausamkeit verschwanden diese menschlichen Eigenschaften beinahe vollkommen. Dieser Mann verstand sicherlich meine Qual, wie alle hier hatte er diese Gefühle selbst erfahren. Doch das Wissen um das Leid eines anderen bewirkte kein Mitgefühl mehr. Das war ein Gefühl aus einer anderen Zeit.

Er forderte mich auf, zur Arbeit zurückzugehen, und warnte mich vor der Gefahr, mich hier »herumzudrücken«, schließlich könne »Besuch« von der SS kommen. Ich sagte ihm, dass ich bereit sei, dieses Risiko auf mich zu nehmen. Ich rechnete damit, dass viele sich sehnsüchtig wünschten, aus dem »Minilager«, wo sie Unbekanntes erwartete, ins »normale« Leben zurückzukehren.

Meine Folgerungen erwiesen sich als richtig, und das Risiko, das ich auf mich genommen hatte, wurde schon bald belohnt. Ein OD mit einem Streifen machte die nötige Anfrage. Nach nur zwanzig Minuten kam er zurück und bedeutete mir, mich am nächsten Abend hier einzufinden; dann sollte der Austausch stattfinden. Ich würde wieder bei meinem Vater sein.

Mit fast überschwänglicher Glückseligkeit machte ich mich auf den Weg zurück zur Arbeit. Bald jedoch brach die Furcht vor der unbekannten Zukunft durch, vor dem dunklen, noch vollständig unbekannten Weg, den ich freiwillig betreten hatte. Meine Stimmung wechselte. Anstatt auf meinen Erfolg stolz zu sein, fühlte ich mich für dumm verkauft, und das mit meiner eigenen Hilfe und meinem Einverständnis. Der Polizist war zu freundlich gewesen, hatte zu selbstzufrieden dreingeschaut und seine schnelle Rückkehr war ebenso verdächtig. Wir waren nun zehn Monate in diesem Lager – wie schlimm es auch war, wir lebten noch. Ich hatte das ungute Gefühl, dass derjenige, der zum Austausch aus dem »Minilager« entlassen wurde, entweder ein Protegé eines »Prominenten« war oder für seine »Freiheit« viel bezahlte. Wie dem auch sei, ich hielt mich für den Betrogenen.

Im Zwiespalt zwischen der Freude, meinen Vater wieder zu sehen, und der Angst, den falschen Entschluss gefasst zu haben, lebte ich in den nächsten dreißig Stunden. Der Austausch ging pünktlich vonstatten. Ich betrat mein neues (Durchgangs-)Lager mit zwei schweren Koffern und war der einzige von den etwa zweitausend Insassen hier, der überhaupt Gepäck hatte. Die Freude meines Vaters, als er mich wieder sah, kann man sich gut vorstellen. Ich erinnere mich deutlich an die erste Frage, die ich ihm stellte: »Habe ich deine Geste richtig verstanden, ziehst du wirklich vor, dass ich hierher zu dir komme, anstatt dich herausholen zu lassen?«

Ich habe noch nie einen so erstaunten Ausdruck auf einem Gesicht gesehen wie damals bei meinem Vater. Es schien, als hätte er mich nicht richtig verstanden: »Du sprichst ja gerade, als ob wir den Ort für unser nächstes Picknick auszuwählen hätten. Ich glaubte nicht, dass das eine noch das andere möglich wäre; in den wenigen Sekunden aber, in denen ich eine Entscheidung treffen musste, schien es mir besser so.« Ich musste es akzeptieren; von seinem Standpunkt aus war diese Schlussfolgerung die einzig logische.

»Wohin werden sie uns wohl schicken?«

»Niemand weiß etwas, doch ist die Stimmung generell hoffnungsvoll. Könnte es schlimmer werden als bei Göth?«

Diesem Argument musste ich zustimmen. Ohne mir plausible Gründe nennen zu können, bestärkte mein Vater uns in der Zuversicht, dass wir den richtigen Entschluss getroffen hätten. Erst lange nach dem Krieg erfuhr ich, dass manche Transporte von diesem Lager direkt nach Auschwitz gingen.

Am Abend unterhielten wir uns ausführlich; nicht einmal so sehr über unsere unbekannte Zukunft als vielmehr über die Ereignisse, die uns um Haaresbreite getrennt hätten. Wir sprachen auch von meinem entschlossenen und von Glück begleiteten Handeln, das uns – samt unserer wenigen Habe – wieder zusammengebracht hatte. »Einer unter zweitausend«, sagte er nachdenklich und fast ein wenig stolz.

Am Ende kamen wir auch auf das Thema, das wir aus Furcht, was der andere sagen oder denken möge, schon lange nicht mehr berührt hatten: Was unsere Lieben jetzt wohl tun mögen, in welcher Art Lager sie wohl wären. Wir bestärkten uns gegenseitig in der Annahme, dass sie nicht allzu sehr leiden müssten. Allerdings verschwiegen wir uns die Tatsache, dass in unseren Herzen nahezu keine Hoffnung mehr war. Wir waren uns völlig bewusst, dass wir Glück hatten, noch beisammen zu sein – im Gegensatz zu fast allen anderen hier, die ihre Familien schon längst verloren hatten.

Wenn je ein unter Druck gefasster Entschluss sich gelohnt hatte, so war es der meines Vaters, als er mir gestikulierte, zu ihm zu kommen. Fünfundzwanzig von uns würden bald die Hölle verlassen und ein »Paradies« betreten.

Es war ein kurzer Marsch zu dem Zug, der uns an unseren neuen Bestimmungsort bringen würde. Der Zug war ziemlich lang. Ob Zufall oder nicht, befanden wir uns meistens am Ende einer

Schlange oder, wenn wir marschierten, am Ende einer Kolonne. Sechzehn Monate später wurde uns diese Position zum Verhängnis; in diesem Fall jedoch war es ein glücklicher Umstand.

Die letzten fünfzig der langen Kolonne betraten den letzten Waggon. Nachdem die Türen verschlossen worden waren, begann das Spekulieren: Würde das neue Lager unter der Aufsicht der SS oder der Wehrmacht stehen? Wir alle kannten den Unterschied. Was wir nicht wussten oder gar erwarteten, war, dass die Aussichten für uns in den letzten beiden Waggons besser waren. Dass wir nur zu fünfzig in dem Waggon waren, konnten wir nicht als Privileg erkennen. Keiner von unserer Gruppe hatte Erfahrung mit der Unmenschlichkeit, mit der die Nazibestien ihre Opfer, die zur Vernichtung bestimmt waren, in Viehwaggons pressten. Das hatten viele von uns noch vor sich.

Wir kamen in einer Stadt namens Kielce an. Der Ort war den meisten von uns ein Begriff, mir jedoch völlig unbekannt. Das machte natürlich überhaupt keinen Unterschied, da wir erstens nicht in die Stadt, sondern hinter Stacheldraht kommen würden, und außerdem war keine Stadt mehr, was sie vorher war – für Juden. Die letzten zwei Waggons wurden geöffnet und hundert Gefangene stiegen aus. Mit großer Erleichterung registrierten wir, dass es keine Peitschen- und Gewehrkolbenschläge und kein »Schnell, schnell«-Gebrüll gab.

Da standen wir nun, neugierig und hoffend. Außer den Wachen, die uns begleiteten, war kein Uniformierter in Sicht. Ein hoch gewachsener, korpulenter, etwa fünfzigjähriger Deutscher in ziviler Kleidung schien hier das »Hohe Tier« zu sein. Sein Gesicht, das ängstlich von uns allen gemustert wurde, zeigte keine erkennbaren Zeichen von Grausamkeit. An einem anderen Ort und zu einer anderen Zeit würde ich es jovial nennen. Seine Art Auftreten hatte ich schon bei vielen bemerkt, und obwohl ich meinem Urteil nicht ganz vertraute, sah er keinesfalls wie ein Mörder aus.

Er forderte diejenigen auf vorzutreten, die ein Handwerk oder einen Beruf ausgeübt hatten. Ohne zu zögern begaben wir uns zu denjenigen, die tatsächlich einen Beruf hatten oder dies nur vorgaben. Es waren 25 Personen. Ich wusste nicht, welches Handwerk oder welchen Beruf ich angeben sollte. Vergangene Erfahrung hatte mich gelehrt, dass qualifizierte Leute oft weniger anstrengende Arbeiten erhielten. Dazu kam die schwache Hoffnung, dass man gebraucht wurde und deshalb eine höhere Überlebenschance hatte.

Das Fehlen auch nur eines Bestandteils der Überlebensstrategie konnte in dieser traumatischen Lotterie den Unterschied zwischen Leben und Tod ausmachen. Gute Gesundheit, geschärfter Verstand, sogar die größte Schlauheit, wie wichtig sie auch alle waren, würden ohne das undefinierbare Quäntchen Glück unzureichend sein.

»Paradies« Kielce

Eine Oase in der Hölle

»Was sind wir?«, flüsterte ich meinem Vater zu, »Malen und Zeichnen verschaffte uns leichte Arbeit in Klaj – hier könnte dies vielleicht gar nicht gefragt sein.« Sodann kam mir meine Arbeit in der Metallverarbeitung in den Sinn, worin ich keinesfalls als Fachmann bezeichnet werden konnte. Was würde geschehen, wenn sie mich prüfen würden? Solcher Täuschung konnte eine böse Strafe folgen. Der große, wohlbeleibte Zivilist kam zu uns. »Maler«, sagte mein Vater, »Metallarbeiter«, sagte ich fast gleichzeitig und bereute es sofort, als mir zu Bewusstsein kam, dass unterschiedliche Berufsangaben uns trennen könnten. Ich wollte hinzufügen, dass ich auch Maler sei, doch der Hüne war schon außer Hörweite.

Es gab hier zwei Lager, die nicht weit voneinander lagen. Die 75 »Nichtfachleute« kamen in das größere Lager, eine Fabrik, in der Wagen hergestellt wurden. Natürlich keine motorisierten, sondern einfache Pferdefuhrwerke. Wir, die »Fachleute«, wurden in das kleinere Lager gebracht. Unsere Arbeit bestand hauptsächlich aus dem Ein- und Ausladen von ziemlich regelmäßig eintreffenden Güterzügen, die mit allerlei Metall beladen waren. Es handelte sich dabei um Kriegsbeute aus der Ukraine; die einzelnen Stücke waren unterschiedlich groß und hatten meistens die Form von langen Stangen und Streifen – Tonnen und Abertonnen davon. Wir sortierten die Teile, bevor sie, so glaubte ich wenigstens, nach Deutschland weitertransportiert wurden. Von einem der damals jüngsten Insassen namens Zigmund Hochermann, den ich Jahre später in London traf, habe ich dann erfahren, dass wir in einer Gießerei mit dem Namen Ludwików arbeiteten. Ich hatte nicht die geringste Ahnung, was produziert wurde – vielleicht Stahl- oder Eisenbänder, die Wagenräder einfassten.

Wir waren nur wenige in diesem Lager. Heute schätze ich unsere Zahl auf ungefähr zweihundert und wahrscheinlich die doppelte Anzahl im Schwesterlager. Die meisten der Insassen waren zum ersten Mal in einem Lager. Da sie direkt von zu Hause hierher gekommen waren, besaßen sie noch die besten und wertvollsten Gegenstände ihrer Habe. Unter ihnen befanden sich sogar drei oder vier verheiratete Paare mit Kindern. Ende 1943 war das eine wirkliche Seltenheit in den von Deutschen besetzten Gebieten. Zu der Zeit existierte kaum noch eine jüdische Familie, die nicht teilweise oder vollständig auseinander gerissen war.

An dieser Stelle sollte ich erklären, warum ich unsere neue Umgebung als Paradies bezeichnete. Einerseits war die Arbeit womöglich die härteste, die ich je machen musste, andererseits – und das war weitaus wichtiger – hatten wir alle so viel zu essen, wie wir nur wollten. Und es stand auch niemand hinter einem, den man fürchten musste. Das hier angebotene Pferdefleisch wurde von den meisten nicht angerührt, während ich drei oder manchmal vier Portionen davon aß. Viele hatten noch Geld, und was sie zu essen wünschten, wurde für sie von den hier arbeitenden Polen, die nach Feierabend nach Hause gehen durften, auf dem Schwarzmarkt eingekauft. Sogar die schwere Arbeit wurde zu einem vorerst nicht erkannten Segen. Mein Brustkasten begann sich zu dehnen, und ich entwickelte starke und mächtige Muskeln. Deutsche waren nur selten zu sehen, und wenn ich mich richtig erinnere, niemals Uniformierte. Niemand wurde geschlagen, und während der neun Monate meines hiesigen Aufenthalts gab es nicht einen Toten.

Ganz anders waren natürlich die Erfahrungen der Insassen, bevor sie in dieses Lager gekommen waren. Allein die Tatsache, dass außer den schon erwähnten Ehepaaren all die Jungens hier ohne Angehörige waren, bedeutete, dass sie dieselbe Erfahrung gemacht hatten wie ich, als ich von Mutter und Schwester getrennt wurde. An die Namen dreier Paare erinnere ich mich: Otto Glattstein mit seiner schönen dunkelhaarigen Frau und dem kleinen Sohn, die Familie Hochermann und eine andere namens Drukarz.

Dann gab es noch einen älteren Herrn namens Sachs. Er war zwischen 60 und 70 Jahre alt, ein ehemaliger Ringkampfmeister aus Wien. Er könnte wohl der älteste Jude gewesen sein, der unter den Nazis noch am Leben war. Ich sah ihn niemals arbeiten. Otto Glattstein, der das Sagen hatte, gab ihm wahrscheinlich irgend eine Funktion, um seine Existenz hier zu rechtfertigen.

Wir wohnten alle in einer Baracke, die mit den schon bekannten dreistöckigen Betten ausgerüstet war. Die Familien »wohnten« alle in derselben Ecke und schliefen des Nachts hinter einer Art Paravent, wie man ihn aus Krankenhäusern kennt.

Otto Glattstein war, wie sich herumsprach, nicht der erste Gatte der hübschen, aber unglücklichen Frau, die zwei Söhne hatte. Man erlaubte ihr, einen Sohn mit ins Lager zu nehmen. Die sadistische SS zwang ihren Mann (der, wie sie dachten, der leibliche Vater des Knaben sei), den anderen mit beiden Händen hoch zu halten, und, nachdem er erschossen worden war, auf einen Haufen mit anderen Opfern zu werfen. Jedes Mal, wenn ich Otto sah, stellte ich mir vor, was er damals wohl gefühlt haben musste. Was hätte ich in solch einer Situation gemacht: Wäre ich wie ein Berserker rasend geworden? Hätte ich mich auf meine Folterer geworfen? Oder wäre ich vielleicht fähig gewesen, kühl und logisch zu denken, dass durch das Opfern eines Kindes ich mich selbst – und vielleicht den Rest meiner Familie retten könnte?

Ich weiß nicht, ob Otto früher das Haupt der jüdischen Polizei war, bevor das Kielcer Getto »aufgelöst« wurde, aber hier war er derjenige, der sich der deutschen Verwaltung gegenüber zu verantworten hatte. Er war der Einzige in Uniform, oder wenigstens trug er eine Kappe, ähnlich wie die OD in Krakau-Plaszów. Er war streng, aber korrekt. Wenn er auch gelegentlich jemanden bevorzugte, hatte ich keinen Grund, mich zu beklagen. Dieses Privileg kam manchmal auch mir zugute; speziell wenn am Sonntag Waggons ankamen und er für die Arbeit des Ausladens eine Auswahl unter den Jüngeren traf. Auch wählte er bei solchen Gelegenheiten niemals meinen Vater aus, wofür ich ihm natürlich dankbar war. Dass er nicht der SS unterstellt war, machte wahrscheinlich den Unterschied in seinem Benehmen.

Die Russen kommen

Was kann sich mit der Prahlerei und dem Leichtsinn der Jugend vergleichen? Mit jugendlichem Übermut schloss ich mich bald einer Bande von Angebern an. Nach nur kurzer Zeit forderte ich sie auf, einen Stahlklumpen von knapp einem Meter Länge und etwa 15 bis 20 cm im Durchmesser aufzuheben. Wir alle schätzten das Gewicht auf zirka 160 kg. Zwei der Stärksten hoben ihn hoch, und mit Hilfe eines dritten platzierten sie ihn auf meine Schultern. Mein Triumph und Stolz über das Bravourstück vergingen mir schnell. Als ich sie nach ein paar Schritten bat, das Ding wieder herunterzunehmen, waren sie nur amüsiert und lachten mich aus. Ich hatte Angst, mich zu bewegen; jeder Positionswechsel konnte mich und die Bürde mit bösen Folgen aus der Balance bringen. Panik und Furcht müssen mir die extra Kraft gegeben haben, den Metallklumpen hinzuschmeißen.

»Das ist alles, was wir jetzt brauchen, dich mit gebrochenen Knochen ins Spital zu schicken«, war meines Vaters scheltende Reaktion. Ich hatte nicht vor, ihm von diesem Vorfall zu erzählen – jemand anders hatte das getan. Er hatte natürlich Recht.

Meine durch bittere Erfahrung erworbene Schlauheit, meinen eisernen Vorsatz, »alle Systeme auf Überleben einzustellen« und »das Schild der Wachsamkeit nicht für einen Moment zu senken«, gab ich in einem Augenblick unreifer Prahlerei preis.

Die Zeit verging. Durch die ebenfalls in Ludwików arbeitenden Polen erfuhren wir manchmal Neues über den Verlauf des Krieges, aber kaum etwas über andere Lager und das Schicksal der Juden. Was immer auch passierte, passierte anderswo.

Wir hatten nichts von einer »Wannsee-Konferenz« gehört, die im Januar 1942 stattfand und auf der der Entschluss gefasst wurde, ein ganzes Volk unter dem Begriff »Lösung der Judenfrage« zu vernichten. Wir wussten auch nicht, dass es Lager gab, die nur zu einem einzigen Zweck, nämlich der Ermordung von Menschen, errichtet worden waren. Wir waren uns natürlich unseres Glückes bewusst, dass wir Plaszów lebend entkommen und in diesem Lager gelandet waren. Der Kontrast konnte gar nicht extremer sein, »glücklich« ist jedoch nicht das richtige Wort, unsere Gefühle zu beschreiben. Wir wussten genug, um uns bewusst zu sein, dass Selbstzufriedenheit mit unserer verhältnismäßig guten Situation ein gefährlicher Selbstbetrug war.

Als Menschen existierten wir gar nicht. Wir waren Figuren, die man wie auf einem Brett hin und her schieben oder auch einfach aus dem Spiel nehmen konnte. Wir hatten keine Adresse und keiner erhielt Briefe. Auf Grund ihrer unpräzisen Natur ließen uns die gelegentlichen Reporte und Gerüchte noch einen Schimmer von Hoffnung, dass es irgendwie, irgendwo weitere Lager gäbe – wenn auch solche wie das höllische Plaszów –, wo Leute wie wir für den Kriegsbedarf arbeiteten, und dass vielleicht unsere Lieben in einem solchen sein könnten. Allen Berichten zufolge gingen die Transporte aus den sich schnell leerenden Gettos nach dem Osten – nach der Ukraine, nahmen wir an –, wo es die fruchtbarsten landwirtschaftlichen Gegenden der Welt gab. Und die Welt benötigte Nahrung mehr als alles andere. War es daher verwunderlich, dass wir uns noch immer an die Hoffnung klammerten, dass unsere Lieben am Leben seien? So erging es uns ebenso wie dem Rest der Welt, bevor die Massenmorde offenbar wurden. Auch andere konnten nur beten und auf ein Wunder hoffen, dass ihre sich in den von den Deutschen besetzten Gebieten befindenden Angehörigen noch lebten.

Die Zeit verging. Wir lebten, wir arbeiteten, wir aßen, wir spielten Karten und einmal sogar Fußball. Dabei war mein Vater in seinem Element: Er zeigte den Jungs, die ihren Augen nicht trauten, was ein 48-Jähriger noch leisten konnte. Mühelos umspielte er das gegnerische Team, und »wir« gewannen haushoch. Ich wusste von seiner Fähigkeit, doch sah ich ihn noch nie in einer Mannschaft spielen. Ich selbst war kein schlechter Fußballer (welcher Junge denkt anders von sich?), in diesem Moment jedoch fühlte ich eine Aufwallung von Stolz. Ich erinnerte mich an eine Geschichte, die meine Mutter mir einmal erzählt hatte. Als Einjähriger war ich hochgehoben und über einen Fußballplatz getragen worden, wo mein Vater für einen Frankfurter Fußballklub spielte. »Hier kommt der zweite Fußballkönig«, rief der mich Tragende den Spielern zu. Als sich mein Vater ein Bein brach und der Klub keinen Ersatz seines Kalibers finden konnte, hörte er auf zu existieren.

Die Russen hatten endlich Warschau eingenommen und stießen nun gegen Radom vor, eine Stadt, die weniger als achtzig Kilometer von uns entfernt war. Von Warschau selbst waren es nur 150 Kilometer. Es ist unvorstellbar, dass (wie ich erst nach dem Krieg erfuhr), während wir eine verhältnismäßig leichte Zeit verbrachten, das Warschauer Getto, in dem 500 000 halb verhungerte Menschen lebten, systematisch geräumt wurde. Das Morden fand in Treblinka statt. Währenddessen ließen sich die Russen Zeit, bevor sie zur Hauptstadt Polens vordrangen. (Meiner Erinnerung nach unterbrachen sie ihre erste erfolgreiche Offensive vor Warschau, wo sie sich dem Anschein nach sechs Monate ›ausruhten‹.)

Manchmal denke ich, dass die Liquidation des jüdischen Volkes bei den Nazis noch vor dem Gewinnen des Krieges Vorrang hatte. Warum sonst setzten sie ihre militärische Macht gegen unbewaffnete, halb tote Gettobewohner ein, statt diese Truppen zum Aufhalten der Russen oder für eine Gegenoffensive zu benutzen? Ein weiteres Beispiel: Das Schlagwort »Die Räder rollen für den Sieg« konnte man in kleinen und großen Lettern überall vorfinden. Doch während die deutschen Soldaten an den Fronten unter ungenügendem Nachschub litten, gab es immer noch genügend Transportmöglichkeiten, um Menschen in den Tod zu schicken.

Eine Befreiung war uns fast unvorstellbar. Was würden wir zuerst tun? Nach dem Osten gehen natürlich, nach der Ukraine, um unsere Lieben zu suchen. Oh, welche Vorstellung, was für ein Umarmen und Küssen, was für eine Freude des Wiederbeisammenseins! Niemals wieder würde ich meiner Mutter gegenüber ungehorsam sein, niemals wieder mit meinem Schwesterchen streiten! Nur mit größtem Widerstreben – und mit Tränen in den Augen – zwang ich mich in die Wirklichkeit zurück. Die Russen waren noch nicht hier, wir waren noch nicht frei. Und dann war da die bange Frage, ob unsere Lieben überhaupt noch lebten. Die hässlichsten Zweifel nagten an unseren Herzen. Wie konnte ich im Juli 1944 wissen, dass mindestens zwei Drittel der sechs Millionen jüdischen Opfer bereits tot waren?

»Was glaubst du, was die Deutschen mit uns tun werden, wenn die Russen kommen?«, fragte mein Vater.

»Wenn wir nicht selbst zur rechten Zeit etwas für unsere Befreiung tun, die Deutschen werden uns nicht den Russen aushändigen – jedenfalls nicht lebend.«

»Denkst du – denkst du, dass ›sie‹ noch leben?«, fragte ich zögernd und zugleich seine Antwort fürchtend. Ich erhielt keine. »Aber wir leben, nicht wahr?«, bestand ich hartnäckig, als ob ich ihm dadurch eine positive Antwort entlocken könnte.

»Lass uns beten und hoffen!«, war seine ausweichende Antwort, die einzige, die er wirklich geben konnte.

Die Russen rückten weiter vor. Es wurde gemunkelt, dass einige der Insassen sich auf eine Flucht in die nahe gelegenen Wälder vorbereiteten. Ich stellte mir vor, dass sie sich den polnischen Partisanen anschlössen, die diese Verstärkung mit offenen Armen willkommen heißen würden. Lange nach dem Krieg erfuhr ich, dass solch ein Vorgehen ebenfalls ein Würfelspiel um das Leben war, da manche der Partisanengruppen die Neuankömmlinge töteten, um sie ihrer Kleidung und Habe zu berauben.

Die Nachricht von der Ermordung Hitlers löste einen Wirrwarr von Gefühlen aus. Die Mischung aus Unglaube, Freude, Skepsis und Erwartung ist schwer zu beschreiben. Jeder Tag brachte widerstreitende Gerüchte. Wie auch immer das Echo auf dieses Geschehen an anderen Orten aufgenommen wurde, für uns hier war das missglückte Attentat vom 20. Juli 1944 und dessen Folgen nutzlos, wirkungslos. Was immer wir erwarteten, wie genau und argwöhnisch wir auch die kleinste Abweichung im Benehmen unserer »Herren« uns gegenüber registrierten, nichts, absolut gar nichts änderte sich. Ein Hauptschlager für die Weltpresse – ein Nichtereignis für die Unterdrückten Europas.

Wieder gab es zahllose Gerüchte über die Rote Armee und deren Vormarsch in unsere Richtung. Wiederum wechselten sich Hoffnung und Furcht beinahe stündlich ab. Weitere Gerüchte von einer bevorstehenden Evakuierung unseres Lagers machten rasch einen Strich durch unsere Hoffnung auf Rettung oder Entlassung. Wegen des nun unmittelbar bevorstehenden Ereignisses, entweder befreit oder evakuiert zu werden, kamen wir wieder auf das Thema Flucht zu sprechen. Diesmal fühlten wir, dass die Dringlichkeit der Situation kein längeres Planen erlaubte. Als der Jüngere war ich abenteuerlustiger und waghalsiger, jedoch überließ ich die Verantwortung für die Planung meinem weiseren und vorsichtigeren Vater. Ich wies ihn darauf hin, dass unsere gewichtigen Gründe, die uns vor einer Flucht ins Ungewisse abschreckten, wegen der sich nähernden Russen nicht mehr galten. Er stimmte mir zu.

Unsere Chancen wären besser, wenn wir uns den so genannten *tough boys* anschließen könnten, einer – uns allerdings unbekannten – Gruppe, die sich angeblich bereits zur Flucht entschlossen hatte. Ich wendete mich an ein paar »zähe Jungs«, die mir versicherten, dass sie nichts von einem derartigen Plan wüssten. Jemand bedeutete mir, dass sie meinen Vater wahrscheinlich für zu alt hielten. Es schien sinnlos, darauf hinzudeuten, dass mein Vater stark und zäh war und mit seiner Vielseitigkeit eher einen Vorteil als eine Bürde darstellen würde.

Die Gruppe, die am Tag oder einen Tag vor unserer Evakuierung floh, musste sich schon lange vorher zusammengeschlossen haben. Obwohl ich nie Genaues erfuhr, schätzte ich, dass vier bis acht Häftlinge entkommen waren. Die Flucht war leicht. Die Wachen waren es gewohnt, dass Häftlinge Fuhrwerke von einem Lager ins andere beförderten, und da bisher niemand einen Fluchtversuch unternommen hatte, nahmen sie keine Notiz von der Gruppe, die zwei Wagen aus dem Lager schob.

Haben sie den Krieg überlebt? Niemand, den ich später wieder sah, hatte je von ihnen gehört, und nach all dem, was mir gerüchteweise zu Ohren kam, muss ich leider das Ärgste annehmen.[*] Wer weiß, ob meinen ehemaligen Lagerkameraden Glück und

---

[*] Sollte ein Leser besser informiert sein, würde ich mich freuen, Genaueres zu erfahren.

Freiheit oder Unheil und Tod beschert waren? Ich weiß nur, dass ich sie beneidete, wie ein tödlich Kranker einen Genesenden.

»Wir hätten dabei sein sollen!«, warf ich meinem Vater ungerechterweise vor, doch war ich mir bewusst, dass er nicht zu tadeln war. Am 31. Juli 1944 fand die Evakuierung statt. Es hieß, dass sich unsere deutsche Zivilverwaltung für uns einsetzen würde. Ein Wunschgedanke? Wahrscheinlich. Doch wir waren zuversichtlich, weil wir eine kleine, junge, gesunde und starke Gruppe waren. Wir waren gute Arbeitskräfte – gutes Sklavenmaterial.

Eine unvergessliche Nacht

Ein Zeichen

Achteinhalb Monate »Paradies« waren nun zu Ende. Wir marschierten zu einem in der Nähe bereitstehenden Güterzug. Zusammen mit der Arbeitsgruppe der Schwesterfabrik stiegen wir in die Waggons. Wir waren nun zirka sechshundert Menschen. Die dachlosen Wagen waren voll, jedoch nicht unerträglich überladen. Instinktiv versuchte ich, einen Eckplatz zu bekommen, aber da, wo ich hinzielte, war schon jemand. Mein Vater und ich saßen, wie die meisten hier, mit dem Rücken zur Wand; in der Mitte lag das Gepäck, und in unserer Reichweite stand ein Eimer mit Marmelade.

Es war ein herrlicher Tag. Ich erinnere mich, dass ich nach oben schaute, dass der Himmel vollständig wolkenlos war. Wir hatten genug Nahrungsmittel für ein paar Tage; teilweise unsere Zuteilung, teilweise von uns selbst für die erwartete Reise vorbereitet. Wir alle hatten unsere eigenen Kleider und Bündel mit unserer Habe, einige sogar Koffer dabei. Da die Ludwików-Fabrik für die meisten das erste Lager gewesen war, hatten einige noch bedeutende Mengen Geld und Schmucksachen in ihrem Besitz. Eine junge Frau setzte sich mir gegenüber zwischen die Männer. »Ein attraktiver Anblick während dieser trostlosen Fahrt«, dachte ich. Wenn ich nur wüsste, wohin wir fuhren. Wieder und wieder hörte man Stimmen, die die Hoffnung ausdrückten, dass wir an einen neuen Ort kommen würden, der unserer letzten Arbeitsstelle ähnlich oder sogar mit ihr verbunden war und natürlich unter ziviler Verwaltung.

Die ersten paar Stunden der Reise verliefen ereignislos. Ich war zwischen meinem Vater und einer anderen Person eingeklemmt. Plötzlich fühlte ich mich beunruhigt. Was würde ich tun, sollte ich dem Ruf der Natur folgen müssen? Ich sah hinüber zu dem hübschen Mädchen. Unsere Blicke trafen sich nur kurz, dann drehte ich meinen Kopf schüchtern zur Seite. Sehr bald jedoch würden sich diese lebhaften Augen mit Sorgen und Schrecken trüben.

Der Zug hielt aus irgendeinem Grunde an. Der Mann neben dem Mädchen stand auf einigen Gepäckstücken und schaute über die Seite des Waggons hinaus. Andere taten dasselbe. Es war anscheinend einer von den kleineren Bahnhöfen. Jemand musste in Sicht gekommen sein, jedoch nicht nahe genug, um sich zu unterhalten. Obwohl keine Wachen zu sehen waren, wollten die Späher ihre Fragen nicht hinausbrüllen. Durch Gestikulieren versuchten sie, die Aufmerksamkeit dieser Person auf sich zu lenken. Sie wollten herausfinden, wohin dieser Zug wohl fahren würde. Wir erfuhren, dass der Mann, seiner Kleidung nach ein Bahnbeamter, als Antwort mit seinem Zeigefinger quer über seinen Hals gefahren war, um anzudeuten, was unser Bestimmungsort sei.

Der Zug fing wieder zu rollen an. Beunruhigte Gesichter sahen einander an. Die vorher geführten, keinesfalls pessimistischen Gespräche hörten plötzlich auf. Jeder bewertete die soeben erfahrene, überwältigende Mitteilung auf ihre Zuverlässigkeit. Vater und ich sprachen natürlich auch über diese Schrecken erregende Nachricht.

»Vielleicht will er uns nur ängstigen.«

»Vielleicht ist er einfach Antisemit.«

»Vielleicht irrt er sich – vielleicht hat er von Zügen gehört, die an unbekannte Bestimmungsorte gingen, wo Gerüchten zufolge die Leute umgebracht wurden.«

»Wir befinden uns in einem Krieg«, fuhr mein Vater fort. Er hatte im Ersten Weltkrieg in deutscher Uniform gekämpft. »Gerüchte gibt es da im Überfluss, und sie sind meistens übertrieben. Denke nur an die Nachricht, wonach Hitler angeblich einem Attentat zum Opfer fiel.«

Das Für und Wider unserer Argumente half, die schwärzesten Gedanken zu vertreiben; es war aber auch eine Übung in Selbsttäuschung.

»Was hältst du von dem Versprechen unserer Zivilverwaltung, dass wir in eine andere Fabrik gehen?«

»Vielleicht ist das auch nur ein Gerücht.«

Nach dem unzweideutigen Zeichen des polnischen Bahnbeamten stellte sich eine Atmosphäre tiefer Mutlosigkeit und Verzweiflung ein. Wer sich vorher lebhaft unterhalten hatte, war nun still oder setzte sein Gespräch mit unterdrückter Stimme fort.

»Was werden wir tun?«, fragte ich meinen Vater. »Wir können doch nicht einfach …« Ich wusste nicht, wie ich den Satz beenden sollte. Mein Vater saß regungslos, sein Blick war in die Ferne gerichtet, als ob er darin die Zukunft zu erforschen suche.

»Gleiwitz«, sagte jemand, »wir fahren Richtung Gleiwitz.«

»Gleiwitz? – Das klingt nicht gefährlich.« Ich wendete mich wieder an meinen Vater. »Weißt du etwas über Gleiwitz?«

»Gleiwitz ist eine wohl bekannte Stadt, aber wir sind von der Welt abgeschnitten; was können wir wirklich mit Sicherheit wissen?« Obwohl seine Antwort weder ermutigend noch entmutigend war, verbesserte sich unsere Stimmung ein wenig.

»Gibt es da nicht eine Schwesterfabrik von Ludwików in diesem Ort?«, fragte jemand. »Ja, ich glaube auch davon gehört zu haben«, kam die Antwort von der anderen Seite. Plötzlich meinten wir uns zu erinnern, dass eine Ladung von unserer Fabrik an diesen Ort gesandt worden war. Es bedarf keines starken Katalysators, um den menschlichen Barometer von tiefer Depression zu erneuter, vorsichtiger Hoffnung nach oben schnellen zu lassen. Der Inhalt jeder neuen, auch der geringfügigsten Information wurde auf Gutes oder Nachteiliges analysiert.

Die Räder unter uns schlugen den Rhythmus zu den sich erbarmungslos hinschleppenden Stunden. Es schien mir, dass der Zug äußerst langsam fuhr. Ich sah natürlich keinen Grund zur Beunruhigung in dieser bummeligen Fortbewegung. »Du wirst schon bald genug hinkommen – wo immer das sein wird«, sagte die Stimme der Vernunft in mir, während mein Unterbewusstsein versuchte, die Spannung zu unterdrücken, die sich nach dem ominösen Zeichen des Bahnbeamten aufgebaut hatte.

Eine schwer wiegende Äußerung

Es war Abend, als wir Gleiwitz erreichten. Wir wurden auf ein Seitengleis umrangiert, wo wir für mehrere sorgenvolle Stunden auf eine weitere Entwicklung warten mussten. Etliche Lokomotiven fuhren, kaum sichtbar in diesem nur schwach beleuchteten Bahnhof, in beiden Richtungen an uns vorüber.

Ein einzelner Satz, der von einem in unserer Mitte ausgesprochen wurde, gravierte sich unauslöschlich in meinem Gedächtnis ein: »Wenn die Maschine vorne angekuppelt bleibt, dann ist alles in Ordnung; sollte sie aber hinten angeschlossen werden, dann geht der Zug nach Auschwitz!«

Diese schwer wiegende Ankündigung zeitigte eine sofortige Wirkung auf mein ganzes Nervensystem. Ich sprang auf und zitterte wie Espenlaub. Mein Körper forderte sein Recht. Mit äußerster Schnelligkeit durchsuchte ich unser Gepäck und fand ein Geschirrtuch (weiß, mit roten Streifen an beiden Seiten), das ich auf dem winzigen Platz, den ich während unserer Reise innehatte, ausbreitete. Sogar Auschwitz war vergessen, als ich mit der Fertigkeit eines Zauberers, der geschickt verbirgt, was das Publikum nicht sehen soll, meinen dreiviertellangen Mantel zum Abschirmen meiner Tätigkeit benutzte, die, wie ich hoffte, wegen der fast vollständigen Dunkelheit unbemerkt blieb. Das Paket ging über Bord.

Diese Nacht werde ich wohl nie vergessen. Mit jeder vorbeifahrenden Maschine, mit jedem wechselnden Signallicht schwankten meine Gefühle zwischen Hoffnung und Verzweiflung in solch rapider und häufiger Folge, dass ich ohne meine gute körperliche Verfassung auf der Stelle zu einem nervösen Wrack geworden wäre.

Ich starrte wie hypnotisiert auf die Ampeln vor uns, die alle auf Rot standen. Rot aber waren auch die Lichter hinter dem Zug. Eines der vorderen Lichter wechselte auf Grün. Eine Lokomotive fuhr vorbei, jedoch in die »falsche« Richtung. Ich betete um eine andere, die nach vorne fahren sollte, um uns von hier weg und in Sicherheit zu bringen. Nach einer weiteren langen Stunde kam wieder eine, jedoch war das Licht nun wieder auf Rot geschaltet. Bitte, o bitte, Gott, lass sie wieder wechseln. Wir fühlten einen sanften Ruck, die Lokomotive wurde an der »guten« Seite, der Seite der Hoffnung, angekuppelt. Aber die Lampen zeigten alle Rot. Bitte, bitte, bitte – meine Gebete waren einsilbig, aber intensiv; mein ganzes Sein konzentrierte sich auf die verfluchten Lichter, als ob sie mit Willenskraft auf Grün zu schalten wären.

Die verfluchten Signallampen

Endlich! Nach langer Zeit wechselten die Lichter auf Grün. Mit ein paar konvulsivischen Stößen zog die Dampflokomotive den Zug vorwärts. Aber warum, warum fuhr sie so schrecklich langsam? Schneller, schneller, schneller, meine Gebete wechselten. Bitte, Gott, lass sie schneller fahren, bevor die Lichter wieder rot werden. Ich könnte schwören, dass mein Herz schwerer und lauter arbeitete als diese elende Maschine. Das grüne Licht kam näher, es war über uns – wir passierten es. Gerettet! Ich danke Dir, Gott, dass Du meine Gebete erhört hast. Ich dachte weder daran, wohin wir fuhren, noch wie lange wir nun sicher sein würden. Alles, was ich denken konnte, war, dass es nicht nach Auschwitz ginge. In solchen Momenten lebt man für den Augenblick.

Eigentlich kann ich mich nicht erinnern, vor dieser denkwürdigen Nacht und bis zu dem Moment, in dem einer meiner Mitreisenden den Namen erwähnt hatte, das Wort Auschwitz bewusst wahrgenommen zu haben. Da es aber einen Grund geben muss, warum ich durch das bloße Wort von Schrecken und Panik ergriffen worden war, von einem Namen, dessen Erwähnung nur Stunden zuvor kaum meine Aufmerksamkeit erregt hätte, nehme ich an, dass Kenntnisse oder bloße Gerüchte über diesen Platz der Vernichtung latent in meinem Unterbewusstsein existierten, jedoch unterdrückt wurden, bis man ihn als unseren Bestimmungsort projizierte. Sicher wurde ich auch durch das Benehmen meiner Mitreisenden beeinflusst. Aus keinem wahrnehmbaren Grunde wurden Unterhaltungen plötzlich im Flüsterton geführt. Diese Tatsache allein – und eben, dass ich nicht hören konnte, was diskutiert wurde – intensivierte die Folter meiner bereits überspannten Nerven. In dieser mit Ahnungen von bevorstehender Gefahr geladenen Atmosphäre nahm das Wort Auschwitz eine neue, schreckliche Bedeutung an.

Der Zug rollte nur sehr langsam vorwärts – bedrohlich langsam, wie mir schien –, dann hielt er an. Eine weitere Reihe von vier roten Lichtern vor dem Zug minderte weder die uns umgebende Dunkelheit, noch linderte sie die sich nun verbreitende Melancholie. Sechshundert Menschen und nicht ein Laut in der mit stillen Gebeten, Fragen und Gedanken über das eigene Schicksal schwangeren Nacht. Und doch, die gegebenen »Versprechen« ebenso bedenkend wie das Wissen um unsere Arbeitskraft, hielten wir an einer vagen Hoffnung fest.

Wir wussten nichts von den Millionen, die mit ähnlichen Transporten (und schlimmeren, wenn die Waggons überdacht und wie Sardinenbüchsen überfüllt waren) in Auschwitz ankamen und die innerhalb von wenigen Stunden in Rauch und Asche verwandelt wurden. Hätten wir all das gewusst, viele, wenn nicht alle, hätten versucht zu entkommen. Zu anderen Zeiten fast unmöglich, schien es in der jetzigen Situation unglaublich leicht. In Wirklichkeit konnten wir in der Dunkelheit gar nicht erkennen, wo wir uns befanden. Aus demselben Grund aber würde eine geräuschlose Flucht auch nicht entdeckt werden. Hinzu kam, dass, wenn nur wenige flüchteten, man sie des Morgens gar nicht vermissen würde. Doch wählte meines Wissens keiner diesen augenscheinlich leichten Ausweg.

Durch die kurze Fahrt hatten wir uns etwas vom Bahnhof entfernt. Ich begann gerade ein neues Stoßgebet, dass die roten Stoplichter wieder auf Grün springen sollten, damit wir unsere Reise fortsetzen könnten, als der Zug zu rollen anfing – rückwärts. Doch die Maschine war immer noch vorne. Vielleicht wurden wir nur auf ein anderes Gleis rangiert. Wieder hielt der Zug an. Das klirrende Geräusch einer Kupplung sagte uns, dass ein Waggon – oder die Lokomotive selbst – abgekuppelt wurde. Wieder standen wir.

Panik und Verzweiflung kehrten schnell zurück. Die abgekuppelte Maschine kam parallel und ganz in unserer Nähe zum Stehen. Wir konnten kaum etwas sehen, aber das unverkennbare Geräusch eines starken Wassergusses änderte wiederum unsere Stimmung. Aber natürlich! Jede Dampflokomotive muss von Zeit zu Zeit mit Wasser aufgefüllt werden. Wie paranoid, bei jedem kleinen Wechsel in Panik zu geraten. Ich lauschte weiterhin auf das uns neue Hoffnung gebende Geräusch, bis es endlich aufhörte.

»Nun lass uns aber so schnell wie möglich von hier fortkommen«, sandte ich eine dringende Botschaft an den Lokführer.

Nichts, kein Laut, keine Bewegung. Es war, als ob der lärmende Klumpen aus Metall und Dampf, dessen Manövrieren mir so viel Hoffnung und Furcht einflößte, plötzlich gestorben sei. Jetzt hörte man Schritte, die sich langsam in der Ferne verloren; der Zugführer hatte uns verlassen. Eine unheimliche Stille sank auf uns herab.

Die Wachen! Wo sind die Wachen? Unter keinen Umständen konnte ich erwarten oder glauben, dass wir unbewacht wären, doch die pulslose, geräuschlose Nacht gab kein Lebenszeichen außerhalb unserer Waggons von sich. Es schien, als ob wir die einzigen Lebewesen in der Umgebung wären. Hier saß ich, besorgt, dass dies mein letzter Tag auf Erden sei, während alle andern – so schien es – in tiefem Schlaf lagen.

»Wir müssen flüchten«, flüsterte ich meinem Vater zu. »Es wird nicht schwer sein, über die Wand zu steigen und in der Dunkelheit zu entkommen.« Ich häufte einige Gepäckstücke aufeinander, stieg dann auf sie, um über die Wand zu schauen und zu erfahren, was eigentlich außerhalb unseres »Gefängnisses« zu sehen war. Es war eine tintenschwarze, mondlose Nacht. Es ist möglich, dass die Dunkelheit mir dunkler erschien, weil sich meine Augen stundenlang auf die mich außer Fassung bringenden roten Lichter geheftet hatten. Ich konnte den Boden unter mir nicht sehen, und da wir nach dem Einfall der Nacht hier angekommen waren, hatte ich nicht die geringste Ahnung von dem uns umgebenden Terrain. Für einen Moment hatte ich die merkwürdige Vorstellung, von Wasser umgeben zu sein.

Wieder einmal diskutierten wir die schon so oft gestellten Fragen und Antworten: Welche Richtung würden wir nehmen, wohin würden wir gehen? Obwohl die Wachen für uns unsichtbar waren, waren sie bestimmt vorhanden. Was, wenn sie Hunde hatten? Der Entschluss zur Flucht wird, einmal gedacht, nach einigen Schritten irreversibel und führt den Wagenden auf einen Pfad ins Ungewisse.

Unser Denken war durch das verhältnismäßig leichte Leben in Kielce beeinflusst. Die Abwesenheit oder vielmehr Unsichtbarkeit der Wachen lullte uns in ein falsches Gefühl der Sicherheit ein. Es passte auch nicht zu den Deutschen, zum Tode verurteilte Gefangene ohne Aufsicht zu lassen.

Auch hatten wir in unserer Mitte eine Anzahl so genannter Draufgänger. Warum rührten die sich nicht? Wir könnten uns ihnen anschließen. Vielleicht glaubten auch sie an die Versprechen, dass wir in einer Schwesterfabrik arbeiten würden. Warum also ein Risiko eingehen? Ich bin sicher, dass viele das Für und Wider dieser Situation abwogen und genau so unentschlossen waren wie wir. Wieder einmal war es das menschliche »Auf-morgen-Verschieben«, statt die mögliche Gefahr schon jetzt herauszufordern und sich ihr zu stellen.

Wir hatten keine Bettlaken, die wir hätten zusammenknüpfen können und die mir beim Hinuntersteigen helfen sollten. Ich wollte das Gelände erforschen und beim geringsten Anzeichen von Wachhunden oder einer anderen Gefahr schnell wieder zurückklettern. So sehr wir darüber nachdachten, wir sahen keine Möglichkeit, eine Art Strick zu knüpfen. Hätten wir gewusst, welche Richtung der Zug am nächsten Tag nehmen würde, wären alle Einwände gegen eine Flucht zur Seite geschoben worden.

Das klägliche Spiel des Wartens und Ratens erschöpfte mich, meine Gefühle waren verausgabt. Ein wenig später gaben meine Beine nach und ich sank in eine kauernde Position auf meinem kleinen Platz zu Boden. Ich kann mich nicht erinnern, ob – oder wie lange – ich in den nächsten paar Stunden geschlafen habe. Nur daran, dass mein gequältes und erschöpftes Gehirn, kurz nachdem uns der Zugführer verlassen hatte, in eine Art völliger Erstarrung fiel.

Ein unsanfter Stoß weckte mich jäh. Die Lokomotive wurde am hinteren Ende des Zuges angekuppelt – was hinten war, war nun vorne. Der Zug fuhr in gemächlichem Tempo; kurze Zeit später hielt er wieder. Uniformierte Wachen stiegen ein. Sie setzten sich auf einen vorstehenden Teil am Ende jedes zweiten oder dritten Wagens, so dass sie einen Überblick über uns hatten. Der Posten, der am Ende des nächsten Waggons saß, kehrte uns den Rücken zu. Wir fuhren langsam um eine Biegung, dann beschleunigte der Zug. Bald erreichten wir ein viel höheres Tempo als am vorigen Tag; ich bin – glaube ich – nie zuvor in einer Bahn mit solcher »Schnelligkeit« gefahren.

»Diese Geschwindigkeit soll ein Abspringen unmöglich machen«, flüsterte ich meinem Vater zu.

»Was nun?«, fragte ich. »Es gibt keinen Zweifel mehr, wohin wir jetzt kommen.« Mein Vater nickte zustimmend.

Plötzlich wich jedes Gefühl der Panik von mir. Ich erinnere mich mehrerer Fälle während meines Lebens, in denen ich angesichts großer Gefahr eiskalt wurde. Schluss mit der gestrigen Nervosität, Schluss mit fiebrig verwirrtem Denken.

»Wir werden abspringen«, sagte ich zu meinem Vater. »Du steigst auf die Schultern und den Kopf des Mannes neben dir, ich werde dasselbe gegenüber tun.« Vater nickte wieder. Die Idee, auf beiden Seiten abzuspringen, entsprang der Hoffnung, die Wachen, wenn auch nur für wenige, aber wertvolle Sekunden, zu verwirren.

Wir hatten es geschafft, in Kielce langschäftige Stiefel anzuschaffen. In ihnen steckten jetzt gut umwickelte Messer, die wir in Ludwików selbst angefertigt hatten. Es war uns beiden bewusst, dass die Chancen, unverletzt aufzukommen, sehr gering waren, wir waren jedoch beide überzeugt, dass die Alternative der sichere Tod sei. Wir sahen Wälder und Wiesen an uns vorbeiziehen und hofften, dass der Boden entlang der Gleise deshalb etwas weicher sein würde. Wir polsterten uns mit mehreren Kleidungsstücken aus, die den Aufprall dämpfen und größere Verletzungen verhindern sollten.

»Schütze auch deine Hände«, sagte mein Vater, und wir begannen, jeden Fetzen aus unserem Gepäck und schließlich mehrere Paar Socken über unsere Hände zu ziehen. Wir waren wie für den tiefsten Winter in Sibirien gekleidet und nicht für den ersten Tag des Monats August, der wunderbaren Sonnenschein und Wärme versprach.

Der Nachbar, dessen Kopf und Schultern meinem Vater helfen sollten, über die Wand zu kommen, war inzwischen aufgestanden und schaute uns misstrauisch zu. Ich ignorierte ihn; Vater musste eben auf jemand anderen steigen.

Wir hatten abgemacht, dass ich eins und zwei vorzählen würde, dann würde meines Vaters »drei« das Signal zum gleichzeitigen Absprung sein. Ich blickte auf die andere Seite. Für mich waren die Schulter und der Kopf derselben jungen Dame, deren hübsches Aussehen mich zu Beginn der Reise so fasziniert hatte, am günstigsten als »Trittleiter«. Ritterliche Gefühle schwanden in weniger als einer Sekunde.

»Eins«, zählte ich, »zwei« ... Ich war zum Tigersprung bereit. Das Wort, das die Aktion auslösen sollte, kam nicht. Ich drehte mich um und schaute auf meinen Vater. Zögerte er, oder wartete er auf den geeigneten Moment? Er erzählte mir später, dass er, genau wie ich, nach einer grasigen Stelle suchte, und dass dies der Grund für sein Zögern war. Man konnte nicht über die hohen Seitenwände schauen, und auf ein Gepäckstück oder auf jemanden zu steigen, hätte den Posten im nächsten Waggon alarmieren können.

Wahrscheinlich hätte man auf uns geschossen, aber bei dieser Geschwindigkeit war kaum mit einem Treffer zu rechnen. Wenn sie den Zug anhalten würden, wären unsere Chancen auf eine erfolgreiche Flucht mit der zusätzlichen Belastung durch unsere Extrakleidung fast Null gewesen. Da dies aber kein normaler Zug mit Notbremsen in jedem Wagen war, war ein Anhalten des Zuges kaum anzunehmen. Wenigstens würde uns bei dem hohen Tempo kein Wachtposten nachspringen; und nach wenigen Minuten wären sie schon mehrere Kilometer weiter.

All dies ging meinem Vater durch den Sinn, als er zögerte, mit dem Wort »Drei« unser Schicksal festzulegen. Nur unser Schicksal?

»Wenn ihr nicht damit aufhört, werden wir alle wegen euch umgebracht!« Diese Worte kamen von dem misstrauisch blickenden Nachbarn. »Hört sofort auf, oder ich rufe die Wachen«, fügte er drohend hinzu.

»Was wäre da der Unterschied – wir sind alle so gut wie tot«, fauchte ich ihn an. Er murmelte etwas, das ich nicht verstehen konnte. Ich setzte mich wieder hin. Der intensive Augenblick, in dem wir den Sprung ins Leben – oder den Tod – wagen würden, war vorüber.

Momente vorher war ich gespannt wie die Sehne eines Bogens, bereit, den Pfeil abzuschießen; als ich mich dann wieder setzte, war ich eigentlich erleichtert. War nicht ein typisches »Jetzt noch bin ich am Leben«-Gefühl der Grund dafür, dass so viele, die vielleicht hätten fliehen können, es verschoben, bis es dann zu spät war? Der Überlebenswille ist so stark, dass auch die geringste Verlängerung positiv empfunden wird. Jeder Atemzug ist ein Gewahrwerden – sogar ein Genuss – und Minuten, sogar Sekunden werden intensiv erfahren. Vielleicht bietet dieses »Jetzt noch lebe ich«-Gefühl auch die Erklärung dafür, dass so viele von sonst unzweifelhafter Courage sich scheinbar wie Lämmer zum Schlachten führen ließen.

Der Rat eines Vaters

Das Gefühl der Erleichterung verging schnell, die Wirklichkeit holte mich ein. Jetzt noch am Leben, jedoch tot – in ein paar Stunden ... Warum musste ich getötet werden? Was hatte ich, hatte mein Vater den Deutschen (welche ich ironischerweise als »mein« Volk betrachtete, bis ich erfuhr, dass sie – oder wenigstens die Machthaber – mich hassten) getan? Wie und warum habe ich es verdient, umgebracht zu werden? Gab es keinen Ausweg?

Alleine abspringen ging nicht, aber mich einfach umbringen zu lassen, konnte ich mir nicht vorstellen. Ich hatte bis dahin noch keine Vorstellung, wie wir ausgerottet werden sollten.

»Ich werde losbrechen und einfach davonrennen«, dachte ich mir. »Ohne Zweifel werden sie mir eine Kugel nachschicken, und das wär's ...« Ich hatte die ganze drastische Szene vor Augen. »Wenn ich aber nur verwundet würde ...« Die restliche Reise verging wie in einem Traum. Nach ungefähr einer halben Stunde, vielleicht waren es nur wenige Minuten – ich hatte jeden Sinn für Zeit verloren –, fuhr der Zug langsamer, dann hielt er an. Ich stand auf, stieg auf ein Gepäckstück und sah über die Seitenwand eine Gruppe von ungefähr fünfzig identisch gekleideten Männern im Gleichschritt marschieren wie Soldaten – offensichtlich Häftlinge, die zur Arbeit gingen. Zum ersten Mal sah ich die gestreifte, pyjamaartige Uniform der Konzentrationslager.

»Da sind Menschen am Leben, die zur Arbeit gehen«, begann ich mein Selbstgespräch. »Da wir eine Gruppe junger und starker Menschen sind, werden sie uns womöglich leben und arbeiten lassen. Vielleicht hat die Verwaltung von Ludwików doch ein Wort für uns eingelegt.« Ich klammerte mich an die kleinste Hoffnung. Um mich herum wurden die Leute plötzlich sehr aktiv. Ich war zu sehr mit meinen Gedanken beschäftigt, um sie genau zu beobachten – wahrscheinlich versuchten sie, neue Verstecke für ihre

Wertsachen zu finden. Ich sah einige, die kleine Gegenstände in den mit Marmelade gefüllten Eimer warfen. Hofften sie, diese später wieder herausholen zu können? Wollten sie die Dinge einfach loswerden? Wertvolles? Was veranlasste jemanden, so etwas zu tun? Wie oft wurden diese versteckten Gegenstände von anderen gefunden und wieder versteckt? Welch nutzloses Unternehmen!

Von den jüdischen Gefangenen, die die Waggons räumen und säubern mussten und dabei möglicherweise Wertsachen fanden, blieb meines Wissens keiner am Leben. Die SS-Mannen jedoch pflegten, mit Ausnahme der wenigen, die sich für ihre Taten zu verantworten hatten, einen luxuriösen Lebensstil in einer Welt, in der Gerechtigkeit aufgehört hatte zu existieren.

War es bei unserer Ankunft oder erst, nachdem wir ausgestiegen waren, dass ich das berüchtigte – nun weltberühmte – Zeichen über dem Eingangstor sah? Ich las die aus Schmiedeeisen geformten Worte: ARBEIT MACHT FREI. Dieses zynische Versprechen war der größte Betrug und der sadistischste Spott aller Zeiten. Es war dazu bestimmt, die Menschen glauben zu machen, von ihnen werde lediglich Arbeit verlangt. Da ich die deutsche Einstellung zur Arbeit kannte, keimte Hoffnung in mir auf – doch nur für einen kurzen Moment.

Für einen sehr kurzen Moment; dann empfand ich, welche Schmähung und welchen Hohn dieses Zeichen darstellte; und dies ohne zu wissen, dass der größte Teil des »Werkes«, zu dessen Zweck dieses Lager errichtet wurde, bereits vollbracht war.

Plötzlich – ich weiß bis heute nicht wie – wusste jeder, dass wir alle in Gaskammern umgebracht werden sollten, dass unsere letzte Stunde geschlagen hatte.

Ich bemühe mich bei meiner Niederschrift stets darum, meine Gefühle und Emotionen genau zu beschreiben. Dieses Mal jedoch kamen Furcht, Panik und ein überwältigender Wille zum Leben zusammen mit der vernichtenden Erkenntnis, dem Verhängnis hilflos gegenüberzustehen. Das löste einen Sturm von Empfindungen aus, den ich nicht wiedergeben kann.

Ich zog meine Decke über den Kopf. Ob ich mich von der Welt absondern wollte oder ob ich verhindern wollte, dass andere mich sahen, weiß ich nicht. Höchstwahrscheinlich wollte ich mit mir alleine sein, als mein Leben an mir vorüberzog, so wie man gemeinhin annimmt, dass es im Angesicht des Todes geschieht.

In diesem Sturm von Gefühlen hörte ich meines Vaters Stimme. Er klang so leidenschaftslos, so natürlich kühl, als ob er mir erklärte, wie ich mich bei Tisch zu benehmen hätte.

Dann sprach er die unvergesslichen Worte, die ich fünf Jahrzehnte später im Titel dieses Buches verewige: »Sollten wir vergast werden, dann atme tief ein, damit es schnell vorüber ist.« Ich gab keine Antwort – ich konnte nicht.

Ich stellte mir Fragen, vielleicht in der Hoffnung, dass sie von einer »höheren Obrigkeit« gehört wurden. Warum wurde mein Leben so oft wie durch ein Wunder erhalten – nur damit es hier endet? Ich fragte wieder und wieder und hatte beinahe das Gefühl, dass ich träumte und diese Situation gar nicht existierte. Da, zum ersten Mal, fühlte ich etwas, das ich nur als eine »Anwesenheit« oder »Erscheinung« beschreiben kann, die über mir schwebte. Ich kann dieses Phänomen weder damals noch heute erklären, aber ich nenne es meinen Schutzengel. (In meinem späteren Leben fühlte ich oft, dass solch ein Engel über mich wachte.)

Ich nahm meine Decke vom Kopf, und sobald sich meine Sinne klärten, waren sie zum Pläneschmieden, und sollte sich irgendeine Gelegenheit zum Handeln ergeben, zur sofortigen Reaktion bereit, um den Tod hinauszuschieben.

Auschwitz

Durch die Gaskammer

»Alles raus – schnell, schnell!« Wir konnten das Furcht einflößende, seelenvernichtende Gebrüll hören, noch bevor die schweren Schiebetüren geöffnet wurden. Wir wurden abgesondert. Frauen und Kinder auf eine Seite, Männer auf die andere. Es war das erste Mal, dass ich an einer Selektion teilnahm, und ich wusste, dass das kein gutes Zeichen war. Obwohl schon ziemlich abgehärtet, fühlte ich doch ein großes Mitleid für die Familien, die, wie sie glaubten, die von ihrer Seite gerissenen Lieben zum letzten Mal sahen; ein Glaube, der auch in fast allen Fällen nach einer solchen Absonderung, besonders in einem Lager wie Auschwitz, zur traurigen Wahrheit wurde. In diesem Augenblick war ich froh, dass Mutter und Schwester nicht mit uns waren. Der zum Überleben bestimmten Gruppe wurde von den anderen Insassen, die diese Erfahrung schon hinter sich hatten, mitgeteilt, dass der Geruch von verbrennendem Fleisch und der Rauch, den sie sehen konnten, alles war, was von ihrer Familie übrig blieb.

In solchen Situationen suchte ich ängstlich nach Anhaltspunkten – nach Plus- oder Minuspunkten. Diese Selektion konnte Folgendes bedeuten: Bestenfalls wird man uns in verschiedene Baracken einquartieren oder in andere Lager verschicken; im schlimmsten Fall jedoch wird eine Abteilung eliminiert. Da unsere Gruppe offensichtlich äußerst fit – erstklassiges Sklavenmaterial – war, schöpfte ich Hoffnung.

In Wirklichkeit wussten wir so viel wie vorher – nichts. Nagende Zweifel und die Furcht, dass dies das Ende meines jungen Lebens sei, überwogen bei weitem die kleinen Anzeichen, die ich als ein Plus registrierte.

Wir marschierten nun in einer unseres Gepäcks wegen etwas unordentlichen Kolonne. Am Ende der Straße sahen wir in einiger Entfernung etliche Gebäude, die ich vorerst gar nicht beachtete. Sie sollten mich aber interessieren, da es die Gaskammern waren, auf die wir zumarschierten. Ich konzentrierte meine Aufmerksamkeit auf einige Leute, die ich am Wegesrand arbeiten sah; das wurde von mir natürlich als ein weiterer Pluspunkt registriert. Wenn sie hier Menschen zur Arbeit brauchen, sollten wir auch eine gute Chance haben.

Da die meisten noch Gepäck besaßen, kamen wir nicht besonders schnell voran. Im Gegensatz zu späteren Märschen, wo Langsame entweder geschlagen oder erschossen wurden, ließ man uns hier Zeit. Warum auch die Leute antreiben, die ihr schweres Gepäck schleppten? Sie brachten es ja an einen Ort, an dem sie es nie mehr wieder sehen würden.

Wir näherten uns einem jungen Mann, der Erde schaufelte. »Ist dies unser letzter ...?« Ich wusste nicht, wie ich diesen Satz beenden sollte. Er schaute mich nur ganz kurz an, sein Schweigen sagte mehr als tausend Worte. Als wir an ihm vorbeigingen, senkte er seinen Kopf. Ich wertete dies als bejahendes Nicken. Nach dieser, obgleich zögerlichen Bestätigung unseres bevorstehenden Schicksals ging ich mit bleischweren Füßen weiter dem Ungewissen entgegen.

Wir wurden in eine große Holzbaracke geführt, wo man uns für eine Weile ohne Begleitung ließ. Eine Art Vorraum, nahm ich an. Wieder beobachtete ich diejenigen, die fieberhaft Verstecke für ihre Wertsachen suchten. Ich erinnere mich, dass ich trotz meiner Verzweiflung eine Art Sarkasmus entwickelte. »Wie dumm, tote Menschen brauchen diese Dinge nicht mehr. Doch halt, vielleicht wissen sie etwas, das ich nicht weiß?« Ich fragte jemanden, der seine Hand im Futter seiner Jacke hatte. Er drehte mir ohne zu antworten seinen Rücken zu.

Nach kurzer Zeit wurden wir in ein anderes Gebäude gebracht. Ich konnte da nichts Ungewöhnliches bemerken. Aber ich wusste sowieso nicht, wie Gaskammern aussahen. Die Prozedur begann: »Ausziehen!«, wurde uns befohlen. Als ich fertig war, sah ich, dass die Ersten schon rasiert wurden. Keine Gesichts-, sondern eine vollständige Kopf- und Körper-Rasur. Andere Gefangene waren mit dieser Arbeit beschäftigt. Nicht mit Seife und Klinge, sondern mit einer Haarschneidemaschine. Aus hygienischen Gründen. Wie rücksichtsvoll! Ich wendete mich an meinen Vater, der an meiner Seite stand: »Ich kann nicht glauben, dass sie all diese Haare schneiden würden, wenn sie vorhätten, uns zu vergasen«. Ein Hoffnungsschimmer huschte über sein Gesicht. Mein sonst heldenhafter Vater hatte sich anscheinend seinem Schicksal ergeben. Dass ich mich weiterhin gegen mein Los auflehnte, bewirkte lediglich, dass die Qual des Sterbens für mich schmerzhafter wäre.

Was geschah mit meinem Entschluss, einfach wegzurennen? Da stand ich, nackt und degradiert, entmutigt und verwirrt. Sollte sich wirklich eine Gelegenheit zum Weglaufen ergeben – ich weiß nicht, ob ich davon hätte Gebrauch machen können.

Etwa fünf oder sechs Meter hinter uns arbeitete eine Gruppe wohl genährt und gesund aussehender junger Frauen. Ich schaute nicht hin, was sie taten. Ich nahm an, dass sie unser Gepäck aussortierten. Was machten sie mit ihrer reichen Beute, zu der auch wir einen Beitrag leisteten? Der Lagerleitung aushändigen? Teilen? Verstecken? Die letzteren Gedanken kamen mir natürlich erst später, doch bin ich sicher, dass noch heute Millionenwerte dort vergraben sind. Die Frauen zeigten keinerlei Interesse an uns, offensichtlich war dieser Job eine Routinearbeit. Ich wusste damals nicht, wie nahe ich der Wahrheit kam. Wir waren nur eine kleine »Lieferung« gegen die bis zu zwanzig mal größeren »Sendungen« unglücklicher Opfer, die beinahe täglich hier ankamen.

Gegenwärtig war ich beschäftigt, die Ecken des postkartengroßen Fotos, das Mutter und Schwester in ihrem glücklosen Versteck hinterlassen hatten, abzureißen, damit ich es in meiner Hand verbergen konnte. Falls sie nicht überlebten, wäre dies die letzte Erinnerung an eine einmal – oh, vor so langer Zeit – glückliche Familie. Ich war entschlossen, diesen letzten Besitz, den ich auf Erden hatte, zu behalten; mag kommen, was wolle.

Dann mussten wir in den sich anschließenden Raum gehen. Als wir die ungewöhnliche Eingangstüre passierten, wurden wir wiederum untersucht, ob wir vielleicht etwas Kleines und Wertvolles an uns versteckt hatten. Der Häftling; der mich untersuchte, bemerkte meinen in der Hand verborgenen »Schatz«; mit einem freundlichen Lächeln ließ er mich durch. Er hatte ein gütiges Gesicht; wie konnte er solche Arbeit verrichten? Die Antwort darauf liegt wieder in der Stärke des Lebensinstinktes – des Selbsterhaltungstriebs. Andererseits, was hätte er gemacht, wenn er einen versteckten Brillanten gefunden hätte?

Wir betraten eine Kammer, die auf den ersten Blick wie ein Bade- oder Duschraum aussah. Mit einem dumpfen Geräusch wurde die Türe hinter uns geschlossen. Nichts verriet die Tatsache, dass ich an einer Stelle stand, wo der Welt größtes Verbrechen noch immer stattfand. Kein Quadratmeter der Erde hat jemals einen gewaltigeren Schrei des Schreckens gehört als den, der von unzähligen Menschen ausgestoßen wurde, als sie plötzlich von der grausamen Gewissheit erfasst wurden, dass dies das Ende ihres Lebens sei; nicht nur ihres eigenen, sondern auch das ihrer ganzen Familie. Ein Schreckens- und Todesschrei, hervorgebracht von den gequälten, schwer arbeitenden Lungen und erstickenden Hälsen eines unendlichen Stromes von einfachen Leuten: Männer, Frauen, Eltern und Kinder, Brüder und Schwestern, und Säuglinge. Nach scheinbar ewigen, höllischen Minuten, unvorstellbar und niemals von einem Zeugen beschrieben (da keiner überlebte), beendete der Tod ein Drama, gegen das Dantes »Inferno« ein Lustspiel war.

Wie oft, wie viele Male fand dies statt?

Die mit Menschen voll beladenen Züge kamen hier beinahe täglich an. Während der »Hochsaison« der Jahre 1942, 1943 und teilweise 1944 kamen zirka acht- bis zwölftausend Menschen täglich. Einige hundert wurden gleichzeitig in die Kammern gedrängt. Um die Produktionskapazität zu erhöhen, wurden die Kleinen schließlich über die Köpfe der Erwachsenen hineingeworfen. Dieses apokalyptische Geschehen wurde ein so alltägliches Ereignis, dass es die Gefühle derjenigen, die die Leichen herausräumen mussten, einfach betäubte und abstumpfte. Für die gefühllose SS war es ohnehin monotone Routine.

Was sich denen, die die Türen der entlüfteten Gaskammern öffneten, präsentierte, musste unvergesslich sein. Der überfüllte Raum, in dem es nicht einmal mehr Stehplätze gab, zeigte nach dem Öffnen der Türen ein anderes Bild. Alle wollten weg von der Quelle des Gases, und in drangvoller Enge stiegen die Stärksten auf die anderen. Die Kleinsten und Schwächsten wurden zerstampft und zertrampelt. Das Resultat: ein geisterhaft unheimliches, pyramidenförmiges Gebilde aus verzerrten Körpern.

Jetzt begann die eigentliche Arbeit: die Leichen entwirren, das Entfernen von Brillen, von Goldzähnen und Füllungen, das Durchsuchen der menschlichen »Öffnungen« nach versteckten Schmuckstücken und anderen Wertsachen, sie zum Krematorium bringen und schließlich in den von Spezialfirmen gebauten Öfen verbrennen. Einige dieser Arbeiter wurden wahnsinnig, einige begingen Selbstmord. Die meisten jedoch unterstützten sich gegenseitig und trieben einander an weiterzumachen, auszuhalten und zu überleben, und sei es aus keinem anderen Grund, als darüber zu berichten. »Jemand muss überleben, um es der Welt mitzuteilen«, war ihr Motto.

Eine Arbeitergruppe wurde gewöhnlich als ein »Kommando« bezeichnet. Diejenigen, die diese grässliche, gerade beschriebene Arbeit verrichteten, bekamen den Spitznamen »Kanada Kommando«. Er beruhte vermutlich auf einer Gedankenverbindung zwischen Kanada, einem Land von Fülle und Überfluss, und dem einzigen Kommando in Auschwitz, das nicht dieselben Entbehrungen litt wie die restlichen Gefangenen. Doch auch ihr Leben in »Wohlstand« war nur kurz. Alle paar Monate war das jeweilige »Kanada Kommando« an der Reihe, liquidiert zu werden. Jede neue Gruppe konnte angesichts des unvermeidlichen Endes nur hoffen, dass der Krieg enden würde, bevor ihre Zeit kam. Sie lebten für den Tag, Tag für Tag, und ich nehme an, dass sie in den Armen ihrer Frauen oder Mitarbeiterinnen, denen natürlich das gleiche Schicksal beschieden war, Trost suchten.

Mit einer Ausnahme.

Ein paar Monate nach unserer Ankunft in Auschwitz revoltierte eine dieser Gruppen. Sie sprengten das Krematorium und versuchten zu entkommen. (Viele Jahre später erfuhr ich, dass es mehr als eine Gaskammer und wahrscheinlich auch mehr als ein Krematorium gab.) Den damaligen Gerüchten zufolge wurden die meisten von ihnen wieder eingefangen und mussten die unvermeidlichen Konsequenzen erleiden. Das bedeutete aber auch, dass einige glücklich entkamen. Leider erhielt ich nie eine Bestätigung dafür. Im Gegenteil. Vor kurzer Zeit erfuhr ich, dass keiner von ihnen überlebt hatte.

4000 Zigeuner wurden vergast

»Das Wasser ist aber gar nicht warm«, hatte ich als Zeichen meines Mutes – und den kühlen Helden spielend – meinem Vater zurufen wollen. Diese Reaktion war aber nichts als eine Entladung der überspannten Nerven nach der Erkenntnis, dass wir hier nicht getötet wurden. Mein Mund verzog sich zu einem kleinen Lächeln (wenn auch nur für einen Moment) auf Grund meiner scherzhaften Beschwerde über die Wassertemperatur. Bedeutete dieses lauwarme Wasser doch zumindest eine Gnadenfrist für uns. Der Ausgang war gegenüber der Eingangstüre dieses nicht sehr großen Raumes. Immer noch misstrauisch, verließ ich diesen harmlos wirkenden Ort, um meine neue Kleidung, eine pyjamaartig gestreifte Jacke und ebensolche Hosen zu erhalten. Ich kann mich nicht erinnern, welche Art Schuhzeug wir bekamen, oder ob wir ein Hemd, Socken und Unterwäsche erhielten. An einem herrlichen Sommertag und in dieser Situation waren derartige Gegenstände nicht meine größte Sorge.

An was ich mich aber erinnere und was bis zu meinem Lebensende nicht verblassen wird, war das Sonnenlicht, als ich ins Freie trat. Das Erblicken der Sonne schien, nein, war der Inbegriff, die Verkörperung des LEBENS, jeder Buchstabe in riesigen Schriftzeichen geschrieben. Ich wollte jeden Sonnenstrahl einzeln einsaugen. Ich habe es mir zur speziellen Aufgabe gemacht, an jedem ersten August um 11 Uhr Vormittag nach der Sonne, meiner Leben spendenden Freundin, Ausschau zu halten.

»Aufstellen! In Reihen zu fünf aufstellen! Schnell, schnell!«, lautete der Befehl, der mich in die Wirklichkeit zurückbrachte. Mir war es ganz egal, ich nahm einen tiefen Atemzug, wir lebten – was kommt als Nächstes?

Nach einem kurzen Marsch hielten wir vor einer Baracke, unserem neuen »Heim«. Es war eines dieser oft in Filmen und auf Fotografien abgebildeten Quartiere, in die Häftlinge wie Sardinen in Dosen gepfercht wurden. Doch vorläufig ließ man uns noch nicht hinein. Drei Stunden lang standen wir, ohne dass sich jemand um uns kümmerte oder sich die Mühe machte, uns anzusprechen. Was man in Plaszów die »Prominenten« nannte, waren hier die berüchtigten »Kapos«, ein Wort, das wir bald fürchten und hassen lernten. Einer dieser Typen trat vor uns hin. Als wir uns beschwerten, dass wir drei Stunden ohne Essen oder Wasser in der Sommerhitze gestanden hatten, informierte er uns mit Nachdruck: »Als Neuankömmlinge solltet ihr zufrieden sein, wenn ihr innerhalb von drei Tagen überhaupt etwas bekommt.« Seine Stimme war erfüllt von seiner eigenen Wichtigkeit, als er uns mitteilte, dass gestern viertausend Zigeuner vergast worden waren, um für uns Platz zu schaffen. Wir waren beeindruckt. (Unsere vorige deutsche Verwaltung hatte vielleicht doch ein Wort für uns eingelegt, wenn auch nur, um uns als starke Arbeitskräfte – also gutes Sklavenmaterial – zu empfehlen. Sogar dafür war ich natürlich dankbar.)

Es war also wahr, dass Menschen hier vergast wurden. Dafür hatten wir gerade die offizielle Bestätigung erhalten. Schock und erneute Furcht ließen mich für einige Minuten Hunger und Durst vergessen. Ich fühlte auch ein kurzes Aufwallen von Mitleid für die armen Teufel, die ihr Leben lassen mussten, damit ich leben durfte.

Ein zweiter Kapo gesellte sich dazu. Auch Kapos trugen die gestreiften Uniformen, jedoch mit einem Unterschied: Sie sahen beinahe elegant aus. Die Hosen zeigten eine scharfe Bügelfalte, und die perfekt sitzenden Jacken waren bestimmt von einem gelernten Schneider angefertigt. Sogar die eigentümliche Kopfbedeckung, die nur einer von ihnen trug und die aus demselben gestreiften Stoff war, hatte ein besonderes Aussehen. Das vordere Ende war zugespitzt wie eine Offizierskappe ohne Schild, und es war offensichtlich der eitle Versuch, die Kopfbedeckung der SS-Schergen zu imitieren. Die Kapos trugen auch eine Nummer und ein grünes Dreieck auf ihrer Brust.

Eines der ersten Dinge, die ich in Auschwitz lernte, war, die Insassen nach den verschiedenen Dreiecken, die sie auf ihrer Kleidung trugen, zu unterscheiden. In dieser Beziehung ist meine Erinnerung nicht die stärkste. Grüne Dreiecke waren manchmal mit der Spitze nach oben und manchmal nach unten angebracht. Eines davon bedeutete, dass der Träger ein Krimineller sei. Rot war politischen Gefangenen, schwarz antisozialen und homosexuellen Häftlingen vorbehalten. Die seltenen violetten Dreiecke kennzeichneten Bibelforscher. Juden trugen natürlich den Davidsstern, der durch zwei übereinander gelegte Dreiecke – ein rotes und ein gelbes – geformt wurde.

Soviel ich weiß, waren die damals so genannten »Grünen« alles Deutsche und in keinerlei Gefahr, vergast zu werden. Sie hatten eine bessere Chance, den Krieg zu überleben, als die kämpfenden Soldaten oder sogar die Zivilbevölkerung der Großstädte, die von den Alliierten bombardiert wurden. Sie waren alle in irgendeiner höheren Position, und unter ihnen befanden sich die grausamsten Elemente des Lagers. Sie wollten ihre eigenen Wärter, die SS, nicht nur imitieren; sie wollten sie häufig übertreffen. Im Alltag litten die Insassen, von denen die jüdischen die weitaus größte Anzahl bildeten, mehr unter den Kapos als unter der Lagerleitung.

Musikalischer Hohn

Zu der gängigen Annahme, dass ich über alles, was mit den von mir beschriebenen Lagern im Zusammenhang steht, informiert bin, möchte ich Folgendes erklären: Meine vorherrschende Sorge war, am Leben zu bleiben. Die Gegenwart meines Vaters war, ganz ohne Zweifel, ein Hauptfaktor für mein Überleben; sie bedeutete aber auch, dass ich andere soziale Kontakte weder pflegte noch benötigte. Ein normales soziales Leben existierte sowieso nicht, und mir schien es ratsam, keine weiteren Beziehungen anzuknüpfen. Aus diesen Gründen kann ich wahrscheinlich weniger Einzelheiten präsentieren als manch anderer Überlebende.

Leider aber werden viele Aspekte dieser fürchterlichen Ereignisse niemals beschrieben werden. Viele der Überlebenden sind einfach unfähig, ihre Leiden zu beschreiben. Wie viele dieser Schilderungen man auch liest oder hört, sie alle tragen etwas bei, was vorher ungehört oder unbekannt war.

Uns in der heißen Augustsonne stehen zu lassen war nicht mehr und nicht weniger als eine perverse Laune, und gegen Abend wurden wir endlich in die Baracke gelassen. (Heiße Augustsonne? Es war ein besonders heißer August gewesen, damals vor zwei Jahren, als Mutter und Schwester in einem hoffentlich nicht überdachten und überfüllten Waggon einem »unbekannten« Schicksal entgegenfuhren. Ich darf mir keine Vorstellung davon machen – darf nicht daran denken.) Nachdem uns der sadistische Kapo prophezeit hatte, dass wir drei Tage kein Essen erhalten würden, war sogar die wässrige Suppe, die wir dann doch bekamen, mehr als willkommen. Schließlich sanken wir erschöpft auf die aus blankem Holz bestehenden Pritschen.

Am nächsten Tag wurden wir an unseren Armen tätowiert. Die Nummer meines Vaters war B 3406, meine war und ist B 3407. Die Nummer gab an, woher der Träger kam und wann er im Lager angekommen war. (Soviel mir bekannt ist, waren wir eigentlich eine Ausnahme, da nahezu die gesamte jüdische Bevölkerung Polens bereits liquidiert war und Adolf Eichmann zu dieser Zeit seine zur Vernichtung bestimmten Transporte mit Juden aus Ungarn hierher schickte.) Danach gab man uns kleine, mit unserer Nummer versehene Tuchstreifen, die wir, zusammen mit dem Davidsstern, auf unsere Jacken nähen mussten. Ich hatte aufgehört, unter einem Namen zu existieren; von nun an war ich eine Nummer.

Es war Hochsommer, und wegen des gewöhnlich herrschenden

atmosphärischen Hochdrucks war der Geruch verbrennender Leichen kaum wahrnehmbar, besonders, da sich unsere Baracke nicht in der Nähe des Krematoriums befand. Die Geschichte der Zigeuner sprach sich herum. Man hatte ihnen am Abend vor ihrer Vergasung eine Sonderration Weißbrot, Butter und Wurst zukommen lassen. Was um Himmels oder besser gesagt Teufels willen war der Zweck dieser Geste? Warum diese »Großzügigkeit«? War es den Leuten wirklich danach, diese »Leckerbissen« zu genießen, da sie doch bestimmt wussten, dass es ein Henkersmahl war? Wer kann diese sadistischen Nazi-Gehirne verstehen? Erstaunlich, was sie sich ausdenken konnten.

In den nächsten paar Tagen war unsere Hauptsorge, dass wir keine solch spezielle Ration bekämen. Dann, eines Nachts, überwältigten mein Vater und ich zwei SS-Wachen, stahlen ihre Waffen und Uniformen und entkamen in ihrem Jeep. Selbst als ich erwachte, war ich noch gehobener Stimmung über diese treffliche Idee. Leider konnten weder mein Vater noch ich Auto fahren. In meinem Traum hatte ich es meinem praktischen Vater überlassen, das Lenkrad zu übernehmen; immerhin hatte er doch einmal ein Motorrad besessen.

Am fünften oder sechsten Tag mussten wir uns versammeln. Wieder gingen die Anordnungen von zwei Kapos mit grünen Dreiecken aus.

»Wir suchen Facharbeiter.«

Wir hatten nun Erfahrung und kannten die Bedeutung eines brauchbaren Berufes. Wir schritten forsch zu der sich sammelnden Gruppe, als nach Malern verlangt wurde. Gab es zu viele, oder mochten sie nicht, wie ich meinen Vater am Ärmel zog? Wir wurden beide abgelehnt – was natürlich besser war, als wenn sie nur einen von uns genommen hätten. Wir wurden beide von panischem Schrecken erfasst bei dem Gedanken, was es bedeuten könnte, als unbrauchbar eingestuft zu werden. Wir gingen ganz ans Ende der noch beträchtlichen Gruppe. Andere Berufe wurden aufgerufen, doch wir wagten nicht, erneut vorzutreten. Knapp dreißig Mann blieben übrig. Jetzt wurde nach Zimmerleuten gefragt. Dieses Mal gingen wir nicht zusammen hin, sondern näherten uns dem Kapo von verschiedenen Seiten. Es gelang. Nun waren wir Spezialisten in einem Fach, von dem wir beide fast nichts verstanden. Dass man unseren »Betrug« aufdecken würde, machte uns weniger Sorgen als die Aussicht, ausgesondert zu werden.

Am folgenden Morgen versammelten wir uns in der Nähe des Eingangstores. Auf dem Weg dorthin sah ich, dass dieses gewaltige Lager aus vielen kleineren Vierecken bestand – jedes davon mit Stacheldraht umzäunt. Mit anderen Worten, ein Durchbrechen einer dieser Umzäunungen würde nur in eine andere Abteilung führen. Ich weiß nicht, ob alle Zäune unter Strom standen, die äußeren bestimmt.

Wir waren einige hundert Mann und mussten uns in einer langen Reihe aufstellen. Mindestens sechs SS-Offiziere, unter ihnen einige von hohem Rang, inspizierten uns. Sie standen in einer losen Gruppe vor uns. (»Vielleicht ist sogar der Kommandant dabei«, dachte ich.)

Dann – ich traute meinen Ohren nicht – begann ein Orchester, Wiener Walzer zu spielen. Obwohl ich damals noch nicht wusste, dass dieses aus Häftlingen bestehende Orchester des Öfteren Menschen mit Musik in die Gaskammern begleitete, fühlte ich nichtsdestoweniger den Hohn dieser Geste, dem wir machtlos ausgesetzt waren.

Etwa fünfzehn Meter zu meiner Rechten löste sich aus der Mitte der SS-Gruppe ein hoch gewachsener Offizier. Einige Schritte vorwärts tretend, bedeutete er einem der Insassen, zu ihm zu kommen. Seinen Gesten entnahm ich, dass er sich über etwas beschwerte. Ich konnte nicht hören, was dort gesprochen wurde, es war wahrscheinlich auch völlig irrelevant. Der SS-Offizier wollte sich vor seinen Kameraden nur groß tun, indem er ihnen seinen neuesten Party-Trick vorführte. Seinen gestiefelten Fuß auf die Zehen des Häftlings stellend, gab er ihm mit der flachen Hand einen kurzen scharfen Stoß an die Stirne. Der arme Teufel konnte nicht anders, er fiel rückwärts. Seinen Fuß im »rechten« Moment zurückzuziehen garantierte dem SS-Helden, dass der Körper, und besonders der Hinterkopf, des Opfers mit maximaler Wucht auf die Erde aufschlug. Mittlerweile spielte das Orchester »Geschichten aus dem Wienerwald«. Ich glaube nicht, dass der nun unbeweglich am Boden liegende junge Mann je wieder Musik hörte.

In der nun gewohnten Formation – in Fünferreihen – marschierten wir aus dem Lager. Die Musiker spielten nun einen lebhaften Marsch. Wir hatten nicht sehr weit zu gehen. Nach nur wenigen Kilometern betraten wir die Buna-Werke, ein Sklavenarbeitslager, das auch unter dem Namen Monowitz bekannt war. Es war eine Zweig- oder Tochtergesellschaft der heute noch in Hoechst bei Frankfurt am Main existierenden I. G. Farben AG. Ein großes Zelt war unsere vorläufige Behausung, bis uns ein Platz in einer der vielen Baracken zugewiesen wurde.

Kaum angekommen, fingen wir an zu arbeiten. Von Zimmermannsarbeit konnte keine Rede sein. Mit Picke und Schaufel reparierten wir Straßen. Ebenso wie in Plaszów wurde Neuankömmlingen automatisch die schwerste Arbeit zugeteilt. Schon am ersten Tag machten sich die physischen Strapazen bemerkbar. Mein Vater, dem die harten Jobs in Kielce erspart worden waren, fand diese Arbeit besonders anstrengend. Er war jedoch widerstandsfähig – bestimmt viel zäher als ich.

Wir sahen hier zum ersten Male die durch Hunger und schwere Arbeit bis zum Skelett abgemagerten jungen Leute, die gefühllos mit dem Spitznamen »Muselmänner« bezeichnet wurden. Jeder von ihnen war am Ende. Auf sie wartete entweder die Gaskammer oder der körperliche Zusammenbruch. Sie wussten, dass sie sich nicht mehr erholen würden. Wenn sie es noch etwas länger aushielten, wenn sie nicht starben, konnten sie sicher sein, bei der nächsten Selektion für »spezielle Behandlung« abgesondert zu werden.

Am Abend fanden wir uns am Ende einer langen Schlange, um unsere Schüssel mit Suppe zu erhalten. Sie war wässrig und enthielt kaum nahrhafte Substanz. Diese tägliche Ration, wozu ein Stück Brot, aus welchem man vier dünne Scheiben schneiden konnte, Margarine in der Größe von zwei Zuckerwürfeln und schwarzer, ungesüßter Ersatzkaffee gehörten, würde uns nicht sehr lange am Leben erhalten. Meinem Vater gegenüber drückte ich mein Erstaunen aus, dass wir nicht mehr »Muselmänner« gesehen hatten.

Während wir unsere Suppe langsam aßen, um jeden Tropfen zu »genießen«, sah ich viele, die ihre Schüssel in großen Zügen leerten. Nur wenige hatten Löffel. Der Grund dafür wurde mir bald klar. Es war etwas Suppe übrig, und die Schlange formierte sich aufs Neue. Jetzt beeilten auch wir uns und standen schon Schlange, bevor wir die Schüssel leer hatten. Wir näherten uns der Verteilungsstelle, und ich fühlte mich wie einer, der sein letztes Hemd verwettet hatte und sein Pferd dem Ziel näher kommen sieht. Dann die Enttäuschung – die letzte Portion wurde ausgegeben, gerade bevor wir an der Reihe waren. Von Kielce abgesehen, habe ich damals oft Hunger gelitten. Bei dieser Gelegenheit jedoch legte ich mich zornig und frustriert auf mein Bett und ließ den Tränen freien Lauf. Ich wusste, dass solche Rationen unweigerlich zum Tod führen würden.

Am nächsten Tag versuchten wir, eine zweite Portion zu ergattern. Leider aber kam unsere Abteilung als Letzte von der Arbeit zurück – so mussten wir eben wieder hungrig zu Bett gehen. Dieses Mal gab es keine Tränen. Eine grimmige Entschlossenheit erfasste mich. Mag da kommen, was wolle, unsere Nahrungs- und womöglich auch Arbeitssituation musste sich ändern. Wir mussten jemanden in einer »höheren« Position finden, der uns kannte und uns helfen konnte. Ungefähr zehntausend Gefangene waren in diesem Lager, und wir brauchten unsere restliche, langsam schwindende Energie, um nach der Arbeit nach solchen Leuten Ausschau zu halten. Tage vergingen. Es bestand bereits die Gefahr, dass unsere Mägen den ständigen Hunger akzeptierten. Wir magerten ab. Doch mit dem Willen der Verzweiflung erhöhte sich unsere Entschlossenheit.

Weitere zwei Wochen vergingen, und noch immer war keine Änderung in Sicht. »Wir sind doch als Zimmerleute registriert«, sagte ich zu meinem Vater, »lass uns zusehen, ob wir einen solchen Job bekommen können.« Obwohl ich nichts von diesem Fach verstand, hoffte ich, dass mein im Allgemeinen sehr praktischer Vater uns aus der Klemme helfen könnte. Er war nicht sehr begeistert und teilte auch nicht mein Vertrauen.

»Uns bleibt keine andere Wahl. Die schwere Arbeit ruiniert uns noch eher als die ungenügende Nahrung. Vielleicht finden wir jemand in der ›Verwaltung‹; wir haben keinen anderen Ausweg, wir beide sind auf dem Wege, ›Muselmänner‹ zu werden.«

Als Zimmerleute bei der I.G.Farben Buna/Monowitz

Endlich wurde uns ein Platz in den Baracken zugeteilt – sechshundert von uns lagen in hundert Drei-Etagen-Betten. Zwei Mann pro Bett, doch hatten wir zumindest Strohmatratzen – eine willkommene Verbesserung. Nach einem mühsamen Arbeitstag konnten wir wenigstens des Nachts richtig ausruhen. In unserem Bestreben, den Krieg zu überleben, konnte die geringste Erleichterung von großer Wichtigkeit sein. Bald hatten wir wieder ein bisschen »Glück«. Wir bemerkten, dass unser neuer Kapo lieber irgendwohin verschwinden würde, als uns bei der Arbeit zu bewachen. Als wir uns unserem Arbeitsplatz näherten, fragte er, ob einer von uns jemals Vorarbeiter war. Seinen süddeutschen Dialekt nachahmend, deutete ich auf meinen Vater, der zwei Reihen vor mir marschierte. »Der da vorne, der war mal Vorarbeiter.« Mein Vater wurde prompt befördert.

Natürlich stand der »neue Vorarbeiter« eher Wache, als die armen, unterernährten Leidensgenossen zur Arbeit anzuspornen. Er hielt Ausschau, ob sich Gefahr näherte. Wenn sein Warnruf kam, arbeiteten die dankbaren Männer mit der aufgespeicherten Energie. Sie hatten auch gar nichts dagegen, wenn der Vorarbeiter bei solchen Gelegenheiten einige deutsche Flüche oder Schimpfworte vom Stapel ließ. Es half, den Posten zu behalten. Ich hatte es am besten von allen, denn ich verschwand für mehrere Stunden und kam gerade vor dem Kapo zurück, das heißt, kurz bevor wir uns auf den Heimweg machten.

Dieses Verhalten war äußerst wichtig, um den Prozess des physischen Verfalls zu verlangsamen. Aber auch leichtere Arbeit war nur ein ungenügender Ersatz für unzulängliche Nahrung. Und wer wusste, wie lange es so weitergehen würde. Alle guten Dinge gehen schnell zu Ende. Bald bekamen wir einen neuen Kapo, und sofort begann die alte Plackerei.

Jeden Morgen mussten wir für unsere Tagesration Schlange stehen. Ein kleiner Laib Brot wurde in vier »gleiche« Teile geschnitten und dann an vier Leute, die mit Adleraugen dieser Prozedur folgten, ausgeteilt. Die Portionen fielen unvermeidlicherweise nicht gleich aus. Der Unterschied machte meistens nicht mehr als ein paar Bissen aus, doch der Hunger ließ jedes Stück Brot unter die Lupe nehmen, als ob dieser geringe Unterschied das Leben verlängern oder verkürzen könnte – was gut möglich war. Dann gab es das bereits erwähnte Stückchen Margarine und den ungesüßten, schwarzen Ersatzkaffee. Aus was immer auch der »Ersatz« bestehen mochte, mein Verstand sagte mir, dass es eine verdauliche Substanz sein müsse. Ich schöpfte daher eine kleine Portion aus dem Behälter und aß sie. Sie schmeckte nach Geröstetem oder Verbranntem.

Ob meine »Extraration« kalorienhaltig war, weiß ich natürlich nicht, jedoch war ich sicher, dass sie meinen Durchfall linderte, vielleicht sogar heilte. Außerdem half sie, meinen Magen etwas zu füllen. Als der Schmerz des Hungers ausblieb, wusste ich nicht, warum. War ich zu sehr damit beschäftigt, meine Energie zu erhalten; war ich zu sehr darauf bedacht, langsam zu arbeiten und dabei nicht erwischt zu werden, oder hatte sich mein Körper an die Entbehrungen gewöhnt?

In Bezug auf die Einteilung der Tagesration gab es im Allgemeinen zwei Gruppen: Die einen glaubten, ihr heftiges Verlangen nach Nahrung wenigstens einmal am Tage stillen zu müssen. Sie verschlangen ihre ganze Zuteilung sofort nach Erhalt. Die anderen teilten ihre Portion in zwei magere Mahlzeiten auf. Wir gehörten zu der zweiten Gruppe, mit der Ausnahme, dass wir – auf Vaters Rat – unser Stück Brot in vier dünne Scheiben schnitten. Es bedurfte einer unerhörten Selbstdisziplin, nicht gleich das nächste Stück anzuknabbern, und mehr als einmal gab ich der Versuchung nach. Diese Regelung war eher ein Beispiel für Vaters pragmatisches Denken als ein eigentlicher Beweis, dass unsere Methode irgendwelche medizinischen Vorteile hätte. Wie dem auch sei, wir dachten, es würde helfen.

Drei Wochen gingen vorüber, und wir hatten beide Gewicht verloren. Obwohl dieser Verlust schon ziemlich beträchtlich war, hatte unsere Gesundheit noch nicht gelitten, und es war noch ein ziemlicher Weg, bevor wir als »Muselmänner« kategorisiert werden konnten. Die Zeit würde jedoch kommen – ein bis zwei Monate lautete unsere düstere Schätzung.

Wir konnten uns nicht darauf verlassen, dass sich die Kriegssituation für die Deutschen verschlechtert hatte und dass der Krieg vielleicht bald zu Ende wäre, da sich, was uns betraf, gar nichts geändert hatte. Neuen Gerüchten zufolge kamen in letzter Zeit aber weniger Menschentransporte an, und ein Häftling, der schon länger hier war, bemerkte, dass die gefürchteten Selektionen jetzt seltener vorkamen.

»Was bedeuten diese Selektionen?«, fragten wir.

»Es kommt darauf an, wer sie ausführt«, antwortete er. »Wenn die SS eine Selektion leitet, dann stellen sie die Leute in einer Reihe auf. Danach wird abgezählt, oder sie müssen sich selbst zählen, und jeder Zehnte muss vortreten. Zum Vergasen natürlich. Oder ein SS-Doktor lässt die Leute sich ausziehen, wählt die sichtlich Kranken und Unterernährten zur Absonderung und ›speziellen Behandlung‹ aus, was auf dasselbe hinausläuft. Ich brauche sicher nicht zu erwähnen, dass die Diagnose ohne körperliche Untersuchung stattfindet.«

Die Russen starteten ihre letzte große Offensive im Sommer, kurz bevor wir aus Kielce evakuiert wurden.

»Was hält sie zurück, warum sind sie so langsam?«, fragte ich meinen Vater.

»Wer weiß, welche militärischen Erwägungen hier mitspielen? Eines ist sicher, die Befreiung von Konzentrationslagern ist nicht Teil ihres strategischen Denkens.«

»Warum nicht?«, fragte ich. »Sie müssen doch gesehen haben, was in den Lagern, die sie auf ihrem letzten Feldzug befreiten, vor sich ging. Es gibt doch sicher Menschen mit Herz unter ihnen; außerdem sind doch bestimmt viele Juden in ihren Rängen.«

Er zuckte mit den Schultern. »Was wissen wir schon?«

Nach dem Krieg wurde ich an diesen kleinen Wortwechsel erinnert. Ich traf einen Juden, der in der russischen Armee gekämpft hatte. Die Russen hatten die Deutschen aus den besetzten Gebieten Polens vertrieben. Als er gesehen hatte, was die Nazis – er unterschied nicht zwischen Deutschen und Nazis – getan hatten, mähte er, unter Missachtung der weißen Flagge, alles nieder, was deutsche Uniform trug. So, sagte er, handelten auch viele andere. So mancher junge Soldat bezahlte mit seinem Leben für den Enthusiasmus, den seine Eltern der »Neuen Ordnung« entgegenbrachten, als sie ihr mit den zum Hitlergruß ausgestreckten Händen zujubelten.

Wieder hatten wir Glück. Mein Vater fand jemanden, den er noch aus Frankfurt kannte, einen Herrn Tiber (oder Tieber), der in der Schreibstube im Verwaltungsgebäude arbeitete. Er versprach, uns Arbeit als Zimmerleute zu verschaffen. Obwohl wir ein wenig besorgt darüber waren, wie der neue Kapo auf unsere mangelnde Qualifikation als Zimmerleute reagieren würde, waren wir froh, denn der Job selbst konnte bestimmt nicht ärger sein als der Straßenbau – die härteste Arbeit im Lager.

Dieses Versprechen half uns über die kommende Woche, in der wir ungeduldig auf den »Berufswechsel« warten mussten. B 3406 und B 3407 begannen ihre Arbeit als »Zimmerleute«, indem sie halfen, einen Kühlturm zu bauen. Ich gestehe, dass ich damals nicht wusste (und noch heute nicht sicher bin), was ein Kühlturm ist oder welchem Zweck er dient. Trotzdem half ich beim Aufbau eines solchen. Aber nicht für lange.

Mit gemischten Gefühlen meldeten wir uns beim Vorarbeiter des Zimmermann-Kommandos. Von früher Jugend an betrachtete ich meinen Vater als »den Mann, der alles kann«. Ob dies berechtigt war oder nicht, zum ersten Mal fürchtete ich mich weniger für ihn als für mich. Denn ich hatte noch nie einen Nagel in Holz schlagen können, ohne ihn zu verbiegen. Was würde geschehen, wenn das herauskäme?

Ich hätte mich nicht sorgen müssen. Was ich tun musste, konnte von jedem, der schwindelfrei war, getan werden. Mir machte die Höhe nichts aus, trotzdem bat ich meinen Vater nach nur einem halben Tag, er möge doch versuchen, uns einen anderen Job zu verschaffen. Meine neue Tätigkeit war zwar im Vergleich zum Straßenbau nicht besonders anstrengend, jedoch äußerst lebensgefährlich.

Man stelle sich einen hohen Turm vor, dessen Gerüst aus Eisenträgern errichtet war. Dieses Skelett musste nun von unten bis oben mit Brettern verschalt werden. Als ich meine Arbeit begann, waren die ersten zwei Stufen bereits vollendet und die dritte war an der Reihe. Jede Stufe war etwa vier Meter hoch und wurde durch diagonale Streben, die zickzack-förmig auf jeder Stufe errichtet waren, gestützt. Auf einem fünf Zentimeter breiten horizontalen Eisenträger balancierend und mich an einer der diagonalen Stangen festhaltend, musste ich die mir von unten gereichten Bretter hochziehen. Diese gab ich weiter an den erfahrenen Zimmermann, der sie dann an den bereits errichteten Planken mit Nägeln oder Schrauben dicht an dicht befestigte. Seine Arbeit war nicht ganz so gefährlich, da er sich wahlweise an den Streben oder bereits befestigten Brettern festhalten konnte.

Am Anfang kam ich gut zurecht, doch mit jedem Schritt auf den Eisenträgern musste meine Hand, mit der ich mich an einer Diagonalen festhielt, höher und höher greifen, bis ich nicht weiter reichen konnte. Ich konnte mich auch nicht aufrichten, da ich gleichzeitig die von unten gereichte Planke hochziehen musste. Mehr als einmal ließ ich für einige Sekunden los, um das gerade hochgehobene Brett besser ergreifen zu können.

Dann begann ein Zirkusakt, für den mir die Übung fehlte. Um den nächsten Halt zu erreichen, musste ich vollständig loslassen und die nächsten zwei Meter wie ein Seiltänzer mit seitlich ausgestreckten Armen balancieren. Zu Beginn war ich nur zirka acht

Meter über der Erde. Der Turm war jedoch eine fünf-, sechs- oder siebenstöckige Konstruktion. Das war mir doch nicht ganz geheuer.

Adolf König und Max Spira

Um jemanden zu finden, der unsere Lage möglicherweise verbessern konnte, machte ich mich trotz Hungers und übergroßer Müdigkeit auf die Suche. Ohne solche Hilfe würden wir die nächsten Wochen nicht überleben.

Nach einem besonders anstrengenden Tag beschloss ich, mich früher zur Ruhe zu begeben. Mein Körper war sehr geschwächt, und bald würde ich die notwendige Energie, mich nach anderer Arbeit im Lager umzuschauen, nicht mehr aufbringen. Zufällig traf ich einen Klassenkameraden, Adolf König. Er war Kapo, und durch sein Verhalten änderte ich meine Meinung, dass alle Kapos kaltblütige Sadisten seien. Ich erzählte ihm von meiner misslichen Lage und fragte ihn, ob er mich in sein Kommando aufnehmen könne. Ich erwähnte auch, dass mein Vater eine Verbindung in der Schreibstube im Verwaltungsgebäude hätte, und er versprach, uns zu helfen. Dann kam meine unvermeidliche Frage nach zusätzlichem Essen. Da sagte er mir, dass ein anderer Schulkamerad, Max Spira, für die Suppenverteilung im Lager verantwortlich war. Ich habe die Übersicht verloren, wie oft die Furcht vor dem bevorstehenden Tode bei der Erkenntnis schwand, dass es »dieses Mal« noch nicht so weit war. Hier hatten wir einen neuen Aufschub – eine neue Gnadenfrist. Max Spira, mögen er und seine Familie für ewig gesegnet sein, füllte meine Blechschüssel aus dem unteren Teil eines Essenträgers, dessen Inhalt meiner Schätzung nach fünfundzwanzig Liter umfasste. Keine wässrige Suppe, sondern solides Zeug – sogar zwei winzige Stückchen

Fleisch! Ich brachte es meinem Vater. Wieder einmal wurde uns unser Leben zurückgegeben, und die Freude darüber kann nicht in Worte gekleidet werden.

Aber ohne triftige Gründe konnte Max keine Extrarationen austeilen. Er könnte seinen Posten verlieren, schlimmer noch, er könnte bestraft werden. Dieses Problem konnte nur gelöst werden, wenn es mir gelang, einen zusätzlichen Essenträger aufzutreiben. Drei Wochen benötigte ich für die Suche, während derer ich schon glaubte, im Lager unbenutzte Essenträger zu finden, sei pure Illusion.

Doch nichts wird ganz ohne Opfer erreicht. Ich konnte auf Dauer die Suppe nicht in meiner kleinen Ess-Schüssel abholen; außerdem war die Ration für zwei Erwachsene nicht ausreichend. Wir investierten eine halbe Brotration für eine »Menaschke«. Dies ist ein kleiner elliptischer oder eher nierenförmiger Behälter mit Deckel, der genau einen Liter fasste. Sogar diese Extraration genügte nicht, unseren Hunger völlig zu stillen. Sicherlich nicht aus Gier fragte ich Max, ob er mir eine größere Menaschke füllen würde, falls ich mir eine solche verschaffen könnte. Er wusste, dass ich mit meinem Vater zusammen war und bejahte mein Ersuchen. Nun mussten wir für einige Tage einen Teil unserer Brotration opfern; danach aber – Triumph, Sieg. Für den Moment hatten wir die größte Lebensbedrohung, den Tod durch Hunger und Schwäche, besiegt.

Wir hörten vom Orchester von Auschwitz, von den Extrarationen von Weißbrot, Wurst und anderen guten Sachen, die den Zigeunern am Abend vor ihrer Vergasung gegeben wurden. Ich möchte noch eine weitere Anomalie dieser irrealen Welt, in der wir lebten, hinzufügen: Als ich noch die Einliter-Menaschke besaß, sagte mir Max, dass er mir heute eine Portion »Diätkost« geben könne. Das hörte sich gut an, vielleicht war diese »Diätkost« besonders nahrhaft. Ich versuchte sie, doch stimmte ich mit meinem Vater überein, dass der süßliche Grießbrei – darum handelte es sich nämlich – zwar gut schmeckte, aber des Körpers Verlangen nach Soliderem nicht zufrieden stellte. Wir wählten diese Kost nicht wieder. An einem Ort, an dem augenscheinlich das Wohlergehen der Häftlinge das Letzte war, worüber man sich Sorgen machte, gab es eine »Diätkost«. Möglicherweise war sie (wie rücksichtsvoll) für Leute mit verstimmtem Magen oder Diarrhö bestimmt. Eine andere Erklärung kann ich dafür bis zum heutigen Tage nicht finden.

Unsere Baracke hatte die gewöhnliche rechteckige Form. Ihr Eingang befand sich in der Mitte der Längsseite. Es war ein gewisser Vorteil, dass das Etagenbett, das ich mit meinem Vater teilte (diesmal das Unterste von dreien), der gegenüberliegenden Wand zugekehrt war. Auf dem untersten Bett sitzend, konnten wir unsere verhältnismäßig beträchtlichen Extrarationen essen, ohne von zu vielen neidischen Augen beobachtet zu werden. Einer unserer Nachbarn bot uns die Hälfte seiner Brotration für den Inhalt der kleineren Menaschke an. Unsere Suppe konnte mit der Normalausgabe, die an die anderen armen Teufel ausgeteilt wurde, nicht verglichen werden. Max bewerkstelligte es, dass wir von dem Bodensatz eines nicht umgerührten Essenträgers serviert bekamen. Ein Liter dieser Brühe voll nahrhafter Substanz war von größerem Kaloriengehalt als zwei dünne Scheiben trockenes Brot.

Im Rückblick jedoch fühle ich mich ein wenig beschämt, dass ich die Hälfte seines Brotes akzeptiert habe (obwohl es die kleinere »Hälfte« war und sie täglich etwas kleiner wurde); es war halt eine Zeit, in der man sich den Luxus eines zarten Gewissens nicht leisten konnte. Das gelegentliche Stückchen Fleisch, das er – oder wir – manchmal in der Suppe fanden, wurde zum Gesprächsstoff für den restlichen Abend.

Während unserer Zeit in diesem Lager trafen wir Leute, die wir von Frankfurt her kannten. Hermann Rosenblum, ein Cousin meines Vaters und der Bruder von Sigmund, war einer von ihnen. Ich nahm nur selten an den Gesprächen zwischen ihm und Vater teil, bin aber ziemlich sicher, dass sie die gegenwärtige Situation nicht ausführlich diskutierten. Merkwürdigerweise taten dies nur wenige. Natürlich wollte er alles über seine Familie erfahren, deren letzter Aufenthalt Krakau gewesen war. Mein Vater erzählte ihm wahrscheinlich, dass sein Bruder Sigmund Polizist im Lager Plaszów war und deshalb vermutlich seine neue Frau, nicht aber seine Eltern hätte retten können. Hermann besuchte uns einige Male, wir gaben ihm etwas von unserer Ration, bis er auf einmal wegblieb. Er war eigentlich noch ziemlich kräftig gewesen. Vermutlich war er einer dieser Selektionen zum Opfer gefallen, bei der jede zehnte Person eliminiert wurde.

Ein anderer Bekannter war Josef Kampler, ebenfalls Klassenkamerad und früherer Freund. Er sah wohl genährt aus, und offensichtlich hat Max Spira auch ihm geholfen.

In der Zwischenzeit hatten wir bei unserer Arbeit ein weiteres Stockwerk errichtet. Nach und nach verlor ich die Schwindelgefühle und jegliche Angst vor der Höhe. Da ich nun genügend Nahrung bekam, machte mir die Tätigkeit in meinem nun etwa sechzehn Meter hohen Beruf – fast möchte ich sagen – Spaß. Dies war sicherlich Ausdruck meines abenteuerlustigen Charakters, der kontrollierbare Gefahren anregend fand. Ich sah mich bereits ein »hohes« Leben in der Zukunft führen – nicht als Zimmermann, sondern als Seiltänzer in einem Zirkus.

Von meinem Vater, der glücklicherweise ebenerdig arbeitete, kam die Nachricht, dass wir zum Kommando meines Klassenkameraden versetzt würden. Wir trafen diese Gruppe nur des Morgens, wenn wir uns auf dem Appellplatz versammelten, auf dem Weg zur Arbeit und abends auf dem Rückweg. Meinem Vater und mir wurden leichtere Arbeiten zugeteilt, oft arbeiteten wir zusammen, meistens aber getrennt. Ich habe nie gefragt und daher nie erfahren, was die anderen taten. Ich habe aber auch nie ein widriges Wort gegen Adolf König gehört. Wie dieser gutmütige und anständige Bursche ein Kapo wurde und diesen Job sogar behalten konnte, war und blieb mir ein Rätsel. Vielleicht war er in einer Situation, in der Härte und Grausamkeit gegen andere Häftlinge von ihm nicht verlangt wurden. Vielleicht erhielt (und behielt) er diesen Job durch *Protekcja* – Gönnerschaft. Ich habe ihn weder damals noch später, als ich ihn und Max Spira in Frankfurt traf, danach gefragt. Gemäß einem ungeschriebenen Gesetz unter Leidensgenossen wurde die Vergangenheit damals nicht erwähnt. Max Spira und Adolf König, solltet ihr mehr als fünf Jahrzehnte später noch am Leben sein und dies lesen, bitte ich euch, meinen verspäteten Dank anzunehmen.*

Gefährliche Unterwäsche

Dadurch wurde die zweite Lebensgefahr, die übermäßige Anstrengung durch zu harte und zu lange Arbeit, momentan abgewendet. Ich arbeitete jetzt nicht mehr im Freien – und das kam mir gerade recht. Es war schon Ende September, die Tage wurden kürzer und kälter. Das Malen von Verkehrszeichen war nun meine Aufgabe. Zwar war ich einigermaßen talentiert, doch den fachmännischen Normen genügte ich keineswegs.

Sehr bald hatte ich einen Deutschen in Zivil hinter mir stehen. Ich hatte nichts gegen seine sarkastischen Andeutungen, dass ich weniger ein Maler von Verkehrszeichen als ein »Mahler« einer

---

* Von einem anderen Klassenkameraden erfuhr ich vor kurzem Max Spiras Telefonnummer in New York. Ich habe ihn angerufen und ihm meinen Dank ausgedrückt.

Mühle sei. Aber ich fürchtete die Konsequenzen dieser Bemerkungen. Doch nachdem er seine Witze angebracht hatte, gab er mir noch eine Chance, und nachdem er eine gewaltige Besserung in meiner Arbeit bemerkte, noch eine. Es gelang. Mein Vater, der mit ähnlicher Arbeit, jedoch an anderer Stelle beschäftigt war, hatte keine derartigen Probleme, er war weitaus talentierter als ich.

Doch gute Dinge sind nicht von Dauer. Nach ein paar Wochen mussten wir wieder Außenarbeit verrichten, und obwohl wir mit unserer Extraration einen Vorteil gegenüber den meisten anderen hatten, teilten wir ein anderes Leid mit ihnen. Es war bitterkalt, und wir waren mit unseren dünnen Häftlingsanzügen vollständig den Elementen ausgesetzt. Aber wie mussten erst die leiden, die schon auf dem Wege waren, »Muselmänner« zu werden. Ich erinnere mich an die Qual, die die eisigen Temperaturen uns bereiteten – und meines praktischen Vaters typische Lösung für dieses Problem. Eines Tages führte er mich hinter eine Hütte, wo unsere neue Unterwäsche – leere Zementsäcke – aufgestapelt war. Einige dieser Säcke waren von innen nach außen gekehrt und bereits mit Öffnungen für Kopf und Arme versehen. Wir genossen nun den »Luxus« thermischer Unterhemden. Papier hält nicht nur die Wärme des Körpers zurück, es wirkt auch als Schutz gegen die Herbststürme. Wurden sie nass, konnten sie leicht durch neue ersetzt werden.

Für eine Weile ging das gut. Dann machten wir einen Fehler, der einigen Häftlingen das Leben kostete: Wir entwickelten ein Gewissen. Wir gaben unser Geheimnis einem »Muselmann« preis, der mehr fröstelte als die meisten anderen und dem es schon nicht mehr möglich war, sich durch kräftige Bewegung etwas Wärme zu verschaffen. Er war uns natürlich dankbar. Aber er wurde von anderen beobachtet, und bald danach trugen mehr und mehr unserer Kameraden diesen »Wetterschutz« unter ihren gestreiften Anzügen.

Eines Abends, wir marschierten gerade durch die Eingangstore, wurden bei einer wahllosen Durchsuchung unsere versteckten »Schätze« enthüllt. Wieder hatten wir Glück. Gerade bevor die Reihe an uns war, hatten die Kapos schon genug Opfer gefunden, mit denen sie sich beschäftigen konnten. »Diebstahl« nannten sie es, als sie die »gestohlenen« Gegenstände konfiszierten. Die »Täter« wurden brutal geschlagen, um andere »Diebe« abzuschrecken. Geschlagen werden untergräbt die Gesundheit selbst einer starken Person. Für einen vom Hunger ausgezehrten Körper war es oft das Letzte, was er ertragen konnte. Am nächsten Tag fehlten acht Mitglieder unserer Gruppe.

Glücklicherweise erhielt mein Vater wieder eine Arbeit in einem Gebäude, während ich ohne meine »Unterwäsche« eine schwere Erkältung bekam. Es ist merkwürdig, aber wahr, dass ich, der ich in normalen Zeiten des Öfteren zu Krankheiten neigte und häufig an Halsschmerzen litt, nur zwei Mal während des Krieges von solchen Übeln geplagt wurde: Das erste Mal am Anfang der Besetzung Krakaus, als ich bei 30 Grad unter Null Schnee schaufeln musste, und dann Ende Oktober 1944, einen Tag nachdem ich meine Papierunterhemden nicht mehr tragen konnte.

Das Spital im Lager war einer der gefährlichsten Orte für einen Kranken. Von Zeit zu Zeit, in unregelmäßigen Abständen, machte ein SS-Doktor seinen Besuch hier. Denjenigen, die am dringendsten seiner medizinischen Hilfe bedurft hätten, verschrieb er eine Versetzung zur »Erholung«. Wir alle wussten, was das bedeutete.

Diese Tatsachen waren mir jedoch anfänglich völlig unbekannt, und so genoss ich in größter Unbefangenheit die ungewohnte Ruhe. Am zweiten oder dritten Tag kam ein Sanitäter zu mir. Er war natürlich auch Häftling und kam aus meiner Heimatstadt

Frankfurt am Main. Seinen hinkenden Gang bemerkte ich sofort. Er schien nicht von einer kurzfristigen Verletzung, sondern von einem chronischen Defekt herzurühren. Normalerweise würde ich einem solchen Leiden kein besonderes Gewicht zumessen. In Auschwitz aber, wo in die Gaskammer kam, wer zu alt oder zu jung war oder ein Gebrechen hatte, kam mir das schon wie ein kleines Wunder vor. Er war freundlich und anscheinend wirklich besorgt, und er bezeugte mir seine Fürsorge dadurch, dass er mir extra Essensrationen brachte, einschließlich der schon erwähnten so genannten Diät.

Am vierten Tag, nachdem er mir wieder eine doppelte Ration gebracht hatte, teilte er mir mit, dass er am Abend Spätschicht habe und mich zu einem Plauderstündchen besuchen würde. Als er kam, hieß er mich zur Seite rücken und ließ sich neben mir nieder. Da ich für den Empfang von Gästen nicht gerüstet war, fand ich nichts Besonderes an dieser Handlung, außer vielleicht, dass er sich mit meiner Decke zudeckte. Als ich seine Fragen über meine persönlichen Erlebnisse beantwortete, nahm er meine rechte Hand in die seine. Ich hielt dies für eine Geste, ein Zeichen seines Mitgefühls. Langsam, wie unabsichtlich, schob er meine Hand auf seinen Körper und meine Naivität schwand auf der Stelle. Mein Zurückziehen wurde von der gleichmütig fortgesetzten Unterhaltung begleitet, da ich so tat, als ob weiter nichts geschehen wäre. (In damaligen Tagen konnte man sich Feindschaften nicht leisten.) Er stand abrupt auf, und ich sah ihn nicht wieder, bis er mehr als zwei Wochen später nochmals zu mir kam, um mich vor einer bevorstehenden Visite des SS-Doktors zu warnen. Ich war gesund und verließ das Spital auf der Stelle. Meine Halsschmerzen und das damit zusammenhängende Fieber waren lange geheilt, und ich hätte an sich schon vor fast zwei Wochen entlassen werden sollen. Da ich mir keiner Gefahr bewusst gewesen war und mich die Aussicht, in dieser Kälte Straßenarbeit zu verrichten, gar nicht begeistert hatte, hatte ich simuliert und meinen Aufenthalt in der »Heilanstalt« verlängert.

Vom Regen in die Traufe

Als ich den Krankenbau verließ, um dem drohenden Besuch des berüchtigten SS-Doktors auszuweichen, geschah etwas, das mit der deutschen Redewendung »Vom Regen in die Traufe«, noch besser aber mit dem englischen »Out of the frying-pan into the fire« bezeichnet werden kann.

Kaum hatte ich die Baracke betreten, hieß es: »Ausziehen und anstellen.« Ich tat wie befohlen und gesellte mich zu meinem Vater, der schon in einer langen Reihe nackter Häftlinge stand. Die Schlange führte in einen Raum, den ich vorher noch nie betreten hatte, da es wahrscheinlich die Wohnung des »Blockältesten«* war.

Mein Vater war schon unterrichtet und erklärte mir, dass jenseits dieser Türe eine Selektion stattfand. Ungeachtet des Gesundheitszustandes wog jeder mit großer Beklommenheit seine persönlichen Chancen bei dieser Selektion ab. Nach meiner Erinnerung und den Bildern, die ich nach dem Krieg von ihm sah, konnte dieser SS-Doktor der berüchtigte Josef Mengele sein. Was mich in meiner Meinung irre macht, war die Behauptung einiger Häftlinge, die bereits Selektionen überlebt hatten, dass der anwesende Arzt nicht der ärgste sei. Doch das trug wenig bei, unsere Furcht zu lindern.

Es gab im Grunde drei Gruppen: diejenigen, die wussten, dass sie diese Selektion überleben würden – wie der Blockälteste und seine Protegés, die alle wohl genährt waren; diejenigen, die wie

---

* Der Leiter einer Baracke wurde in Auschwitz ›Blockältester‹ genannt.

immer verzweifelt hofften, und diejenigen, die sicher waren, dass sie heute Abend, spätestens aber morgen nur noch Asche sein würden.

Wir mussten einzeln an diesem uniformierten »Gott«, der mit einer kleinen Bewegung seines Daumens über Leben und Tod entschied, vorbeigehen. Mit dieser Bewegung wählte er diejenigen aus, die seiner medizinischen Weisheit gemäß noch arbeitsfähig waren. Die armen Kerle, deren Kraft und Gesundheit systematisch unterminiert worden waren, waren reif für die Gaskammer. Sein Entschluss würde von keiner anderen Gottheit widerrufen werden, und der anwesende »Gott« würde bestimmt auf keine Gebete reagieren.

Dieser »Todesengel« traf seine Wahl willkürlich. Einige, von denen ich gedacht hätte, dass sie noch ganz passabel beisammen waren, wurden mit dem diabolischen Daumen nach »links« beordert. Die Selektion war nicht nur auf die skelettartigen »Muselmänner« beschränkt. Häftlinge, denen die Härte des neuen Lebensstils zu sehr anzumerken war, die in Sorge um ihre Familien vorzeitig ergraut oder frühzeitig gealtert waren, wurden auch für den Tod bestimmt. Vater wies mich an, meinen Bauch herauszudrücken, um meine Chancen zu erhöhen. Im Vergleich zu der großen Mehrheit meiner angsterfüllten Kameraden war ich wohlgerundet; außerdem hatte ich gerade eine dreiwöchige »Erholung« hinter mir.

Ich ging durch die Tür in den anschließenden Raum, wo die Selektion stattfand. Der Doktor stand mit dem Blockältesten ins Gespräch vertieft knapp zwei Meter vor mir. Sein Daumen zeigte nach rechts, als er einem Burschen, dessen Körper weitaus magerer war als der meine, »das Leben schenkte«. Der junge Mann, der als Nächster kam und der zweite vor mir war, hatte kein Glück. Als sich der Doktor im Gespräch zu der Person an seiner Linken wendete, richtete sich sein Daumen nach links. Ein lebhafter Jüngling, der weitaus besser beisammen war als sein Vorgänger (der nach rechts beschieden wurde), wurde von einem Helfer zu der Gruppe getrieben, die dem Tod bestimmt war.

Glücklicherweise hatte er sein Gespräch beendet, als ich inspiziert wurde. Ich schaute geradeaus und täuschte ein unbekümmertes Gebaren vor, als ich seine examinierenden Blicke fühlte. Im Geiste sah ich die Richtung seines Daumens, als mich ein Helfer nach rechts, zu den zum Leben Bestimmten wies. Ich bin sicher, dass sie mit den anderen nicht so sanft umgegangen waren.

Ich drehte mich nicht um, damit meine Augen nicht denen des Arztes begegneten; ich fürchtete, er könnte seine Meinung ändern. Mich nun sicher fühlend, kam mir sofort ein Gedanke, der mich vor Schreck erstarren ließ: Wo war mein Vater? Er sollte doch direkt hinter mir sein. Er hatte vorher noch nie eine Selektion bestehen müssen. Obwohl sein Körper in gutem Zustand war, sprach sein Alter gegen ihn. Was sollte ich tun, falls er das »Examen« nicht bestand? Mich ihm beigesellen oder auf Wiedersehen winken? Mein Gehirn stellte praktisch das Denken ein, bis ich seine Stimme neben mir hörte.

»Warum hast du mich so lange warten lassen?«, sagte ich leichtherzig in einer nichts weniger als humoristischen Situation. Ich habe die Angewohnheit, komische und gänzlich unpassende Bemerkungen zu machen, besonders nachdem sich eine große Sorge aufgelöst oder eine Katastrophe abgewendet hat. Meine Sorge war keineswegs unbegründet gewesen. Als mein Vater taxiert wurde, hatte es eine kleine Verzögerung gegeben. Es war über ihn diskutiert worden. Obwohl wir die Argumente nie erfahren werden, hatte doch anscheinend sein starkes Aussehen die Entscheidung für dieses Mal positiv beeinflusst. Mein Vater hatte die Worte »dieses Mal« gehört. Grund genug für mich zu fürchten, dass ich ihn das nächste Mal verlieren könnte.

Es gab eine kleine Störung. Einige derer, die wohl am meisten diese »Auswahl« zu fürchten hatten, mussten zur Aufstellung gezwungen werden. Der SS-Mann und der Blockälteste wendeten sich der Unruhe zu. Sekunden nur, doch genügend Zeit für einen »lebhaften« Jüngling, dessen Körper ich als durchaus passabel erachtet hatte, um aus dem Kreis der Verurteilten zu schlüpfen und in unserer Gruppe unterzutauchen. Dieser dreiste Wechsel musste von den Helfern, die selbst Häftlinge waren, bemerkt worden sein. Da die Flucht dem SS-Arzt allerdings entgangen war, sahen sie einfach weg. Der junge Mann konnte eine seltene Geschichte erzählen – falls er überlebte.

Ein schlimmer Verlust

Die Selektion war vorüber. Wir eilten zu unserer Schlafstelle zurück, wo wir uns wieder ankleideten. Als wir uns von diesem traumatischen Erlebnis etwas erholt hatten, begann ich, meine Gedanken zu sammeln. Achtundzwanzig Opfer unter sechshundert Anwesenden war ein »annehmbarer« Prozentsatz. Der SS-Doktor musste geradezu »gutmütig« gewesen sein, wenn er nur so »wenige« in den Tod schickte. Dann überlegte ich mir, ob das offene Geheimnis, dass der Krieg für die Deutschen verloren sei, einen Einfluss auf diese Mordbuben ausübte. Die Berge der Leichen, die sich in den letzten Monaten des *Churban* noch angehäuft hatten, stützten meine Theorie allerdings nicht.

Mein Vater zweifelte an der Möglichkeit, dass die Täter dieses Verbrechens ohne Parallele in der menschlichen Geschichte jemanden überleben lassen würden, der nach dem Krieg als Zeuge gegen sie auftreten könnte.

Während und wegen der Selektion und ohne dass ich es zunächst bemerkte, passierte mir eines der traurigsten Dinge, seit meine Familie auseinander gerissen wurde. Mein Lageranzug hatte eine außen angebrachte Brusttasche, in der ich den einzigen Besitz bewahrte, der mich mit einer Zeit und einer Welt verbunden hatte, die nun für ewig verloren schien. Ich hatte das letzte Bild meiner Mutter und Schwester verloren, das verstümmelte Stückchen Papier, an dem ich alle Ecken gestutzt hatte, um es in meiner hohlen Hand durch die Gas- und Duschräume schmuggeln zu können.

Es war ein dunkler Herbstmorgen, als ich nach dem üblichen Wecken entdeckte, dass mir das einzige Bindeglied mit meiner Vergangenheit abhanden gekommen war, das einzige Erbe und der Beweis, dass ich einmal ein richtiges Heim und eine Familie besessen hatte. Nun kam mir zum ersten Mal die grausame Tatsache, die ich bis jetzt immer verdrängt hatte, voll zu Bewusstsein: Ich hatte meine Lieben für immer verloren.

Ich war außer mir, und mit größter Verzweiflung begann ich, in allen Ecken und Winkeln, in meinem Bett und in der nächsten Umgebung zu suchen. Dann begab ich mich zum Müllhaufen des Lagers, wo ich wie besessen im Abfall wühlte. Die Zeit aber war gegen mich, ich musste mich von meiner Suche losreißen und zum Appellplatz begeben.

Die Sicht war so schlecht, dass ich Gesichter nur auf eine Entfernung bis zu drei Metern unterscheiden konnte. Meinen Vater in dieser Menschenmenge zu finden war schwierig. Ich war auf eine solche Situation, die sich schon mehrmals eingestellt hatte, vorbereitet: Ich pfiff! Unser Familienpfiff, der einst aus dem alten Schlager »Kind, du kannst tanzen ...« entstand – mittlerweile allerdings stark verfremdet –, war ein »Vereiniger« par excellence. Unter den vielen Pfiffen, die mir (vielleicht aus Spott oder gutmütigem Zeitvertreib) antworteten, konnte ich unverkennbar meinen Vater heraushören. Da das ihm gewidmete Bild bald nach dessen Erhalt in Bochnia beim Verlust seiner Jacke verloren ging, war er begierig zu hören, ob ich mit meiner Suche Erfolg gehabt hatte.

An diesem Tage weinte ich mehr als damals bei der Rückkehr zum Getto in Bochnia, als ich erfahren hatte, dass Mutter und Schwester deportiert worden waren. Damals klammerten wir uns an die absichtlich verbreiteten Gerüchte, dass sie nach dem Osten gesandt wurden, um bei der Getreideernte in der Ukraine mitzuhelfen. Solange ich mein Foto mit dem zittrigen Gruß noch hatte, fühlte ich irgendwie ihre Gegenwart; das Bild suggerierte mir, dass sie noch am Leben seien. Unter den gegebenen Umständen war dies das Beste, was ich erhoffen konnte. Mit ihrem Bild hatte ich nun auch sie verloren – für immer.

Irrationalerweise machte ich mir Vorwürfe: Ich gab mir die Schuld, dass sie nun verloren waren.

Wer könnte wohl glauben, dass plötzlich eine Lebensgefahr entstand, die uns nicht nur willkommen war, nach der wir uns sogar sehnten? Ich kann mich nicht genau erinnern, ob es Sirenen oder das Gesumme von Bombern war, das »Herren« und »Sklaven« vereinte – alle liefen in Deckung. Oh, welch herrlicher Anblick: die SS, die »Herren« und »Obersten der Herrenrasse« zu beobachten, wie sie alle Würde vergaßen, ihre Gefangenen sich selbst überließen und um die Wette rannten, um ihr erbärmliches Leben zu retten. Ich hatte den Eindruck, dass sie – solange Bombengefahr bestand – keinen Finger rühren würden, falls jemand während dieses Durcheinanders flüchtete. Ich wollte gerade diese erheiternde Beobachtung meinem Vater mitteilen, als das sonore Dröhnen der herankommenden Flugzeuge direkt über uns schien. Alle Anwesenden warfen sich nieder, Vater und ich landeten in einem Graben an der Wegseite. Eine Bombe explodierte in der Nähe, nahe genug, dass mein Vater dachte, es sei unser letzter Moment.

»Schema Jisrael ...«, begann er das Haupt-Glaubensbekenntnis, die Prinzipien des jüdischen Glaubens, die die letzten Worte auf den Lippen eines sterbenden Juden sein sollten. Unter Schock begann ich dasselbe Gebet. Nach nur zwei Worten aber stoppte ich. Ich fragte mich: »Was tue ich da? Da ist nichts und niemand, zu dem man beten könnte.« Oder war die Erkenntnis, dass die Bombe uns nicht getroffen hatte und keine unmittelbare Bedrohung bestand, der eigentliche Grund, dass ich das Beten einstellte?

Die Gefahr war vorüber. Die Flugzeuge flogen mit ihrer zerstörerischen Ladung ungehindert weiter und trugen ihre Last zu anderen Plätzen. Soweit ich mich erinnere, war das die einzige Bombe, die während des ganzen Krieges auf Auschwitz fiel.*

Ich schoss auf Deutsche –
aber nicht auf Kinder

Im Lager zirkulierten Gerüchte: Die Russen hatten wieder eine Offensive begonnen und machten beständig Fortschritte. Neu erwachender Optimismus hinsichtlich Befreiung und Überleben erzeugten einen kleinen Hoffnungsschimmer in unserem dunklen Dasein, und obwohl ich den Glauben aufgegeben hatte, dass jemand mich hören könnte, wiederholte ich innig den Wunsch (oder das Gebet?), das ich so oft von anderen gehört hatte, seit wir das Getto betreten hatten: »Nor zi iberleben, abie mit a tricke-

---

* Alle Ausreden, dass es den Alliierten unmöglich war, Auschwitz zu bombardieren, werden durch diesen Vorfall widerlegt. Fragen nach der Integrität der Alliierten und den Gründen, warum sie die Gleise nach Auschwitz nicht zerstörten, sind in anderen Schriften ausführlich behandelt worden und nicht Gegenstand dieses Buches.

nem Kartoffel.« (Nur überleben, und sei es mit einer trockenen Kartoffel.)

Die Frage ist, an wen sandte ich mein vom Augenblick eingegebenes Stoßgebet?

Nur langsam sickerte durch, dass die bisher anscheinend unbesiegbaren Deutschen zurückgeworfen wurden.

Was bedeutete das für uns? Sehr wenig. Unsere eigene Situation veränderte sich nicht, und dieser Wechsel schien uns nicht zu betreffen. Im Gegenteil, meinem Vater und mir stand die schlimmste Zeit noch bevor.

In der Zwischenzeit jedoch, in den letzten Tagen des Jahres 1944 und Anfang 1945, als das Wetter am ärgsten war und unzählige Kameraden an den zusätzlichen Erschwernissen des Winters starben, hatte ich den gemütlichsten Job meiner ganzen Lagerzeit. Ich arbeitete ganz alleine in einem kleinen Raum. Diese Kammer maß etwa 2,3 x 1,4 Meter und enthielt Sicherungskästen, Schalter und andere Schränkchen mit Haupt- und Nebensicherungen. Ich hatte keine Vorstellung vom Zweck des Gebäudes und sah nur selten jemanden dort ein und aus gehen. Meine Aufgabe bestand darin, Buchstaben und Nummern mit einem kleinen Pinsel und in weißer Farbe auf die Kästen zu malen. Diese Identifizierungsarbeit konnte – sogar von mir – in weniger als zwei Tagen beendet werden. Ich vermochte sie jedoch auf mehr als vier Wochen zu strecken. Ich war vollständig ohne Aufsicht. Außer meinen »Werkzeugen« und meinem Essensbehälter hatte ich einen Schemel und einen elektrischen Heizapparat in meinem Zimmerchen. Der Kontrast zur Außenwelt konnte nicht größer sein. Ich hatte genügend Essen, das ich aufwärmen konnte, ich hatte eine leichte Arbeit, und ich arbeitete so langsam wie nur möglich – und das im Sitzen.

Mein außerordentliches Glück hatte nur einen Nachteil. Ich hatte zu viel Zeit zum Nachdenken. Jeden Tag, wenn die Stunden der künstlichen Untätigkeit langsam vorübertickten und ich mich nicht auf meine Arbeit, näher kommende Kapos und andere Gefahren konzentrierte, kam mir die Absurdität meiner Situation peinlich zu Bewusstsein. Ich arbeitete im Warmen, ich hatte zu essen, war gesund und hatte es bequem – und war trotzdem dem Tod bestimmt, wenn ich durch die herrschenden Bedingungen, die einen normalen Menschen in sechs bis acht Wochen ruinieren konnten, erschöpft und arbeitsunfähig wurde. Während dieser sich nur langsam hinziehenden Stunden träumte ich vom Ende des Krieges, von Freiheit und der Wiedervereinigung meiner ganzen Familie.

Was würde ich zuerst tun? Ich würde ein Maschinengewehr nehmen und wahllos in einen Haufen Deutscher hineinschießen. Deutsche würden sterben, links, rechts und überall. Ich war hingerissen von diesen Phantasien, bis ich plötzlich kleine Kinder sah. Ich hörte auf zu schießen und blickte in ihre unschuldigen Gesichter. Unschuldig? Das war auch meine kleine Schwester gewesen, und sie musste sterben. (Das war vielleicht das erste Mal, dass ich diesen Gedanken zuließ.) Mit erneuter und unkontrollierbarer Wut schoss ich weiter, obwohl ich, sogar während dieser Phantasie, höher zielte, damit ich die Kleinen nicht traf.

Dann erblickte ich Gesichter von Deutschen, die ich von früher her kannte, Freunde aus vergangenen Zeiten, die uns geholfen hätten, wenn es ihnen möglich gewesen wäre. Ich hörte auf zu schießen und kehrte von meiner Tagträumerei zurück in die wirkliche Welt. Ich sagte mir, dass alles nur ein Traum war, der niemals erfüllt würde. Ich dachte an einen Ausspruch, der besagte, dass jeder Deutsche, einschließlich vieler Spitzen-Nazis, »seinen Juden« hatte. Ich erinnerte mich des Berichts meines Vaters, als er von seinen Reisen zurückgekehrt war und von seinen Begegnungen mit Deutschen, die an die »Neue Ordnung« glaubten, gesprochen hatte: »Sie meinen wir nicht, es sind die ›anderen‹, hinter denen wir her sind.«*

Da ich keine Uhr besaß, war meine einzige Sorge, mich beizeiten an den Ort zu begeben, wo unser Kommando sich traf, um den gemeinsamen Marsch zurück ins Lager anzutreten. Auf dem Rückweg trafen wir andere Gruppen, die nicht so gut beisammen waren wie unsere und in denen jeder Dritte oder Vierte schon ein »Muselmann« oder auf dem besten Wege dahin war. Diese armen Kerle, von denen einige kaum noch gehen konnten, klammerten sich mit erstaunlicher Hartnäckigkeit an das bisschen Leben, das noch in ihnen war. Ich bin sicher, dass sie alle träumten, hofften, dass, vielleicht bald, der Krieg ein Ende nehmen würde und der Albtraum vorüber wäre. Einige sahen aus, als ob sie den Weg nach Hause nicht überleben würden.

Ich muss gestehen, dass ich keine besonderen Gefühle hatte, als ich diejenigen sah, denen ihr bevorstehendes Ende schon anzusehen war. Wird einem eingetrichtert, dass früher oder später jedes Häftlings Zeit kommen wird, dann ist das Gefühl der Genugtuung, dass man noch nicht an der Reihe ist, alles, was man aufbringen kann.

Anders jedoch war es, als wir eines Tages auf eine Gruppe stießen, die gerade stillstand. Ein junger Bursche war wahrscheinlich aus Erschöpfung niedergefallen. Ein allzu bekanntes Vorkommen, das wegen seiner Regelmäßigkeit wenig mehr als Apathie hervorrief. Als ich näher trat, sah ich ein blutjunges, beinahe engelhaftes, jedoch abgezehrtes Gesicht. Ein ungewöhnlicher innerer Drang, ihm zu helfen, überkam mich, und ich bot ihm einen

---

* Sogar Hermann Göring, den ich als stellvertretenden Führer betrachtete, da ich von Martin Bormann erst nach dem Krieg hörte, hatte seinen jüdischen Schützling: Erhard Milch, ein Flieger-Ass des Ersten Weltkriegs. In einer Bekanntmachung: »Wer Jude ist und wer nicht, entscheide ich«, erklärte er ihn zum Nichtjuden.

Brotrest an, den ich mir aufgehoben hatte, um ihn mit meiner Abendsuppe zu essen. Ich werde nie den Ausdruck des Erstaunens und der Dankbarkeit in seinen Augen vergessen, bevor sie sich schlossen, um sich nie wieder zu öffnen.

Wenn ich hier sage »Ich werde nie vergessen ...«, dann beziehe ich das auf mein jetziges normales Leben nach dem Krieg. Als ich, nachdem ich meine spezielle Ration von Max Spira abgeholt hatte, meine Baracke erreichte, hatten meine abgehärteten Sinne diesen Vorfall schon vergessen; ein sichtbares Zeichen meiner eigenen Entmenschlichung. Darin war ich nicht besser oder ärger als die meisten meiner Mithäftlinge. Egoismus, Selbstsucht – diese Worte hatten damals nicht dieselbe Bedeutung wie in geordneter Gesellschaft. All unser Tun, all unser Denken wurde vom Trieb der Selbsterhaltung beherrscht – Überleben um jeden Preis. »Um jeden Preis« bedeutete oft auf Kosten eines anderen. Der Mann, der mir stolz erzählte, wie er während einer Selektion, bei der jeder Zehnte zur Vergasung bestimmt wurde, in letzter Sekunde den Platz gewechselt hatte, machte sich kein Gewissen daraus, noch dachte er überhaupt an die Tatsache, dass der Preis für sein Leben von einem anderen bezahlt worden war.

Auch vor dem Diebstahl einer Brotration musste man sich hüten. Brot zu stehlen hieß, jemandem das Leben zu stehlen. Es gab Schlägereien, nicht nur wenn jemand dabei erwischt wurde (das geschah selten, da der Dieb die Beute sofort verschlang), sondern schon bei dem bloßen Verdacht. Einmal war ich Zeuge, als der Kampf mit dem Tod des Diebes endete – oder des angeblichen Diebes. Niemand griff ein, keiner bedauerte das Resultat. Ich kann mich gut der Qual erinnern, als einmal, noch bevor wir unsere Extraration Suppe erhielten, meines Vaters Brotration gestohlen wurde. Nach des Tages schwerer Arbeit war es wie ein körperlicher Schmerz. Aus diesem Grund verschlangen manche ihre Ration sofort nach Erhalt.

Die Evakuierung von Auschwitz

Die Russen machten weitere Fortschritte, und wir erwarteten die Räumung von Auschwitz. Die Spannung wuchs, da wir immer mit der Anordnung unserer Liquidation rechnen mussten. Warum sollten sie sich mit Menschen belasten, für die nun weniger und weniger Arbeit vorhanden war? Dem dümmsten Deutschen musste inzwischen klar geworden sein, dass der Krieg verloren war. Nur wenige glaubten an die Wunderwaffe des »Führers«, mit der der Krieg noch gewonnen werden sollte. Eine Niederlage aber konnte man sich auch nicht vorstellen. Gegen uns, die »Untermenschen«, benahmen sie sich, als ob sich gar nichts geändert hätte. Die teuflischsten unserer Bedränger und die Auftraggeber dieser unvergleichlichen Verbrechen mussten wohl ihre Fluchtpläne eingeleitet haben. Die Räder der gewaltigen Maschinerie der Zerstörung folgten ihrem eigenen Schwung, obwohl sie sich jetzt etwas langsamer drehten. Auf ihrem nun automatischen Weg vernichteten sie noch hunderttausende Menschenleben, bevor sie endlich zum Stillstand kamen. Nicht mehr in Gaskammern starben sie, sondern durch weitere Verringerungen der Rationen, durch die berüchtigten Todesmärsche und in den überfüllten Waggons, in denen Menschen wochenlang ohne Nahrung und Wasser von einem Platz zum anderen herumgefahren wurden. Niemals in der Geschichte der Menschheit hatte sich die Darwin'sche Theorie vom Überleben des Stärkeren als so passend erwiesen.

Eines Morgens, es war etwa Mitte Januar 1945, mussten wir uns versammeln. Ohne weitere Umstände begannen wir zu marschieren, und so verließen wir Buna-Monowitz, das schicksalsschwere Außenlager von Auschwitz. Ich fragte mich, ob wohl einige der Häftlinge von dieser Evakuierung schon im Voraus gewusst hatten und sich versteckten? Die Deutschen verließen das

Lager jedenfalls auch, und es war vielleicht niemand übrig, nach ihnen zu suchen.

Erst viele Jahre später erfuhr ich, dass etwa zweitausend Insassen in den Hauptlagern von den Russen befreit wurden; ob auch in Buna-Monowitz, weiß ich bis heute nicht. Ich dachte daran, dass wir nun riskieren sollten, wegzuschlüpfen und uns für ein paar Tage zu verstecken. (Die Russen befreiten Auschwitz nur wenige Tage nach unserer Evakuierung.) Wenn wir das nur getan hätten. (Ein schwerer Seufzer entringt sich meiner Brust, während ich dies niederschreibe.) Wir hätten uns unsägliche Härte und größere Leiden erspart, als wir bisher durchgemacht hatten.

Wie lange wir marschierten, entzieht sich meiner Erinnerung. Dann rasteten wir an einem Ort, der wohl ein anderes Lager sein konnte. Als ich mich über den Verlust unserer Extraration beklagte, warnte mich mein Vater, dass ich mich nun daran gewöhnen müsse, ohne diese auszukommen. »Wie lange wohl, bis wir ›Muselmänner‹ werden«, seufzte ich mit prophetischer Weitsicht. Ich erwartete keine tröstende Antwort, doch kleidete er in Worte, was alle dachten und hofften – das baldige Ende der Feindseligkeiten und die totale Vernichtung des SS-Staates.

Jedes Mal, wenn mir dies in den Sinn kam, musste ich mich des nächstliegenden Gedanken erwehren: »Die können uns, die wir Zeuge des Ungeheuren waren, einfach nicht leben lassen.« Ich hoffte auf ein Ende des Krieges und wünschte doch den Tag, der meiner Erwartung entsprechend mein letzter sein würde, aufgeschoben. Eine unheimliche und kaum vorstellbare Lage.

»Wir müssen eben warten und beten – was könnten wir sonst tun?«, war meines Vaters Antwort, als ich ihm meine Befürchtungen mitteilte. »Da wird es vielleicht am Ende keinen anderen Ausweg geben, als im geeigneten Moment zu fliehen. Lass uns hoffen, dass wir des rechten Augenblicks gewahr werden.«

Auschwitz lag hinter uns und doch auch nicht. Die Wachen waren dieselben – und ebenso die Kapos, diese zusätzliche Plage unseres schrecklichen Lebens. Alles, was noch auf uns zukommen würde, würde nicht sie, sondern uns, die wertlosen Ausgestoßenen, treffen. Wir warteten an diesem Ort ein paar Tage, bis ein Güterzug für unseren Transport eintraf. Wir mussten antreten und uns in Gruppen aufteilen. Wir wurden offensichtlich in verschiedene Lager verschickt. Da wir durch bittere Erfahrung wussten, wie unterschiedlich diese sein konnten, suchten wir ängstlich nach irgendwelchen Anzeichen, um dem »Glück« nachzuhelfen – vergeblich. Ich hielt Ausschau nach Max Spira oder Adolf König; sie waren nirgends zu sehen.

Wir marschierten zu dem wartenden Zug. Das war genau die Situation, in der mein Überlebensinstinkt am schärfsten war. Gerade als wir einsteigen wollten, sah ich einige Kapos zum vordersten Wagen gehen; einige trugen Matratzen, manche Decken und andere Pakete, von denen ich annahm, dass sie Lebensmittel oder andere Notwendigkeiten für die bevorstehende Reise enthielten. Mit einem starken Ruck, gar nicht wie ein respektvoller Sohn seinen Vater behandeln sollte, zog ich ihn wieder herunter und ohne weitere Erklärung folgten wir den Kapos. Wir stiegen mit dieser »Elite« ein und halfen sofort beim Auslegen ihrer Lasten. Bald war der ganze Boden gepolstert. In diesem Augenblick waren die Kapos zu beschäftigt, um uns zu beachten. Kein Häftling, der seine Sinne beisammen hatte, würde sich unter diese Sadisten mengen; dass wir es taten, war unser Glück.

Was zog mich, ihnen zu folgen? Ich glaubte, dass wir unter ihnen sicherer waren. Der Anblick von Matratzen sagte mir, dass diese Leute wussten, wie man sich Vorteile in dieser Situation verschaffte. In der Hauptsache aber dachte ich, dass für Kapos und andere »Prominente« besondere Maßnahmen getroffen würden und dass vielleicht Max Spira oder Adolf König dabei seien, von denen wir weiteren Schutz erhofften.

Andere versuchten, in diesen »unterbesetzten« Wagen zu steigen, wurden aber von den weitaus besser genährten und stärkeren Kapos, die gewohnt waren, ihren Willen durchzusetzen, weggescheucht. Hätten sie uns früher bemerkt, wären wir ohne Zweifel hinausbugsiert worden.

Die Türen wurden geschlossen, und wir waren in der Höhle des Löwen. Einige der 38 Passagiere (uns mit eingeschlossen) machten es sich gerade bequem, als mich eine zornige Stimme anbellte: »Was tust du denn hier – sofort raus!« Die Haltung des großen und stämmigen Burschen, dessen Visage eine rücksichtslose Natur verriet, war schon mehr als nur drohend. Mit einer Courage, die meinem sonstigen diplomatischen Handeln gar nicht entsprach und die der Mut der Verzweiflung hervorbrachte, brüllte ich zurück: »Wir bleiben! Wenn du uns raus haben willst, musst du uns erst umbringen.« Würden er und sein neben ihm stehender Kollege mich nun ergreifen und aus dem Wagen werfen? Ohne mich umzudrehen, wusste ich, dass mein weitaus mutigerer Vater bereits kampfbereit hinter mir stand. Der zweite Kapo gab dem drohenden einen Wink. Er drehte sich um und begann, sich mit etwas zu beschäftigen. Mein Bluff wirkte, ich hatte gewonnen. Dieser Zusammenstoß, so kurz er auch war, blieb natürlich nicht unbemerkt. Obwohl die meisten unserer Mitreisenden mit ihrer Einquartierung beschäftigt waren und weder für noch gegen mich Stellung bezogen, zollten mir vom anderen Ende des Wagens ein Paar Augen Beifall.

Nach der Menge der Pakete mit vermutlich essbarem Inhalt zu schließen, waren wir unbedingt in einem privilegierten Teil des Transportes. Es war genügend Platz für mindestens noch zehn Personen, und keiner konnte sich wegen Platzmangels beklagen. Jeder Zoll des Bodens war mit Matratzen belegt, dazu gab es mehr als genügend Decken. *Comfort par excellence.* Der einzige Haken war, dass in diesem langen Zug unser Waggon als Einziger kein

Dach hatte. Immerhin hatten wir tiefsten Winter. Doch stellte sich bald heraus, dass diese Tatsache ebenso Vorteile wie Nachteile hatte.

Weder wir noch die Kapos hatten eine Ahnung von unserem Bestimmungsort. Nachträglich hatte ich das Gefühl, dass wir von einem Lager zum anderen gefahren wurden, wo sich dann herausstellte, dass sie uns wegen Überfüllung nicht aufnehmen konnten. Ich sah nicht über die Seitenwand des Wagens und wusste daher nicht, wo wir uns befanden, wenn der Zug hielt. Ein einziges Mal sah ich ein Schild mit dem Namen Praha hoch über uns.

Meine melancholischen Gedanken waren: »Nun kann ich meinen Kindern wahrheitsgemäß erzählen, dass ich auf meinen Reisen auch in Prag war.« Wie und aus welchem Grund befanden wir uns jetzt in der Tschechoslowakei? Warum brachte die SS uns nicht einfach um? Es wurde immer offensichtlicher, dass für uns keine Arbeit vorhanden war und dass durch das Herumfahren von nutzloser Fracht Güterzüge in Anspruch genommen wurden, die anderswo bestimmt von größerem Nutzen waren.

Wir reisten bereits seit zwei Wochen, und es war sicherlich schon Februar. Wie erwartet und erhofft hatten wir genügend Proviant und, was am wichtigsten war, Wasser, noch dazu heißes Wasser. Obwohl wir genügend davon hatten, benutzte es niemand zum Waschen. Bei einer Temperatur von unter null Grad fiel es keinem ein, sich zu entkleiden. Da sich unser Wagen direkt hinter der Lokomotive befand, besaßen wir noch einen Vorteil, den die restlichen Insassen des Zuges leider nicht hatten. Es stellte sich heraus, dass die meisten Kapos vergessen hatten, Gefäße mitzubringen. Daher waren unsere zwei *Menaschkas,* die zusammen mehr als vier Liter fassten, außerordentlich willkommen. Der Kapo, der mir vorher zugewinkt hatte, war einer der beiden, die mit dem Lokführer verhandelten, und wir hatten keine Schwierigkeiten, unsere Rationen zu erhalten.

Nachts schliefen wir alle mit unseren Köpfen unter den Decken, von denen jeder etliche hatte. Eines Morgens war ich der Erste, der erwachte. Eine dicke Schicht weißen Schnees bedeckte meine 37 Mitreisenden. Keine Bewegung, kein menschliches Geräusch war vernehmbar, und ich hatte das unheimliche Gefühl, die einzige lebende Person auf diesem mit einem weißen Leichentuch bedeckten Minifriedhof zu sein. Ich lag am Ende des Wagens und am weitesten von der Zugmaschine entfernt. Ich hob die Decke zu meiner Linken und sah meinen Vater friedlich schlafen.

Langsam, nachdem einer nach dem anderen sich erhoben hatte, entwickelte sich die allmorgendliche Routine. Einige der Häftlinge taten eine Substanz ins heiße Wasser, das wir dann als Kaffee bezeichneten. Zu dieser Stunde waren unsere *Menaschkas* am gefragtesten. Ich muss an dieser Stelle erwähnen, dass wir während der ganzen Reise nicht nur unbelästigt blieben, sondern sogar mit einem gewissen Respekt behandelt wurden. Unter anderen Umständen hätten sie uns dieser Gefäße einfach beraubt. Vielleicht hatte mein unerwarteter und für diese Rohlinge ungewohnter Widerstand geholfen; vielleicht waren sie aber auch nur um ihre eigene Zukunft besorgt.

Wir begannen, den Schnee hinauszuwerfen. Dachte ich dabei an den restlichen Transport? Nur ganz flüchtig; kaum genügend, um wirklich zu schätzen, dass mein Schutzengel wieder einmal über mich gewacht hatte.

Welch ein Understatement! Nur wenige Meter entfernt, getrennt von zwei Wänden und ein paar Puffern, fand ein Drama statt, das nur mit ähnlichen Häftlingstransporten während dieser grausamen, unmenschlichen Periode verglichen werden kann. Während wir versuchten, den Schnee loszuwerden, starben fast neben mir Menschen vor Hunger und Durst. Dort wurde um das geringste bisschen Schnee, das durch die Ritzen oder in manchen Waggons durch die vergitterten kleinen Fensteröffnungen fiel, gekämpft – oft mit tödlichem Resultat. Mit ihren Fingern und Zungen versuchten sie, kleine Vorsprünge zu erreichen, auf die sich etwas Schnee gesetzt hatte. Hätten wir ein Dach über unseren Köpfen gehabt, eine Tatsache, um die ich die restlichen »Reisenden« anfänglich beneidete, hätte uns der Lokführer kein heißes Wasser reichen können.

Merkwürdigerweise dachten wir während dieser Fahrt überhaupt nicht an Flucht. Wachen sahen wir nicht; wir hörten sie nur, wenn der Zug manchmal zum Stillstand kam. Wir hatten warme Decken, genügend Proviant, und unsere Mitreisenden störten uns nicht. Im Großen und Ganzen fand eigentlich sehr wenig Unterhaltung statt. Wenn wir nicht aßen oder schliefen, was wir reichlich taten, dachten wir über unsere Zukunft nach. Ich bin sicher, dass dies auch auf die ehemaligen Kapos zutraf. Wir nährten unsere heimliche Hoffnung, dass der Krieg bald ein Ende haben würde. Doch noch viele würden ihren Atem aufgeben, bevor dies wahr werden würde.

Endlich, in Nordhausen, betraten wir wieder Mutter Erde. Der Zug leerte sich, und jeder stürzte sich auf den Schnee, der gleichzeitig Speise und Trank bedeutete. Manche, die sich nicht zurückhalten konnten, starben mit einem Mund voll Schnee. Das Wort »manche« bezeichnet hier einige der 2500 Überlebenden von den 5000, die drei Wochen zuvor diese Reise begonnen hatten.

Finale – Die lebenden Toten

Im Tunnel

Nordhausen liegt ungefähr in der Mitte Deuschlands. Dort wurden, wie wir bald herausfanden, die bekannten V1- und V2-Raketen hergestellt, fliegende Bomben, die in England den Spitznamen *Doodlebug* bekamen.

»Es scheint, dass sie hier Leute für ›kriegswichtige‹ Arbeit brauchen, vielleicht haben wir wieder Glück gehabt«, sagte ich zu meinem Vater. Natürlich wusste ich damals nicht, dass dieses Lager eines der berüchtigtsten war und dass sich hier zwischen zwanzig- und vierzigtausend Menschen buchstäblich »zu Tode schuften« mussten. Da es diese Arbeitskräfte im Überfluss gab, wurden sie einfach »verschwendet«. Kein Wunder, dass dort immer Platz für Neuankömmlinge war, während andere Lager sich weigerten, mehr lebende Fracht anzunehmen. Auf Grund unserer damaligen Unkenntnis bedauerten wir, dass wir schon nach acht Tagen, in denen wir nichts zu tun hatten, weiterverfrachtet wurden.

Doch die acht Tage unseres Aufenthalts in Nordhausen waren nicht ereignislos. Gleich am ersten Nachmittag mussten wir einer Hinrichtung beiwohnen. Drei Männer wurden gehängt. Dieses Mal stand ich in der letzten Reihe einer viel größeren Anzahl »Zuschauer« als damals in Plaszów. Den Gerüchten zufolge waren es wieder eingefangene Flüchtlinge. Ich brachte nicht dieselben Gefühle für die armen Kerle auf wie bei der ersten Hinrichtung. Heute frage ich mich, ob der Grund dafür darin lag, dass ich weit entfernt stand und ihre Gesichter nicht erkennen konnte, oder ob das bereits Erlebte mich gegen solche »Alltäglichkeiten« bereits abgestumpft hatte.

Danach traf ich einen jungen Mann, mit dem ich in den Buna-Werken schon einige Male gesprochen hatte. »Ich bin froh, dass du diese schreckliche Reise überstanden hast«, grüßte ich ihn, »was hast du mit deiner Brille gemacht?«

Trotz meiner bereits abgestumpften Gefühle erschütterte mich die lakonische Antwort dieses sonst zurückhaltenden Menschen: »Ich ließ sie fallen, jemand trat auf sie – ich tötete ihn.«

»Aber warum? Dieser Jemand hat es doch bestimmt nicht mit Absicht getan?«

»Ohne meine Brille bin ich sowieso tot«, meinte er. Er beschrieb dann, wie zornig er war, als es passierte. So wütend war er, dass er seinen Schuh auszog und auf den anderen so lange einschlug, bis er selbst erschöpft war – der »Schuldige« aber war schon längst tot. Dieser nette und bescheidene junge Bursche, der unter normalen Umständen bestimmt ein äußerst hilfsbereiter Mensch war und niemandem etwas zu Leide tat, war in einem Ausbruch unkontrollierbaren Zornes auf das Niveau seiner Unterdrücker gesunken. Er zeigte keine Reue, worüber ich mich auch nicht wundere. Nach all dem, was auf dieser Reise geschehen war, ist der Tod eines Einzelnen unter 2500 Toten kaum mehr als eine statistische Größe, trotzdem nicht weniger tragisch.

Ich traf auch andere Häftlinge dieses schicksalsreichen Transports. Ich fragte weder, wie sie es fertig gebracht hatten, die andere Hälfte ihrer Leidensgenossen auf dieser grauenvollen Reise zu überleben, noch was sie gefühlt hatten, als sie ihre Reise wie aufrecht stehende Sardinen begannen und sich schließlich auf schwächeren oder bereits toten Kameraden niederließen, die ihnen als Matratzen dienten. Ich fragte auch nicht, ob sie sich des »Glückes« bewusst waren, dass es Winter war und die Kälte die Verwesung der Leichen verlangsamte. Das Grauen solcher Transporte in der Hitze des Hochsommers kann auch ich mir kaum vorstellen. Ich erzählte natürlich niemandem, dass ich, während sie fast wahnsinnig vor Hunger und Durst waren und dazu unter der Kälte litten, vergleichsweise komfortabel gereist war.

Wir wussten nun, was auf einer solchen Fahrt passieren konnte, und als wir uns zur Weiterreise versammeln mussten, hielten wir umso dringlicher nach Freunden, Klassenkameraden oder sogar nach unseren letzten Begleitern, den Kapos, Ausschau. Ich wusste nicht recht, was ich mir davon erhoffte. Möglicherweise war es die unbewusste Erinnerung daran, dass diese Menschen uns in der Vergangenheit geholfen hatten. Mein Klassenkamerad Josef Kampler gesellte sich zu uns. Er muss mit einem späteren Zug gekommen sein, da er von der Hinrichtung der drei Flüchtigen nur aus Gesprächen wusste. Wir standen in Gruppen und warteten. Forschend und ängstlich beobachtete ich die anderen Gruppen, um herauszufinden, ob eine dieser der unseren vorzuziehen sei. Plötzlich schoss Josef Kampler von uns weg und mischte sich unter die gegenüberstehende Schar. Was war der Grund für dieses Handeln? Warum hatte er nichts gesagt? Ich beobachtete diesen wirren Haufen und versuchte, den Grund dafür zu entdecken. Ich fand einfach nichts Bemerkenswertes und verblieb an meinem Platz.

Hier, wie so oft während dieser Ereignisse, spielte das große, schicksalhafte »Wenn« seine dramatische Rolle. Hätten wir es ihm gleichgetan, wären uns die schrecklichen Ereignisse der nahen Zukunft erspart geblieben? Wer weiß!

Da ich nach dem Krieg nichts von ihm gehört habe und deshalb annahm, dass er nicht überlebt hatte, dachte ich: »Das hast du von deinem unkameradschaftlichen Verhalten.« 25 Jahre später jedoch besuchte er mich überraschend in London. Wiederum ergab sich das so oft besprochene Phänomen; wir unterhielten uns über tausend Dinge, aber wir sprachen nicht über die Zeiten des unermesslichen Leids. Als ich in den achtziger Jahren mein Buch in Englisch schrieb, rief ich ihn in Boston, USA, an und fragte ihn, warum er damals so plötzlich von uns weggelaufen war. Er antwortete, dass über einen Lautsprecher die Aufforderung ergangen war, dass sich Juden und Nicht-Juden getrennt aufstellen sollten. Diesen Aufruf hatte ich nicht gehört. Er gesellte sich »erfolgreich« zu den anderen.

Mein Vater und ich trösteten uns damit, dass wir noch zu zweit waren und uns gegenseitig unterstützen konnten.

Erleichtert stellten wir fest, dass wir in unserem Waggon wenigstens sitzen konnten. Die Beine konnten wir nicht ausstrecken, dazu war er zu überfüllt. Wir machten uns Sorgen, wie lange diese Reise dauern würde. Ich bin sicher, dass auch andere an den vorigen Transport dachten, auf dem die Hälfte der »Fracht« nachlässigerweise »kaputt« ging.

Was ist unser nächstes Ziel? Werden wir auf dem Wege etwas zu essen oder trinken erhalten? Wir hatten einen kleinen Vorteil gegenüber allen anderen; unsere *Menaschkas* enthielten vier Liter Trinkwasser.

Mein Nachbar war ein redseliger Studententyp. Im Gegensatz zu den meisten anderen begann er, von seinen Erfahrungen in Auschwitz zu erzählen. Um ehrlich zu sein, ich hörte nur mit halbem Ohr zu. Ich war zu sehr damit beschäftigt, nach Rissen oder Spalten zu suchen – losen Bodenbrettern vielleicht – und anderen Fluchtmöglichkeiten. Er sprach von medizinischen Experimenten an jüdischen Zwillingen und die Einstellung der Ärzte, wenn diese Experimente mit dem Tod der Opfer endeten. »Wir haben noch 'ne Menge auf Lager«, hatte er sie sagen gehört. Er nannte auch Namen, die ich mir leider bis auf einen nicht gemerkt habe. Dieser Mann, dessen Rang und Funktion er nicht erwähnte, hieß Boger*. Seine Foltermethode war einzigartig. Die Konstruktion,

---

* Wilhelm Boger wurde im Frankfurter Auschwitzprozess zu lebenslangem Zuchthaus verurteilt.

die den Spitznamen »Bogerschwinge« oder so ähnlich bekam, war an der Zimmerdecke angebracht, eine Art Schaukel, an der das Opfer nackt, mit gespreizten Armen und Beinen aufgehängt wurde. Nun begann das Spiel (oder der Sport), bei dem der Unglückliche sich im Kreis drehen sollte. Dazu schlug man ihn mit Stöcken, hauptsächlich auf die Genitalien. Zu diesem Schauspiel wurden die Damen der umliegenden Büros eingeladen. Mein Zugkompagnon erzählte mir von einem Fall, in dem der so Gepeinigte nach dieser Quälerei weder stehen noch sich überhaupt bewegen konnte. »Ich bin fertig«, sagte er zu denen, die ihm zu helfen versuchten. »Erzählt der Welt, was sie mir antaten.« Der Mann starb kurz danach. Leider hatte mein Gewährsmann den Namen des Unglückseligen bereits vergessen.

Mein Nachbar redete noch, als der Zug bereits wieder hielt. Die Reise endete, wie mir schien, kaum dass sie begonnen hatte.

Wir waren in Osterode, einem Ort im Harz. Ich habe vergessen, wie wir untergebracht waren oder was wir zu essen bekamen. Ich erinnere mich nur, dass wir in einem in den Berg hineingebohrten Tunnel arbeiteten.

Wir mussten von dem Rest des Zuges abgetrennt worden sein, da ich nur etwa 150 Personen zählte. Es kam mir in den Sinn, dass es wohl zahlreiche kleinere Zweiglager geben musste, in denen die Menschen aus Auschwitz und anderen befreiten Lagern untergebracht werden sollten. Es fiel mir deshalb nach dem Krieg wirklich schwer, der Versicherung vieler Deutscher zu glauben, dass sie von all diesen Dingen nicht gewusst hatten.

Wir mussten in einen langen Tunnel hineinmarschieren, an dessen Ende wir die erste Nacht verbrachten. Es war bitterkalt, und wir standen zusammengepfercht, um uns gegenseitig zu wärmen. An der Wand und in einer Höhe von zirka anderthalb Metern war ein starkes elektrisches Licht angebracht, zu dem ich ganz unbewusst hinstrebte. Als ich es erreichte, ließ ich mich nicht mehr davon wegdrängen. In dieser Nacht lernte ich zwei elementare und an sich offensichtliche Dinge. Die Lampe war eine von mir vorher unbeachtete Wärmequelle, und als ich meine Hände über die Birne hielt, erwärmten sich nicht nur diese, sondern über den Blutkreislauf der ganze Körper. Dies genügte, um die Eiseskälte zu überstehen, die in dieser Nacht herrschte. Ich winkte meinem Vater, der sich daraufhin langsam zu mir durcharbeitete.

Der im Konzentrationslager aufs Äußerste geschärfte Selbsterhaltungstrieb offenbarte sich auch hier: Wir und einige andere Burschen standen während der ganzen Nacht an dieser Wärmequelle. Einige der Schwächeren schliefen vor Erschöpfung ein, und manche von ihnen, besonders die am Rand unserer dicht zusammengedrängten Gruppe, wachten am nächsten Morgen nicht mehr auf.

Die Erfrorenen wurden hinausgetragen, und ich entdeckte unter ihnen den jungen Mann, der seinen Mithäftling erschlagen hatte, weil dieser ihm versehentlich auf die heruntergefallene Brille trat. Sein Ende kam schneller, als er erwartet hatte, als er vor nur etwas über einer Woche seinen eigenen Tod prophezeit hatte.

Und doch musste sich unsere Gruppe noch glücklich schätzen. Eine andere Gruppe wurde ebenfalls in einem Tunnel untergebracht. Die Wächter entfachten Feuer am Eingang des Tunnels, hauptsächlich, um eine Flucht zu verhindern. Alle Häftlinge sind erstickt.

Jede Erzählung, die wir hörten, beschäftigte uns unablässig. In Momenten der Verzweiflung – und diese kamen nun fast ununterbrochen – stellten wir uns vor, was uns drohen würde, wenn die Alliierten näher kämen und keine Züge fahren würden oder es keine Orte mehr gab, wohin man uns senden konnte. Mich verfolgte der Gedanke, dass die Deutschen uns, die Zeugen einer unauslöschlichen Schande, eines Fleckens, der auf ewig mit ihrer

Geschichte verbunden bleiben wird, nicht am Leben lassen konnten.

Am nächsten Tag erfuhren wir, dass wir hier wirklich gebraucht wurden. Über den Zweck dieses Tunnels, den wir verlängern halfen, konnte ich nur Vermutungen anstellen. Es musste sich wohl um ein wichtiges Unternehmen handeln, da man eine Anzahl deutscher Arbeiter sah, die, nach ihrem Alter zu schließen, an der Front hätten sein sollen. Während unserer Arbeit tief im Innern des Tunnels waren wir auf alle Fälle vor Bomben sicher. Es gab dort engere Seitengänge, die wir nicht betreten durften. Ich tat es doch einmal und bemerkte Treppen, die nach oben führten. Ich wagte mich nicht hinauf, doch kam mir die Idee, dass die Räume oben Bunker für die Bonzen des Dritten Reiches sein könnten.

Die Methode, diesen Tunnel zu vergrößern, war meiner Meinung nach primitiv. Am Anfang luden wir Steine aller Größen auf die in Minen gebräuchlichen Loren. Mein Vater wurde einer Gruppe zugeteilt, die diese Loren auf Schienen schieben und sie außerhalb ausladen musste. Ich war natürlich bemüht, schwere Arbeit, die über unsere Kräfte ging, zu vermeiden. Jeder versuchte, sich vorm Heben und Auflader der schweren Blöcke zu drücken. Es half nichts, sie mussten auch hinausgeschafft werden. Einmal fragte ich einen der deutschen Arbeiter, ob er nicht Hilfe brauchen könnte. Zu meiner Freude hatte er Verwendung für mich. In den nächsten paar Tagen half ich ihm – durch Nichtstun. Ich musste mit ihm Rücken an Rücken sitzen, um ihn auf diese Weise bei der Arbeit mit dem Kompressorbohrer zu stützen, den er horizontal in den Granit bohrte. Andere fanden diese Idee gut, und drei weitere Kameraden wurden von anderen mit Bohrern ausgerüsteten Arbeitern für den gleichen Job bestimmt. Leider war mein Vater gerade außerhalb des Tunnels, als diese Leute ausgewählt wurden.

Nachdem ich ungefähr eine Stunde unter den neidischen Augen derer, die die schwere Arbeit des Aufladens verrichten mussten, anscheinend bewegungslos dagesessen hatte, war ich mir gar nicht mehr so sicher, ob ich wirklich das große Los gezogen hatte. Das unbequeme Sitzen auf dem harten Stein war noch erträglich im Vergleich zu der ständigen Erschütterung. Es war, als ob meine Organe in einem Würfelbecher geschüttelt und meine Gelenke ausgerenkt würden. Nur der Gedanke, dass ich dieses Vibrieren nur indirekt empfing und mein Partner den Stößen direkt ausgesetzt war, verringerte meine Furcht. Mir war jedoch klar, dass das Abräumen der Trümmer noch schwerere Arbeit war, und ich beschloss sitzen zu bleiben.

Langsam gewöhnte ich mich an diesen Zustand, besonders da der deutsche Arbeiter des Öfteren Pause machte und mir sogar einige von seinen belegten Broten anbot, die ich natürlich mit meinem Vater teilte.

Helmstedt – Das Ende ist nah

Ein entferntes Geräusch wie Geschützfeuer war hörbar, doch wir waren uns nicht ganz sicher. Waren es die Alliierten, die näher kamen? Eines Morgens, als wir schon auf dem Weg zur Arbeit waren, wurden wir einfach umgeleitet, und bevor wir wussten, was geschah, waren wir wieder in einem Zug. Sogar unsere *Menaschkas,* unser einziger Besitz, waren für uns jetzt verloren. Nur drei Wochen waren wir in diesem verhältnismäßig annehmbaren Lager gewesen.

Wiederum verlässt mich bezüglich dieser Reise mein Gedächtnis, aber ich glaube, dass der Ort, wo wir ausstiegen, Helmstedt hieß. Aus guten Gründen und bösen Erfahrungen fürchteten wir uns vor dem, was uns hier erwarten würde. Es stellte sich heraus, dass wir weder erwartet noch erwünscht waren und dass es außerdem hier keine Arbeit für uns gab. Außer Osterode war das hiesige wohl das flächenmäßig kleinste von allen Lagern, in denen ich mich damals befunden hatte. Meiner Schätzung nach gab es hier etwa vier- bis fünfhundert Insassen, zumeist Russen, vielleicht einige Polen und eine kleine Anzahl Deutscher. Keiner von ihnen war unterernährt wie so viele meiner Kameraden. Wie ich später erfuhr, arbeiteten sie in der dem Lager angeschlossenen Braunkohlenmine.

Warum schickten sie uns nicht gemeinsam mit den anderen Gefangenen hinunter in diese Minen? Sie würden uns bestimmt nicht müßig herumstehen lassen. Für uns musste einfach Arbeit gefunden werden – selbst wenn sie diese erst erfinden müssten. So kam es auch.

Doch zuerst eine kleine Beschreibung des eigentlichen Lagers. Es war mehr oder weniger viereckig und maß etwa achtzig Meter in der Länge wie in der Breite. Es gab sechs oder sieben Baracken und natürlich den unvermeidlichen Appellplatz. Jüdische Häftlinge gab es hier nicht, also auch keine Gaskammern. Jedoch gab es, wie wir nur zu bald herausfanden, einige Kapos und andere kaltblütige Sadisten, die uns Neulinge zu Opfern ihrer Bösartigkeit sowie ihrer angestauten Frustration machten, die das entmenschlichende Gefangensein in solchen Leuten hervorbringt.

Sie fanden Arbeit für uns. Zwanzig Minuten außerhalb unseres neuen Lagers befand sich ein tiefer gelegener Schuttabladeplatz für allerlei Maschinenteile, alte Möbel und anderen Haushaltsabfall. Dieses Zeug mussten wir nun etwa fünfzig Meter weiter zu einer anderen Stelle tragen, die genauso geeignet – oder ungeeignet – war wie der Ort, von dem wir es brachten. In anderen Worten, was wir taten, war sinn- und zwecklos – wir arbeiteten der Arbeit wegen.

Das alleine könnte noch einleuchtend sein, wenn man die deutsche Mentalität in Erwägung zieht. Die unnötige Härte allerdings, der Gebrauch der Peitsche, das »Schneller«-Geschrei, das all dies begleitete, zeugte entweder von einem persönlichen Vergnügen daran, uns zu quälen, oder von der Anordnung, uns mit besonders schwerer Arbeit umzubringen – oder beides. Sie übertrafen bei weitem die Grausamkeiten der Kapos in Auschwitz.

Da gab es keine Nachsicht, keinen Menschen, an den man sich hätte wenden können, um etwas Zusätzliches zu essen oder leichtere Arbeit zu bekommen. Nach einem langen Arbeitstag war der beschwerliche Aufstieg zurück ins Lager eine zusätzliche Qual. Dreißig Minuten schleppten wir uns jeden Abend völlig erschöpft zurück. Wären die Vorarbeiter und Kapos nicht auch müde gewesen (von der harten Arbeit des Anschreiens und Auspeitschens), hätten sie uns auf dem Heimweg noch mehr getrieben.

Wie erwartet wurden die Starken bald schwächer, die Schwachen brachen zusammen, und da ihnen nicht geholfen wurde, starben sie. Die Sterblichkeitsrate hier übertraf alles, was ich bisher erlebt hatte. Wir rechneten mit unserem Ende nicht in Wochen, sondern in Tagen. In dieser verzweifelten Lage entschlossen wir uns, ein Risiko einzugehen. Dabei setzten wir unser Leben aufs Spiel, was wir jedoch den Schlägen und dem Schwächerwerden vorzogen. Vater fand einen Platz, wo wir uns abwechselnd hinter und unter einem großen Stapel Holzkisten verstecken konnten. Ein gefährliches Unternehmen, das, falls es entdeckt wurde, eine strenge Strafe nach sich ziehen oder sogar den Tod bedeuten würde. Einer von uns würde jeweils das Versteck benutzen, um Kräfte zu sammeln, während der andere die schwere Arbeit und die Prügel ertragen und aufpassen musste. Ich möchte beschwören, dass derjenige von uns, der Wache hielt, durch das Bewusstsein, dass der andere sich ausruhte, irgendwie gestärkt wurde.

Das kleine Gebäude – eigentlich eine Hütte –, in der wir uns verbargen, war buchstäblich nur einen Steinwurf von der Arbeitsstelle entfernt. Um dorthin zu kommen, tat ich so, als ob ich austreten müsste, und wenn ich mich unbeobachtet fühlte, stahl ich mich schnell hinein. Ich kletterte den Kistenstapel hinauf, und stieg dann auf der anderen Seite zwischen Kistenstapel und Wand durch eine vorbereitete Lücke hinunter. Auf dem Boden angekommen, zog ich eine leere Kiste über zwei andere und schuf mir damit eine kleine, aber vollständig geschlossene Kabine, in der ich zwar nicht stehen, mit angezogenen Beinen jedoch einigermaßen bequem sitzen konnte. Der Inhalt dieser Behälter war mir nicht bekannt, doch waren manche ganz leicht, andere aber ziemlich schwer.

Wenn ein Stein an die Holzwand geworfen wurde, so war dies das Signal für Gefahr oder dass unsere Gruppe sich zum Nachhausegehen versammelte. Wenn es meinem Vater gelang, in die Hütte zu kommen, machte er sich durch leises Pfeifen unseres Familienpfiffs bemerkbar; danach war ich an der Reihe, mich zu den anderen zu begeben und – natürlich – aufzupassen.

Wenn ich auf diese unwirkliche Situation zurückschaue und es nicht besser wüsste, würde ich wohl glauben, dass es unsinnig sei, das Leben wegen ein paar Arbeitsstunden zu riskieren, obwohl die Zeit im Versteck weniger Schläge bedeutete. Aber unsere Chancen, diese Qualen für eine längere Zeit zu überleben, lagen unter den gegebenen Umständen fast bei Null.

Am dritten Tag, als ich in meiner engen Kabine unvorsichtigerweise eingeschlafen war, weckte mich eine in meiner Nähe geführte Unterhaltung. Ich fuhr auf und stieß mit dem Kopf gegen die Kiste über mir. Ich erstarrte fast vor Furcht, entdeckt zu werden. Das Gespräch wurde jedoch nicht unterbrochen. Es waren zwei Häftlinge, die offensichtlich erleichtert waren, sich hier ein wenig ausruhen zu können. Das Fehlen zweier weiterer Gefangener konnte aber eher auffallen und die Gefahr einer Entdeckung vergrößern. Hatten sie aufgepasst, dass sie nicht bemerkt wurden? Ich konnte weiter nichts tun, als mich ganz still zu verhalten.

Anscheinend fiel es ihnen gar nicht ein, dass unter den Kisten ein Versteck zu finden sei, worüber ich natürlich froh war, da es mir auch ein Gefühl von Sicherheit gab; eine Sicherheit, in die sich aber große Unruhe mischte. Ich wollte mein Geheimnis mit keinem teilen und fürchtete, dass ich mich durch Husten, Niesen oder sonst eine Bewegung verraten könnte.

Etwa eine Stunde verging. Ich konnte jedes Wort ihrer Unterhaltung hören. »Die Alliierten gewinnen, sie nähern sich, und es muss alles bald vorüber sein«, sagte einer. »Das kann sein«, antwortete die zweite Stimme, »wenn sie sich aber nicht beeilen, werden wir sie nie zu sehen bekommen.« Ein Seufzer des ersten Sprechers: »Ich bin der einzige Überlebende meiner Familie. Ich hatte sechs jüngere Brüder und zwei ältere Schwestern. Es wäre fürchterlich, jetzt zu sterben, gerade bevor unsere Peiniger zertreten werden. Ich halte es aber nicht mehr viel länger aus.«

»Das sagten wir schon vor sechs Monaten. Nein, wir werden's nicht schaffen, nicht in diesem Lager, nicht mit diesen sadistischen Aufsehern oder Kapos. Die müssen ja schon von den Schlägen, die sie austeilen, erschöpft sein.«

»Wie lange, denkst du, können wir hier bleiben?«

»Na, keiner bemerkte uns, als wir die Arbeit verließen. Wir können daher noch etwas länger bleiben. Vielleicht können wir öfters hierher kommen – wir könnten uns abwechseln.«

»Kannst du dir noch vorstellen, ein normales Leben zu führen?«

»Nein, nicht wirklich – nur in meinen Träumen und nur mit meiner Familie.«

»Glaubst du noch an Gott?«

»Nein – oder ich denke nicht, dass ich es tue. Manchmal aber bete ich doch, dann werde ich zornig und höre auf.«

Der andere Junge wollte gerade antworten, als eine deutsche Stimme brüllte: »Was tut ihr da? Wollt euch hier vor der Arbeit drücken – eh? – raus, aber schnell, ihr faulen Hunde.«

Sie mussten brutal geprügelt worden sein, denn ich konnte sie noch lange schreien hören. An diesem Abend mussten die jüdischen Häftlinge die sonst nur mit Werkzeugen beladene Karre mit einer zusätzlichen Ladung bergauf nach Hause schieben; die zwei unvorsichtigen jungen Menschen waren kaum noch am Leben.

Später am selben Abend trat ich aus meiner Baracke und sah eine kleine Versammlung von Häftlingen vor einer anderen stehen, in die sie hineinblickten. Näher tretend und durch die offene Türe schauend, sah ich zwei deutsche Kapos, die die zwei fast erschlagenen Jünglinge in einer bis zum Rand gefüllten Badewanne unter Wasser hielten, bis sie sich nicht mehr bewegten. Ich erkannte die armen Kerle; es waren dieselben, die wir auf der Karre zurück ins Lager schieben mussten. Sie wurden erledigt, ertränkt; sie waren zu schwach, um den geringsten Widerstand zu leisten.

Diese neue Erfahrung erschütterte mich mehr, als ich nach all dem Erlebten von mir erwartet hätte. Immerhin habe ich doch so viele sterben sehen, dass ich annehmen konnte, gegen solche Szenen abgehärtet zu sein. Wahrscheinlich war es der Gedanke, dass es mein Vater und ich hätten sein können, die in dieser Badewanne ertränkt wurden, der mir so zusetzte. Sie erlitten dieses Schicksal, weil sie erwischt wurden, als sie das erste und einzige Mal das Versteck benutzten, das wir regelmäßig aufsuchten.

Dieser kaltblütige Mord, den die Kapos wie jeden anderen Job erledigten, desillusionierte mich völlig, der ich mich noch immer weigerte, die Auswüchse einer wahnsinnig gewordenen Welt als Tatsache zu akzeptieren. Schlimmer noch, ich erwischte mich dabei, dass ich der Logik dieser Rohlinge folgte, indem ich mir sagte: »Was sonst könnte man mit diesen nun nicht mehr brauchbaren Menschen anfangen?«

Unsere kleine Gruppe schrumpfte jeden Tag etwas mehr. Ich sah viele von uns schwächer werden, ich sah nur wenige sterben, sie verschwanden einfach. Ich stellte keine Fragen. Ich wollte aber die Tatsache, dass unser Ende nur noch eine Frage der Zeit war, nicht akzeptieren. Ich diskutierte dies im Flüsterton mit meinem Vater, als wir uns für die Nacht vorbereiteten. Welche Maßnahmen könnten wir ergreifen, um unsere Chancen zu verbessern? Ich schlug sogar das bisher Undenkbare vor: unsere Regel, an die wir uns bisher streng gehalten hatten, zu brechen; nämlich alles zu vermeiden, wodurch wir auffallen würden. Ich wollte mich zum Kommandanten begeben, den wir bisher noch nicht zu sehen bekommen hatten. Damals konnte ich mehrere deutsche Dialekte imitieren. Ich setzte darauf, mit ihm in seiner heimatlichen Mundart zu sprechen und dadurch vielleicht eine menschliche Saite in ihm anzurühren.

»Und vielleicht wirst du dabei das Gegenteil erreichen«, war die pessimistische, aber nicht unvernünftige Antwort meines Vaters.

Mich aber begeisterte meine Idee. »Vielleicht sollte ich ihm geradeheraus einen Vorschlag machen: Der Krieg ist verloren, wenn Sie uns helfen, werden wir Ihnen helfen – vielleicht sollte ich ihm sogar die Hälfte eines von uns vergrabenen Schatzes, natürlich Gold und Brillanten, versprechen.«

Nach wenigen Sekunden erschien ein schwaches Lächeln auf seinem für einen Moment verblüfften Gesicht. »Ja, entweder es klappt, oder du wirst auf der Stelle erschossen.«

Bisher waren in jedem Lager Neuigkeiten zu uns durchgesickert. Hier waren die jüdischen Häftlinge in der Minderheit, und keiner hatte wie in vorigen Lagern eine wichtige Position inne oder Kontakt zu einem »Prominenten«. Vielleicht waren die Alliierten schon auf dem Wege zu uns, um uns zu retten.

»Flucht! Jetzt, abgesehen von all den anderen Zeiten, in denen wir ans Fliehen dachten, ist der Moment reif zur Flucht.«

Ein tiefer Seufzer war seine Antwort. Welch eine verantwortungsvolle Entscheidung! Die Chancen, in diesem Lager zu überleben, waren fast Null. Die Chancen einer erfolgreichen Flucht waren nicht besser. Welche Qual, eine solche Entscheidung zu treffen; bei welcher von diesen zwei Möglichkeiten lag die Chance, einen grässlichen Tod zu erleiden, bei weniger als 99 Prozent?

»Vielleicht hast du Recht. Wenn ich mir unsere Überlebenschancen vor Augen halte, dann hat deine Idee, wie grotesk sie auch ist, größeren Anspruch, ernst genommen zu werden, als eine Flucht zu versuchen oder hier getötet zu werden. Der Kommandant muss wissen, dass das Spiel zu Ende ist, und deshalb um sein eigenes Leben besorgt sein. Lass mich darüber nur ein paar Tage nachdenken. Dann aber, wenn wirklich ein so drastischer Schritt unternommen werden muss, dann werde ich's tun. Überdies«, ein seltenes Lächeln glitt über sein Gesicht, »die Geschichte eines verborgenen Schatzes sollte besser von einer älteren Person erzählt werden. Gute Nacht.«

»Gute Nacht.« Bis zum heutigen Tage weiß ich nicht, ob er wirklich meinte, was er sagte, oder ob er mich nur beruhigen wollte – wenigstens für diese Nacht.

In dieser Nacht träumte ich, dass der Kommandant uns helfen wollte; er machte uns zu Kapos. Wir mussten unsere Kameraden schlagen und sie zu noch größerer Anstrengung antreiben. Ich war wirklich froh, als ich aufwachte. Plötzlich hatte meine Idee, die ich für die beste gehalten hatte, die mir bisher in den Sinn gekommen war, eine hässliche Färbung. »Unsinn!«, sagte ich noch im Halbschlaf zu mir selbst. »Man kann ja die Leute immer lauter anschreien und die harten Schläge vortäuschen; vielleicht könnte man sogar helfen.«

Am nächsten Tag, auf dem Weg zur Arbeit, betrachtete ich meine Kameraden und Leidensgenossen. Es war bestimmt die am schlimmsten aussehende Gruppe, die ich je gesehen hatte. In

Auschwitz fand man vereinzelt »Muselmänner« in einer marschierenden Gruppe; in unserem kleinen Haufen waren mehr als siebzig Prozent dem Ende nahe. Diese Menschen zu schlagen, um sie zu härterer Arbeit zu zwingen, war Mord. Obwohl mein Vater und ich lebensbedrohlich an Gewicht und Kraft verloren hatten, konnten wir uns doch noch zu den stärksten der jüdischen Häftlinge zählen.

Es war ein sonniger Morgen nach einer regnerischen Nacht. Eine ungeheure Menge fetter, glänzend-sauberer Regenwürmer kam aus der feuchten Erde. Wir konnten kaum vermeiden, auf sie zu treten. Vor nagendem Hunger schienen sie mir durch ihre hellrote Farbe und die überdurchschnittliche Größe fleischartig und schmackhaft. Mit nur etwas mehr Ermutigung hätte ich sie als etwas Essbares aufgelesen. Ich blickte nach rechts, wo mein Vater marschierte, dann zu den anderen. Warum sehen sie diese Möglichkeit nicht? Waren sie vielleicht zu ängstlich, sich während des Marsches niederzubücken und den Kapos damit einen Vorwand zum Schlagen zu geben? Jedenfalls siegte in dem Kampf zwischen Hunger und der natürlichen Abneigung, Würmer zu essen, das Letztere. Etwa einen Monat später wäre dieser Kampf wahrscheinlich anders ausgegangen.

Dies war auch der letzte Tag, an dem ich mit meinem Vater zusammenarbeitete.

Merkwürdigerweise hatte die Bösartigkeit der Vorarbeiter und Kapos etwas nachgelassen. Die Neuheit, Juden in ihrem Lager zu haben, die man aus reiner Lust antreiben und totschlagen konnte, verlor nach einiger Zeit möglicherweise ihren Reiz. Dies brachte mich dazu, unser Versteck nicht mehr aufzusuchen. Außerdem war unsere gegenwärtige Arbeit fast zu Ende. Was hatten sie jetzt mit uns vor? Würden sie uns nun alles wieder von Ort B zu Ort A zurückbringen lassen? Würden sie uns weitertransportieren oder umbringen, da es keine Arbeit mehr für uns gab?

Am Abend sprachen wir wieder über unsere Situation. Ohne jede Chance auf irgendeine Hilfe oder zusätzliches Essen wie in »besseren Tagen« glaubten wir, höchstens noch fünf Wochen durchstehen zu können – falls wir nicht vorher umgebracht würden. In der kurzen Zeit seit unserer Ankunft hatten wir schätzungsweise ein Viertel unserer Gruppe verloren.

»Wir sind nun in der Situation wie alle, die ihre Chancen auf eine erfolgreiche Flucht für zu gering hielten und die den Tod erlitten, ohne wenigstens den Versuch gewagt zu haben«, sagte ich mit trauriger Resignation. »Bald werden wir zu schwach sein, um sogar nur an einen Versuch zu denken.«

»Aber wir leben noch«, antwortete mein Vater, »und nach allem, was wir wissen, hätte man uns bereits gehängt oder erschossen, wenn wir wie geplant geflüchtet wären. Außerdem wissen wir gar nicht, wo wir sind.«

Es bedurfte keiner Diskussion, um mich von der Aussichtslosigkeit dieser Idee zu überzeugen, und sie endete wie erwartet mit einem weiteren Aufschub des endgültigen Entschlusses. Meines Vaters Bemerkung traf daher das Richtige: »Heute Abend leben wir, die Chancen, nächste Woche noch am Leben zu sein, sind gerade ein klein wenig besser, als ohne einen richtigen Plan von hier zu fliehen.«

Vaters Glück

Am folgenden Tag geschah etwas Unglaubliches. Gerade als wir uns in gewohnter Weise in Fünferreihen aufstellen und losmarschieren wollten, wurde angekündigt, dass heute nur die Hälfte von uns zur Arbeit gehen würde – die andere Hälfte solle zurückbleiben. Sofort brach Chaos aus. Diejenigen, die vorne standen, versuchten, sich hinten anzustellen; die Hinteren wollten das nicht zulassen und rückten weiter zurück. Die Kapos hatten große Mühe, uns mit Schlägen in Position zu bringen. Mit »uns« sind die gemeint, die sich schon am Anfang in der vorderen Hälfte befanden – darunter auch ich. Meinem Vater gelang es, bei denen zu bleiben, die nicht zur Arbeit mussten.

Natürlich war ich froh für meinen Vater, aber jeder beneidete auch die anderen, denen ein Ruhetag vergönnt war. Selbst wenn für sie Arbeit im Lager gefunden wurde, blieb ihnen der strapaziöse Aufstieg zurück ins Lager nach einem mörderischen Arbeitstag erspart.

Es bedeutete aber auch, dass ich heute nicht unseren geheimen Ruheplatz aufsuchen konnte, was ich am Ende jedoch trotzdem tat. Am Nachmittag, als wir völlig erschöpft waren und uns kaum mehr auf den Beinen halten konnten, übernahm einer der gemeineren Kapos die Aufsicht. Die Furcht vor Schlägen in einem Zustand der Erschöpfung ist eine starke Motivation; sie aktiviert ungeahnte Kraftreserven. In meinem Fall war es der Mut der Verzweiflung. Von den drei Stunden, die wir noch zu arbeiten hatten, verschwand ich für zweieinhalb. Es braucht wohl nicht gesagt zu werden, dass ich nicht entdeckt wurde. Nach dieser Pause konnte ich umso besser arbeiten und vermied dadurch die Peitschenhiebe.

Zurück im Lager fand ich meinen Vater in guter Stimmung. Er hatte sich den ganzen Tag ausruhen können, und keiner hatte sich um ihn und die anderen gekümmert. Unglaublich.

Verhängnisvoll. Tödlich.

Wie konnten wir annehmen oder darauf vertrauen, dass diese Situation fortbestehen würde, besonders in einem Lager, in dem anscheinend die schlimmsten deutschen Kriminellen waren? Man sollte glauben, dass sie, die selber Gefangene waren, diejenigen hassen und sabotieren würden, die sie eingekerkert hatten. Stattdessen waren sie nur allzu willige Werkzeuge ihrer Kerkermeister, und ihre Foltermethoden waren meist unglaublich brutal. Man könnte unsere Situation mit der todgeweihter Gladiatoren vergleichen, mit dem Unterschied, dass diesen Waffen gegeben wurden, um sich der wilden Tiere zu erwehren. Diese wurden, sollten sie nach dem Kampf noch am Leben sein, von den blutgierigen Bestien getrennt und begnadigt. Für uns aber gab es keine Pause. Wir waren mit den Raubtieren in einen Käfig gesperrt. 24 Stunden täglich – tagein, tagaus.

Wir wussten nicht, wer eigentlich hier die Verantwortung hatte. Unsere Peiniger waren unsere Mitgefangenen, und es schien fast, als ob sie die Leitung hätten. Es fiel mir damals nicht ein, auf die Abzeichen der Wachen zu schauen, um festzustellen, welcher Einheit sie angehörten. Sie interessierten mich auch nicht besonders. Merkwürdigerweise hielten sie sich zurück, und ich sah sie kaum. Dem Geschlagenen ist es egal, wessen Hand es ist, die ihn schlägt – der Schmerz ist der gleiche. Vielleicht lag es daran, dass der Krieg im Endstadium und ein Teil Deutschlands bereits besetzt war, was so manchen um seine eigene Sicherheit besorgt sein ließ. Selbst wenn wir Bescheid gewusst hätten, hätte uns das damals wenig Trost gebracht.

Warum sorgten sie sich um ihre Sicherheit, warum versteckten sie sich bei Kriegsende? Sie hatten doch nichts verbrochen, sie »folgten nur Befehlen« – so behaupteten sie, als sie für ihre Untaten zur Verantwortung gezogen wurden. Kein Einziger erklärte sich meines Wissens nach – für schuldig. Warum machten sie aber so sorgfältig ausgearbeitete Pläne zum Verschwinden, wenn ihr Gewissen rein war? Ich denke oft daran, ob ein Richter je diese Frage gestellt hat, wenn man ihm die Standardausrede brachte: »Ich folgte nur den Befehlen.«

Vaters Unglück

Den nächsten Tag werde ich nie vergessen können. Er begann wie der vorige mit der Ankündigung, dass nur die Hälfte von uns zur Arbeit ausrücken musste. Bereits in Erwartung dieser Durchsage versuchte jeder, sich in den hintersten Reihen aufzustellen. Es gab keinen Kampf, nur ein ständiges Schieben, Rempeln und Manövrieren. Ein stilles, unheimliches Schauspiel im trüben Licht der Morgendämmerung der ersten Apriltage. (Vielleicht war es sogar der 4. dieses Monats – mein Geburtstag.) Wir verschwendeten unsere Kräfte, um in die gewünschte Position zu kommen, die uns einen Tag ersehnter Ruhe bringen würde. In diesem Wirrwarr der sich grotesk bewegenden Masse verlor ich den Kontakt zu meinem Vater. Wir konnten einander sowieso nicht beistehen. Eine Zeit lang sahen uns die Kapos amüsiert zu. Doch nicht lange. Dann begannen sie mit sichtlichem Genuss ihre Tagesarbeit. Sie schlugen wahllos mit ihren Stöcken auf uns ein und stellten so die gewünschte Ordnung wieder her.

Wiederum war mein Vater »erfolgreich«, während ich es nicht schaffte, zurückbleiben zu können.

Hier bewahrheitete sich das Schillersche Wort: »Doch mit des Geschickes Mächten ist kein ew'ger Bund zu flechten und das Unglück schreitet schnell.« Zusammen waren wir ein Team, und wenn das Wort »Erfolg« sich auf die Kunst des Überlebens anwenden ließe, dann verdiente unsere bisherige Leistung einen Anerkennungspreis. Dieser Preis war oder würde unser gewesen sein – wenn ...!

Leider waren wir an diesem Tag kein Team, und das Schicksal schlug grausam zu.

Während des Tages geschah nichts Außergewöhnliches bei der Arbeit. Als ich zu unserer Baracke zurückkehrte, erwartete ich, von meinem ausgeruhten Vater in der gleichen hoffnungsvollen

Stimmung wie tags zuvor begrüßt zu werden und mich mit ihm wie gewöhnlich über Neuigkeiten zu unterhalten. Er war nicht da.

Wie schon beschrieben, war das Lager verhältnismäßig klein, und ich überlegte, wo ich wohl nach ihm suchen könnte. Außer der Toilette und dem Waschraum gab es keinen Ort, wohin er hätte gehen können. Alles hier schien ruhig und normal. Ich konnte mir sein Verschwinden nicht erklären, niemand wusste Bescheid. Keiner konnte mir weiterhelfen, und meine Verzweiflung wuchs mit jeder Minute. Schließlich deutete ein polnischer oder russischer Häftling in Richtung »Krankenbaracke«, von deren Existenz ich bisher keine Ahnung gehabt hatte. Im Vorzimmer warteten fünf oder sechs Insassen auf ihre Behandlung. Vater war nicht dabei.

Ich fragte, ob ein Patient beim Doktor sei und begann mit der Beschreibung meines Vaters, als einer von ihnen in eine dunkle Ecke am anderen Ende des Raumes deutete. Die Sonne war schon fast untergegangen, und ich musste näher treten, um etwas erkennen zu können. Ich erblickte ein unseliges Bündel Mensch. Es war mein Vater.

Er kauerte mit an die Brust gezogenen Beinen am Boden, sein Kopf hing schlaff und wie leblos nach vorne. Ich kniete an seiner Seite nieder. »Papa, was ist denn los?« Das schwache Stöhnen, das ich zur Antwort erhielt, erschütterte mich tief. Als ich diesen Laut das letzte Mal gehört hatte, kam er von den zwei Unglücklichen, die wir auf einem Karren nach Hause schleppen mussten und die anschließend ertränkt wurden. An diesem Abend beschloss ich, dafür zu sorgen, dass mein Vater einen solchen Tod nicht erleiden würde.

Es ist kaum zu glauben, aber er erhielt die Erlaubnis, im Bett zu bleiben. Ich war so dankbar, dass ich mir die Absurdität der Situation nicht bewusst machte: Ein Mithäftling, wenn auch ein Kapo, hatte die Macht, Menschen zu verstümmeln und beinahe umzubringen, ein anderer, wahrscheinlich der Doktor, war angewiesen, diesen zu helfen – und ich war froh darüber.

Ich pflegte meinen Vater – außerhalb der Arbeitszeit natürlich – so gut ich konnte. Seine Genesung schritt unglaublich schnell voran. Nach nur wenigen Tagen konnte er wieder sprechen. Er erzählte mir, dass der Kommandant das Lager besucht hatte und ganz aufgebracht gewesen war, als er Juden sah, die untätig den Tag verbrachten. Sie wurden hinunter in die Mine geschickt.

Trotz ihrer schwachen körperlichen Konstitution mussten sie wie die anderen Gefangenen arbeiten. An diesen Geschwächten konnte der Vorarbeiter oder Minenkapo seinen Sadismus ausleben. Vater, der viel kräftiger war als ich, wurde getreten und fast zu Brei geschlagen. Das Sprechen schien ihn zu schwächen, und ich machte es deshalb kurz. Viele Fragen, die ich noch hatte, stellte ich damals und auch später nicht, da andere Ereignisse wichtiger wurden.

Meine Hauptsorge war, wie bald sie ihn zurück zur Arbeit schicken würden, was ihn ganz sicher töten würde. Wie lange es gedauert hätte, bis er völlig genesen wäre, werde ich niemals erfahren. Es war wie ein Wunder; nach sechs Tagen stieg er aus dem Bett und begann, langsam zu gehen. Er wurde zusehends stärker. Am Abend des siebten Tages wurde uns angekündigt, dass wir am nächsten Morgen sehr früh aufstehen müssten, da wir wieder einmal evakuiert würden.

Als wir in der letzten Nacht in diesem Lager entferntes Donnern hörten, rief es keine euphorischen Gefühle mehr hervor. Wir hatten in den letzten Monaten dieses Gedonner schon so oft gehört, und jedes Mal hatte sich unsere Lage verschlimmert. Ich dachte damals, dass wir Glück hatten. Wäre diese Anordnung nur einen Tag eher gegeben worden, hätte mein Vater nicht mitkommen können. Ich hätte eigentlich überglücklich darüber sein sollen, dass wir endlich von hier wegkamen, doch ich konnte mich einer schlimmen Vorahnung nicht erwehren.

Eine falsche Entscheidung

Es war noch dunkel, als wir uns an diesem Morgen versammelten. Häftlinge luden einige Gegenstände auf zwei oder drei Lastwagen. Von einem dieser Fahrzeuge rief jemand mit lauter Stimme: »Wer krank oder zum Marschieren unfähig ist, soll hier aufsteigen!« Dieses überraschende Angebot schien direkt an uns gerichtet. Innerhalb von Sekunden mussten wir uns entscheiden.

Konnten wir nach unserer Erfahrung diesem Angebot trauen? In der Dunkelheit konnten wir den Ausrufer nicht sehen und wussten daher nicht einmal, ob es ein Häftling oder ein Uniformierter war. Andererseits, dieses Lager war nicht Auschwitz. Würde man uns beiden erlauben aufzusteigen, oder würden sie es nur meinem Vater gestatten? Wir wagten nicht zu fragen. Wir (oder war ich es?) kamen zu einer – wie sich herausstellte – falschen Entscheidung. Wir hatten keine Zeit zum Nachdenken, wir waren munter, frisch und ausgeschlafen – wir entschieden uns fürs Marschieren.

Dieser Entschluss kostete meinen Vater das Leben.

(Hier ein Beispiel der verhängnisvollen Ironie des Schicksals: Zuerst war es mir wie Glück erschienen, dass die Evakuierung nicht Tage früher stattgefunden hatte. Tatsächlich war dies jedoch unser Unglück. Ein paar Tage zuvor hätte mein Vater gar nicht die Wahl gehabt, er hätte das Angebot wohl oder übel annehmen müssen und aller Wahrscheinlichkeit nach den Krieg überlebt.)

Das Wetter war frühlingshaft, kühl und sonnig. Während der ersten halben Stunde ging es bergab, und wir genossen unsere

Wanderung. Wahrscheinlich dachte ich an bisherige Märsche und hoffte, dass dieser nur zu einem in der Nähe liegenden Bahnhof oder in ein vielleicht ebenso nahes Lager führen würde. Gleich von Anfang an stützte ich meinen genesenden Vater. Nach nicht einmal einer Stunde schon begann er, merklich schwächer zu werden, und meine Unterstützung, die anfänglich nur eine Geste war, wurde mit der Zeit immer nötiger.

Die Marschkolonne wurde länger und länger, und wir beide fielen mehr und mehr zurück, bis wir schließlich am Ende der kilometerlangen Schlange gingen. Die Wache hinter uns drängte darauf, dass wir die anderen einholen sollten. Das war ganz einfach unmöglich – und die Bewacher wussten es.

Mittlerweile bewegte sich mein Körper wie ein Automat. Von der Hüfte abwärts registrierte der untere Teil meines Körpers keinerlei Gefühle mehr – es war, als sei er eine separate Einheit. Ich sah meine Beine sich bewegen, Schritt für Schritt, und gleichsam nebenher meinen Körper mit sich tragen. Ein nicht zu mir gehörendes Ding, das ich weder anhalten konnte noch dessen gleichmäßigen Trott ändern. Dazu kam, dass ich meinen Vater stützen, beinahe tragen musste. Unmöglich? Unglaublich? Bestimmt unvorstellbar, doch was war die Alternative?

Wie fühlte sich mein Vater? Ich fragte nicht. Wahrscheinlich hielt ich es für selbstverständlich, dass er – wie immer – alles, was ich leistete, besser vollbrachte. In Wirklichkeit unterstützte ich ihn nur anfänglich; später jedoch schien es, als ob wir zusammengeschweißt wären, und ich war nicht mehr sicher, wer wen stützte. Seine Zähigkeit, seine Unverwüstlichkeit waren unvergleichlich.

Nach viereinhalb bis fünf Stunden verlangsamten sich unsere Schritte mit jeder Minute. Lange nachdem wir die Spitze unserer Kolonne verloren hatten, sahen wir sie wieder. Sie ruhten sich an der Straßenseite aus. Wir sahen sie schon aus der Ferne, und obwohl uns die Hoffnung auf eine Ruhepause antrieb, dauerte es noch über zehn Minuten, bis wir bei ihnen waren.

Wohl genährte, stark aussehende Polen, Russen, Deutsche waren nach ihrer Mahlzeit in guter Stimmung. Wir wurden ignoriert. Wenn man mich nach dem Moment meines Lebens befragen würde, in dem mein Neid am größten war – dieser war's. Oh, wie sehnte ich mich, ein wenig auszuruhen. Auf einem Hügel ließ ich mich einfach fallen.

»Los, weitergehen!« Dieser Befehl kam zwei Minuten später. Anscheinend hatte man nur gewartet, bis wir wieder aufgeschlossen hatten. Ich konnte nicht aufstehen. Keinesfalls aber konnte ich zurückbleiben. Erstaunlicherweise war mein Vater früher auf den Beinen als ich. Mit seiner Hilfe und einigen Verrenkungen kam ich wieder hoch.

Fast unmittelbar begann sich die Distanz zwischen den Marschierenden zu vergrößern, und nur zu bald waren wir, Vater und Sohn, Arm in Arm, wieder am Schwanzende der Kolonne. Wir waren »Schrittmacher« in verkehrtem Sinn und verlangsamten das erwünschte Weiterkommen der ganzen Gruppe. Andere, die ebenso müde waren, verlangsamten auch ihre Schritte, blieben aber immer etwas vor uns. Dies war wohl clevere Berechnung ihrerseits. Es ermöglichte ihnen, so langsam wie möglich zu gehen, um Kräfte zu sparen; sollten die Wachen wegen unseres Schneckentempos ungeduldig oder gewalttätig werden oder gar mit Erschießungen beginnen, dann wären wir, die Langsamsten und Letzten, die ersten Opfer.

An einem Punkt schien unsere Wache, ein blutjunger Bursche in SS-Uniform und mit umgehängtem Gewehr, wirklich seine Geduld zu verlieren. Auf die Gefahr hin, dass er uns, die wir die ganze Kolonne von fünf- bis sechshundert Leuten aufhielten, erschießen würde, wagte ich, auf seine immer drohenderen Befehle, schneller zu gehen, zu antworten. Mit der Courage eines Menschen, der nichts zu verlieren hat, imitierte ich seinen schauderhaften Dialekt, und sagte mit ruhiger und beinahe jovialer Stimme: »Net mehr lang, dann sitze mer daheim bei Muttern.«

Da ich absichtlich wegschaute, konnte ich seine Reaktion nicht beobachten, doch hörte er auf, auf schnelleres Gehen zu dringen. Nach einer weiteren halben Stunde, als wir nicht nur die Letzten, sondern auch außer Hörweite derjenigen waren, die vor uns gingen, sprach er sogar mit uns. Während ich immer dachte, dass die SS nur aus Freiwilligen bestünde, erfuhr ich nun, dass seine Eltern alles versucht hatten, damit er nicht gezwungen wurde, dieser so genannten Elite beizutreten.

Er kam aus einem kleinen Dorf und hatte vorher noch nie einen Juden getroffen. Er wusste, dass die Juden aus Deutschland vertrieben wurden und fragte mich, woher ich käme. Ich sagte ihm, dass ich in Frankfurt am Main geboren bin, zuletzt aber in Auschwitz war. Er kannte Frankfurt, von Auschwitz hatte er noch nie gehört. Die Unwirklichkeit dieser Behauptung war fast zu viel für mich, doch war ich gezwungen, ihm zu glauben. Er war ja noch der Herr, und die Zeit der Entschuldigungen wegen Unwissenheit, die man so oft von Schuldigen und Unschuldigen hörte, sollte erst nach Monaten kommen.

Durch dieses kleine Zwischenspiel und die Tatsache, dass wir nicht schneller gehen mussten, als unsere Kräfte es erlaubten, hatte ich vielleicht einigen ebenso Geschwächten das Leben gerettet. Im Vergleich zu anderen Evakuierungsmärschen konnten wir von Glück reden. (Die Ermordung von tausenden, die auf diesen Märschen wegen Erschöpfung nicht schnell genug mitkonnten, ist legendär und in vielen Schriften und Filmen festgehalten.) Schließlich ermüdeten auch die Vordersten der Marschkolonne. Es waren mehr Wachen an der Spitze, doch merkwürdigerweise keine in der Mitte. Für die stärkeren Häftlinge wäre es jetzt kein großes Problem gewesen, zu fliehen. Keiner jedoch tat es. Jeder wusste, dass der Krieg ein Ende nahm; die deutschen sowie die anderen Gefangenen fühlten sich stark und in Sicherheit; die meisten Juden, die unvergleichliche Entbehrungen hinter sich hatten, waren nun zu schwach, um irgendwelche Abenteuer zu planen oder gar zu unternehmen.

Es wurde dunkel, und einige der vor uns Gehenden fielen zurück, bis sie sogar hinter uns waren. Da der junge Wächter der Letzte sein musste, kamen uns zum letzten Male die Gedanken an Flucht. Auf beiden Seiten der Straße gab es Gräben, zu denen der Weg ziemlich steil abfiel. Sollen wir hinunterkullern und die anderen einfach vorbeimarschieren lassen? Die Wachen würden uns nicht sehen; würden die in unserer Nähe Marschierenden uns verraten? Wie viele Tage würde es dauern, bis unsere Befreier kämen? Wo würden wir uns in der Zwischenzeit verstecken? Woher etwas zu essen bekommen? Den ausschlaggebenden Einfluss auf unseren Entschluss hatte der Gedanke, dass wir bald am Ziel unseres Marsches waren und zu essen bekämen. Es war die vorletzte falsche Entscheidung.

Schließlich kamen tatsächlich Lastwagen, um die Nachzügler zum Nachtlager zu bringen. Endlich konnte ich mich niederlassen. Ich saß auf blankem Lehmboden, was mich aber nicht störte, da ich sowieso kein Gefühl mehr in meinem Unterkörper hatte. Wir erhielten eine Suppe, die besser war als die gewöhnliche Lagerbrühe und beinahe so gut wie die »Extraportion« von Max Spira in Auschwitz. Dazu gab es noch ein Stück Brot; »Herz, was willst du mehr?«

In dieser Nacht schliefen wir in einer großen Scheune, in der sich mehrere drei Meter hohe Strohpyramiden befanden. Juden schliefen auf solch einem Haufen; ob andere sich nach Nationen zusammentaten, weiß ich nicht. Man hörte unterschiedliche Meinungen über die Strecke, die wir heute zurückgelegt hatten. Einer meinte, 26, ein anderer über 40, ein dritter sogar 56 Kilometer. Dem Zustand meines Körpers nach schätzte ich den Weg auf mindestens 40 Kilometer, aber vermutlich waren es eher 26. Alle drei Zahlen können im Rückblick und im Vergleich zu den Strecken und den berüchtigten und mit Recht so genannten Todesmärschen, die oft Tage und manchmal Wochen dauerten, als »realistisch« bezeichnet werden.

Die herzzerreißenden Erzählungen von den Torturen in den verschiedenen Lagern waren oft weniger grauenhaft im Vergleich zu den Berichten von den Transporten in verschlossenen Güter- oder Viehwaggons und von den soeben erwähnten Todesmärschen während der letzten Wochen des Krieges. Der Grund, warum wir und die anderen, die den Evakuierungsmarsch aufhielten, nicht wie in allen mir berichteten Fällen erschossen wurden, lag vielleicht darin, dass dieses Lager wahrscheinlich für Kriegsgefangene und deutsche Kriminelle, die in den Minen arbeiten sollten, eingerichtet wurde. Die Wachen waren vielleicht nicht daran gewöhnt, ihre verhältnismäßig kleine Arbeitsgruppe umzubringen. Wir waren für sie die ersten Juden und litten hauptsächlich unter den grausamen Elementen aus dem Kreis der »alteingesessenen« Häftlinge. Innerhalb von drei Wochen im Lager bei Helmstedt wurde unsere Gruppe von anfänglich 150 Personen nicht nur durch Gewalt, sondern auch durch Hunger und Erschöpfung dezimiert. Die Übriggebliebenen, die »Fittesten« unter uns, marschierten und schafften den Weg zur Scheune.

Die letzte falsche Entscheidung

Am nächsten Morgen hörten wir zorniges Geschrei; einer der deutschen Häftlinge behauptete, dass seine Brotration gestohlen worden wäre. Der Lagerälteste, ein deutscher Krimineller, den ich nur einmal während unseres Aufenthaltes in Helmstedt gesehen hatte, befahl, dass alle Juden sich außerhalb des offenen Scheunentors versammeln sollten. Jetzt bemerkte ich, auf welch jämmerliche Zahl unsere Gruppe geschrumpft war. Ich zählte damals nicht, doch im Rückblick schätze ich, dass sich nur noch etwa vierzig oder fünfzig hier aufgestellt hatten. Wir wurden einer nach dem anderen gefragt, ob wir das Brot gestohlen hätten.

Gemäß der Hasspropaganda so vieler Jahre musste natürlich ein Jude diese zwischen Konzentrationslagerinsassen abscheuliche Tat begangen haben! Die Tatsache, dass wir alle getrennt lagen und dass jede Bewegung im Stroh ein Rascheln verursachte, das andere geweckt hätte, war kein Beweis der Unschuld für den, der entschlossen war, einen jüdischen Sündenbock zu finden.

Ich habe in diesem Buch etliche Male einen imperativen Faktor betont, der zum Überleben unumgänglich war: unnachgiebige Wachsamkeit und kein Risiko eingehen oder herausfordern. Kein Risiko eingehen bedeutete auch, niemals und auf keine Art und Weise auffallen. Wir, mein Vater und ich, begingen zwei Hauptsünden, zwei Rückfälle hinsichtlich dieser entscheidenden Regel, was sofortige und verhängnisvolle Konsequenzen nach sich zog.

Dass mein Vater überlebt hatte, war nicht nur ein Wunder, es war für mich das sicherste Zeichen seiner phänomenalen Willenskraft und physischen Widerstandsfähigkeit. Ich begann beinahe, an seine Unzerstörbarkeit zu glauben. Doch war es nur natürlich, dass ich meinen Arm unter den seinen schob, um ihn in seinem geschwächten Zustand zu stützen. Auf diese Art in einer Reihe zu stehen, während wir verhört wurden, machte uns unbedingt auffällig. Unser zweiter Fehler war, dass wir uns wiederum am Ende der Schlange befanden.

Das Verhör ging schnell vonstatten. Der Lagerälteste akzeptierte von jedem, so schien es jedenfalls, das Verneinen des Diebstahls, und den Befragten wurde erlaubt wegzutreten. Wir bemerkten seinen wachsenden Zorn, als er eine Verneinung nach der anderen erhielt. Da ich mich unschuldig fühlte und sah, wie er jeden nach der kurzen Befragung entließ, trat ich ihm ohne Misstrauen gegenüber. Er stellte uns nicht einmal die gewöhnlichen Fragen. Mit vor Zorn und Hass verzerrtem Gesicht hörte ich ihn sagen: »Aber natürlich habt ihr es nicht getan – keiner hat es getan.« Damit schwang er einen Stock in der Größe eines Tischbeins über seinem Kopf und ließ ihn auf mich niedersausen. Instinktiv beugte ich mich vorwärts, und es gelang mir, meine Hand über meinen Kopf zu halten und den tödlichen Schlag abzufangen. Der nächste Schlag fällte meinen Vater. Er war auf den Kopf getroffen, und das Blut quoll aus einer Wunde. Ich sah ihn zu Boden sinken. Mit meiner Hilfe gelang es ihm, zurück in die Scheune zu kriechen.

Der Name des Lagerältesten grub sich tief in mein Gedächtnis. Er hieß Adolf Fernbacher.

Meine nächste Erinnerung ist, dass wir uns wieder in einem Zug befanden, mein kranker und zusätzlich verwundeter Vater lag neben mir. Er musste ohne Zweifel stark leiden, doch kam kein Wort der Klage von diesem heldenhaften Mann. Es war der gewöhnliche Viehwaggon, diesmal mit Dach, aber mit wenig Platz zum Bewegen. Zwar mussten wir nicht stehen wie in den schlimmsten dieser Transporte des Grauens, aber im Sitzen die Beine ausstrecken konnte man auch nicht.

Ich sah nach der Wunde meines Vaters. An seinem oberen Hinterkopf konnte man in dem spärlichen Licht, das unseren Teil des Waggons erreichte, ein kreisrundes Loch von zirka zweieinhalb Zentimeter Durchmesser erkennen. In ihm konnte ich das dem Schädel fehlende, haarige und in Blut getränkte Stück sehen. Heute mache ich mir Vorwürfe, dass ich nicht wenigstens den Versuch gemacht habe, diesen abgesplitterten Teil herauszuziehen. Es kam mir leider nicht in den Sinn. Mein Vater war so ruhig, sprach so normal, dass ich das Gefühl haben musste, es würde noch eine lange Zeit so weitergehen.

Von dieser Reise, die wiederum drei Wochen dauerte, kann ich mich nur der letzten Tage erinnern. Diese aber sind unauslöschbar in mein Gedächtnis eingraviert.

Während der unbezähmbare Geist, der mit dem unverwüstlichen Lebenswillen Hand in Hand geht, weiterhin unbeschränkt und unverringert in mir existierte, konnte ich trotzdem Anzeichen einer gewissen Lethargie an mir feststellen. Ich machte mir nicht mehr die Mühe zu erfragen, wo wir eigentlich waren. Wir hörten keine Neuigkeiten und hatten nicht die geringste Ahnung, dass die Amerikaner und die Russen sich bereits an der Elbe getroffen hatten. Das bedeutete, dass Deutschland oder der größere Teil davon bereits befreit war. Wir aber fuhren weiter und weiter.

Vater begann nun zu klagen, da sich seine Schmerzen verschlimmerten. Als unser Zug zum Halten kam und die Schiebetüren geöffnet wurden, meldete ich schweren Herzens diese Tatsache. Wahrscheinlich einem der deutschen Häftlinge, die allem Anschein nach alles hier unter ihrer Leitung hatten. Uniformen und Bewaffnete sah ich selten und nur in der Ferne. Mein Vater wurde zum »Krankenwagen« gebracht, der nur zwei Waggons entfernt war. Ich dachte daran, dass unser Transport wohl der Einzige von allen sei, dem tatsächlich eine Spitaleinrichtung angeschlossen war. Es gab keinen Ausweg – ich musste ihn gehen lassen. Mit zunehmender Vereiterung wurden seine Schmerzen qualvoll, und er begann, unaufhörlich zu stöhnen. Dies war am 24. April 1945 – zwölf Tage vor der Befreiung.

Countdown zur Befreiung

Der nächste Tag war der erste ohne meinen Vater. Unser Zug hatte sich seit gestern nicht bewegt. Ein junger, rundgesichtiger Russe trat mich ins Gesicht, weil ich mich geweigert hatte, aus dem Waggon zu steigen, der jetzt häufig geöffnet wurde, sobald der Zug irgendwo anhielt. Ich schwor, mich für diesen Fußstoß zu revanchieren, sollte der Krieg plötzlich enden. Doch leider kam es nicht dazu.

Während der letzten zwei Wochen hatte ich einen vorherrschenden Wunsch, der mit jedem Tag stärker wurde. Aus Platzmangel saß ich die meiste Zeit, bei Tag und auch oft des Nachts, mit meinem Kopf auf meinen gekreuzten Armen, die wiederum auf meinen angezogenen Knien rasteten. Ich wünschte mir, einmal mit voll ausgestreckten Beinen zu schlafen oder auch nur zu sitzen. (Wir schliefen gewöhnlich mit unseren Füßen auf den Köpfen oder den Körpern der anderen Gefangenen – und vice versa.) Das war auch sicher der Grund, warum ich nicht aussteigen wollte. Die Erlaubnis auszusteigen war eine Konzession, die wahrscheinlich den Juden noch nie während dieser Transporte genehmigt wurde. Ich wollte mich nur mal mit ausgestreckten Gliedern hinlegen, während andere draußen waren.

Alarm! Feindliche Flieger nahten. Unsere Türen wurden verschlossen, und die Wachen versteckten sich unter dem Zug oder liefen in den nahen Wald. Ich hörte die »feindlichen« Bomber über uns. Wir würden doch nicht durch diejenigen getötet werden, von denen wir die Freiheit erhofften? Die Piloten konnten natürlich nicht wissen, welche Fracht dieser Güterzug geladen hatte. In der Ferne hörte ich Explosionen.

Wir erfuhren, dass ein in der Nähe stehender Zug bombardiert worden war. Häftlingen, mit Ausnahme der Juden, wurde es erlaubt, in den Trümmern herumzustöbern, um vielleicht etwas Brauchbares, vorzugsweise natürlich etwas Essbares zu finden.

Eine einzelne kleine Kartoffel fand irgendwie ihren Weg zu mir. Mit dem geschärften Griff meines Löffels, der mir nun als Messer diente, schälte ich sie und schnitt sie in Scheiben und – ich zögerte. Zwei Dinge kamen mir in den Sinn: Würde die rohe Kartoffel meinem Magen verträglich sein, und wie würde ich es fertig bringen, meinem Vater die andere Hälfte zukommen zu lassen? Ich biss in eine Scheibe und wartete eine halbe Stunde. Keine schädliche Nebenwirkung. Kürzeres Warten und wieder ein Biss; als der Abend anbrach, hatte ich sie ganz verschlungen.

26. April. Unser Zug stand noch immer am selben Platz. Erst heute wird mir klar, dass es wahrscheinlich keine Möglichkeit mehr gab, uns woanders abzuliefern. An diesem Tag – und dies wahrscheinlich nur, um uns zu verhöhnen – wurde es den Juden erlaubt, nach verbliebenen Resten zu suchen, die die gestrigen Sucher übersehen hatten. Nichtsdestotrotz gingen wir. Oh, wie wir suchten, wie eifrig wir waren, irgendetwas zu finden, das unsere schwindenden Körper stärkte. Ich weiß nicht, welchen Erfolg die anderen hatten. Von einem werde ich gleich erzählen. Ich hatte einen demolierten Waggon ganz für mich allein; niemand machte einen Versuch, hier etwas zu finden. Ich merkte zum ersten Mal, dass mich fast all meine Kraft verlassen hatte. Meine Versuche, Gegenstände aufzuheben, die normalerweise nicht sehr schwer waren, waren äußerst anstrengend. Nach einer halben Stunde fand ich meine Belohnung – eine mittelgroße Zwiebel. Trotz der Sorge, dass diese rohe Nahrung meinem ausgehungerten Körper mehr schaden als nutzen könnte, tat ich einen herzhaften Biss und steckte den Rest in meine Hosentasche.

Man rief uns zu, uns zu versammeln. Wir sollten mit vereinten Kräften ein durch eine Bombe weggerissenes Dach eines Waggons aufheben. Zwanzig oder dreißig Mann hoben es auf einer

Seite hoch, damit die Wachen sehen konnten, ob irgendetwas Wertvolles darunter zu finden sei. Es kam mir in den Sinn, dass ich, falls ich wirklich etwas sehen sollte, mich auf keinen Fall bücken dürfte, um es aufzuheben, da dieser Gedanke auch andere veranlassen könnte, das Dach loszulassen, um das Gleiche zu tun, mit dem katastrophalen Resultat, dass das herabstürzende Dach auf die fallen würde, deren Eifer – oder Begierde – größer war als ihr Verstand.

Glücklicherweise fanden wir nichts. Da wir alle das Dach auf einer Seite anhoben, mussten wir ein oder zwei Schritte vorwärts treten, damit wir es mit ausgestreckten Armen halten konnten. Als aber die Anordnung kam, es wieder hinunterzulassen, konnten einige nicht länger halten, oder sie fürchteten, dass andere loslassen würden, bevor sie es selbst taten, so dass, als wir rückwärts schritten, das Dach krachend herunterstürzte und dabei vier von uns verletzte oder tötete.

Wir konnten nur zwei von ihnen sehen. Das bloße Gewicht hatte ihnen den augenblicklichen Tod gebracht. Über das Schicksal der beiden anderen konnte ich nur spekulieren, doch hatte ich das Gefühl, dass die Wachen sie nicht gesehen hatten, da sie uns sofort zum Rückweg aufforderten. Wurden die zwei Vermissten an Ort und Stelle getötet? Waren sie verletzt und zu einem grausamen, langsamen Sterben verurteilt – oder hatte die Krümmung des Daches, das nun auf den zwei toten Kameraden zu liegen kam und es dabei etwas vom Boden hob, ihnen vielleicht das Leben gerettet? Gelang es ihnen, nachdem wir die Stelle verlassen hatten, hervorzukriechen und ihren ersten Tag in Freiheit zu genießen? Eine weit hergeholte Idee – aber trotzdem gut möglich.

Es gab noch einen Verletzten – mich. Als das Ding vor meinem Kopf heruntersauste, hätte es mir wohl die Füße oder zumindest die Zehen abgequetscht, wäre es nicht von den Körpern der zwei Unglücklichen gebremst worden. Aber mein rechter Handrücken kam nicht ganz davon, er wurde geritzt, und das Blut floss reichlich. Die noch heute schwach sichtbare Narbe erinnert mich daran, dass ich wiederum dem Tode – dieses Mal um Millimeter – entgangen war.

In gehobener Stimmung genoss ich die Tatsache, dass wir uns nicht aufstellen und wie gewöhnlich in Reih und Glied marschieren mussten. Es war eine nachlässige und fast unordentliche Gruppe, die sich auf dem Rückweg befand. Diese ungewöhnliche Nachlässigkeit kann nur durch eine neue Wurst-egal-Einstellung unserer uniformierten Begleitung erklärt werden. Sie wussten wohl um die uns damals noch unbekannte Tatsache, dass zu dieser Zeit Deutschland schon fast vollständig von den Alliierten besetzt war. Zwei Tage später erst erfuhren wir, dass wir uns überhaupt nicht mehr auf deutschem Boden, sondern in Österreich, ganz in der Nähe Mauthausens, befanden.

Bei unserem Zug angekommen, verließen uns die deutschen Wachen. Plötzlich wurden wir angehalten und aufgefordert, uns in einer Reihe aufzustellen. Meiner Schätzung nach waren wir nur noch etwa zwanzig, die von den in Helmstedt angekommenen hundertfünfzig übrig geblieben waren. Einige unternehmungslustige russische Kriegsgefangene begannen eine Durchsuchung unserer »Habe«. Oh, wie ich diesen Spott, diese Demütigung fühlte! Zuerst durften wir uns auf deutsche Anordnung nicht den anderen Suchern anschließen, und nun stand es den unteren Rängen frei, sich auf die Rianguntersten zu stürzen. Die Schwächsten, die total entbehrlichen und wertlosen Geschöpfe, zu denen ich gehörte, mussten sich dieses dreiste Verhalten gefallen lassen und herausgeben, was diese Gewalttäter gestern übersehen hatten und was dem Finder womöglich geholfen hätte, das Verhungern ein wenig hinauszuschieben. Nicht, dass ich etwas zu verlieren gehabt hätte, außer meiner halben, mit blutigen Flecken gezierten Zwiebel.

Mein Nachbar benahm sich plötzlich sehr zappelig und nervös.

Ich sah eine eingebeulte Dose in seiner Hand. Offensichtlich war er bereit, sie dem sich nähernden, wohlbeleibten Russen auszuhändigen. Tat er das aus Furcht oder hatte er noch mehr von diesen Dingen bei sich? Mit der Schnelligkeit eines Zauberers nahm ich sie ihm aus der Hand, und in weniger als einer Sekunde verschwand die Konserve mit ihren 500 Gramm Inhalt in meinem linken Hosenbein. Meine etwas überlangen Hosen hatte ich in die knöchelhohen Stiefel hineingesteckt und mit dünnen Schnüren befestigt; sie sahen dadurch wie überlange Knickerbocker aus. Die Beute konnte nun nicht herausfallen.

Unter keinen Umständen war einer aus unserer Gruppe fähig, sich diesen viel besser genährten Slawen zu widersetzen – oder gar den Kampf mit ihnen aufzunehmen. Man konnte aus ihrem Anblick leicht schließen, dass sie größere Rationen als die jüdischen Gefangenen erhalten hatten. Mir blieb nur die Hoffnung, den Räuber zu überlisten.

Der Kerl, der sich mir zuwandte, sah sehr stark, aber nicht besonders helle aus. Meine neue Errungenschaft konnte ihm nicht entgehen, obwohl sie ziemlich gut versteckt war. Als er sich bückte, um meine Hosentaschen zu untersuchen, hielt ich den übrig gebliebenen Teil der blutbefleckten Zwiebel über seinen Kopf, um seine Aufmerksamkeit nach oben zu lenken. »Hier, nimm das, das ist alles, was ich hab'.« Als er nach oben schaute, fiel ein Tropfen von meinem noch immer blutenden Handrücken auf sein Gesicht. Mit einem russischen Fluch wischte er ihn weg und schob mich unsanft zur Seite, um sich mit dem Nächsten zu beschäftigen, bevor einer seiner Kameraden ihm womöglich eine Beute wegschnappen würde.

Als ich still jubilierend zu meinem Waggon ging und mich im Geiste auf einen Leckerbissen vorbereitete, kam ich auch am Lazarettwagen vorbei. Es war ein schöner Tag, und die Türen waren weit offen. Ich sah meinen Vater auf einem Hocker am Eingang sitzen. Er saß da mit leicht vorgebeugtem Kopf und kehrte uns den Rücken zu. Ein russischer »Arzt« mit irgendwelchen Instrumenten in der Hand führte aus, was ich nur als eine Operation bezeichnen kann. Ich war sicher, dass er ohne Betäubungsmittel arbeitete, doch gab der Patient keinen Schmerzenslaut von sich. Ich konnte nicht einfach vorbeigehen. Ich blieb stehen und stellte von unten her die nicht sehr geistreiche Frage nach seinem Befinden. Seinen Kopf leicht in meine Richtung neigend, antwortete mein Vater etwas, das von den lauten Stimmen derer, die meine Leidensgenossen beraubten, übertönt wurde. Doch das schwache, ermutigende Lächeln, das seine letzten Worte begleitete, ließ mich annehmen, dass diese Worte gleichermaßen hoffnungsvoll waren. Der rundgesichtige Mediziner nickte mit einem freundlichen Grinsen, was mich sehr aufmunterte. Es schien, als befände sich mein Vater jetzt wenigstens in den Händen eines freundlichen, gütigen Menschen. Ob das wohl derselbe Mann war, der vor weniger als einem Monat in Helmstedt meinem Vater die Bettruhe verschrieben hatte, als dieser beinahe zu Tode geschlagen worden war?

Obwohl ich es gerne getan hätte, konnte ich hier nicht warten, bis die Operation vorüber war. Ihm weitere Ermutigungen zurufend, verabschiedete ich mich von meinem Vater mit den Worten: »Ich hoffe, dich bald wieder bei mir zu sehen.«

Nachdem ich auf meinen Platz zurückgekehrt war, verbrachte ich den restlichen Tag in verhältnismäßig guter Laune. Die unaufhörliche Misere der letzten paar Monate hatte irgendwie nachgelassen. Der Tod meiner zwei (oder waren es vier) Kameraden am Vormittag zählte nicht – sie starben durch einen Unfall. Auch verschwendete ich keinen Gedanken an die Tatsache, dass ich (zum wievielten Male?) dem Tode entgangen war. Die Laxheit der Wachen, die Abwesenheit der Routine, besonders des Schlagens, das Überlisten des Russen und die Errungenschaft einer Dose mit essbarem Inhalt, keine harte Arbeit, überhaupt keine Arbeit und das Sitzen mit ausgestreckten Beinen, während die meisten anderen draußen waren, hatten einen kumulativen Effekt auf den Zustand meines Geistes und meines Wohlbefindens. Dazu kam, dass ich meinen Vater guten Mutes vorgefunden hatte. Ich war sicher, dass ich bald wieder mit diesem unzerstörbaren Mann vereint sein würde.

Irgendwie brachte ich es fertig, die Konservendose zu öffnen. Sie enthielt Fleisch und eine Menge Fett, eine Substanz, die meinem Körper seit einer sehr langen Zeit vorenthalten worden war. Wäre ich meinem Impuls gefolgt und hätte wie ein ausgehungertes Tier das Ganze auf einmal verschlungen, wäre es mir, falls es mich nicht umgebracht hätte, ziemlich übel bekommen. Ich gehörte in der Zwischenzeit zu der unter den Häftlingen meistgefürchteten Kategorie – ich war bereits ein »Muselmann«. Da ich mich seit Wochen weder ausgezogen noch gewaschen hatte und außerdem keinen Spiegel besaß, in dem ich mein Gesicht hätte sehen können, hatte ich diesen Körperzustand einfach nicht wahrgenommen. In Auschwitz wurde diese Klasse der Todgeweihten, sofern sie nicht zusammenbrachen, selektiert und beinahe sofort durch Neuankömmlinge ersetzt, so dass die »Muselmänner« immer in der Minderheit erschienen. Wir, die nun geschrumpfte Gruppe der jüdischen Häftlinge dieses Transportes (wahrscheinlich der Einzige seiner Art, bei dem das jüdische Kontingent nicht mehr – und möglicherweise weniger – als fünf Prozent ausmachte), waren nun alle »Muselmänner« oder auf dem besten Wege, solche zu werden. Dass wir bei unseren armseligen Rationen nicht auch noch arbeiten mussten, bewirkte, dass wir noch etwas länger aushalten konnten.

War es mein Schutzengel, der mich warnte, an meinem Schatz nur von Zeit zu Zeit zu knabbern, anstatt ihn auf einmal hinunterzuschlingen? Ich nahm einen kleinen Bissen, nicht größer als ein

Bonbon, und schluckte ihn mit Genuss, aber langsam und vorsichtig. Die traurigste Statistik der Zeit bildeten die tausende, die nach der Befreiung wegen unkontrollierter Einnahme von ungewohnter Nahrung starben.

Hin und wieder legte ich ein kleines Stückchen dieser lebenserhaltenden Substanz in meinen Mund, hielt es da solange ich nur konnte und schluckte es mit Widerstreben. Diese Zurückhaltung ergab sich aus meinem Gewissen. Ich dachte bei jedem Bissen daran, dass mein Vater diese Stärkung nach seiner Operation nötiger hätte als ich. Kein Mensch kann heutzutage ermessen, welch übermenschliche Selbstbeherrschung vonnöten war, nicht jeden erreichbaren Bissen an Ort und Stelle zu verschlingen.

Um meine Aufmerksamkeit von dem verlockenden Inhalt der Büchse, die ich vor gierigen Augen gut verborgen hielt, abzulenken, kehrte ich mit Absicht zu einem uns aus Mangel an Waschgelegenheit aufgezwungenen Zeitvertreib, einer kontinuierlichen Entlausung, zurück.

Vergeblich! Mit der Wut eines hungrigen Tigers versuchte der abgezehrte Körper, vereint mit dem unwiderstehlichen Drang und Instinkt zum Überleben, den Abstand zwischen gewissenhaftem Entlausen und dem kleinsten Bissen zu verkürzen. Bis ich dann am Spätabend plötzlich zu Sinnen kam und geschockt und beschämt sah, dass nur noch zwei kleine Löffel voll übrig geblieben waren.

Das Schuldgefühl, das ich damals verspürte, verfolgt mich bis heute. »Wärst du nicht so gierig gewesen, dein Vater hätte vielleicht überlebt«, sagte die anklagende Stimme.

»Es würde ihm nicht geholfen haben«, kam die schwache Verteidigung. »Und außerdem, ich konnte ja gar nicht zu ihm.«

»Hast du es denn versucht?« Die Anschuldigung, auf die ich keine Antwort habe, hört nicht auf.

Der nächste Morgen war der 27. April 1945; es waren noch

Vater und Sohn – 1936

acht Tage bis zu meiner Befreiung. Der Zug stand noch immer am selben Ort. Die Schiebetüren unseres Waggons wurden geöffnet; ein Häftling stieg ein. Er kam direkt auf mich zu und fragte, ob mein Name Wermuth sei. (Ich hatte meinen Namen seit Kielce nicht mehr gehört und nahm an, dass er von dem operierenden Arzt erfragt worden war.) Ich wusste sofort, was er mir berichten würde. Als ich bejahte, teilte er mir kurz mit, dass mein Vater gestorben sei. Mein Vater, mein Lehrer, mein bester und nächster Freund war nicht mehr. Meine Welt stürzte ein. Ich brach nicht zusammen. Ich saß nur da, meinen starren Blick in die Ferne gerichtet. Eine einzelne kleine Träne lief auf meiner rechten Wange hinunter; sie trocknete aus, bevor sie mein Kinn erreichte – weiter nichts.

Ich erinnere mich zahlreicher Gedanken, die mir gleichzeitig in den Sinn kamen, keiner jedoch nachhaltig genug, um zu irgendeinem sinnvollen Entschluss zu kommen: »Ich bin jetzt alleine. – Was macht das aus. – Es wird nicht mehr lange dauern. – Warum kann ich nicht weinen, bin ich schon zu schwach dazu? – Was nun? – Vielleicht leben Mutter und Schwester noch, was werden sie sagen? – Unsinn, daran zu glauben. – Warum weine ich nicht? – Vielleicht ist er gar nicht tot, er lächelte ja gestern noch, als er auf dem Stuhl saß. – Er kann nicht tot sein, dieser Mann, weitaus zäher, als ich es jemals war. – Undenkbar, dass dieser Körper jetzt ohne Leben sein sollte. – Aber diese Verletzung und keine richtige Behandlung …«

Am selben Tag betrat ich ein wenig später das berüchtigte Lager Mauthausen. Ich wusste natürlich nichts über diesen Ort, hatte sogar den Namen noch nie gehört. Wurden hier Menschen vergast? Jemand sagte Nein. Was ein Glück!

Ob dieser Hinweis bezüglich Vergasung sich nur auf uns bezog, wusste ich nicht. Wir wurden in einer Baracke untergebracht, die bereits mit nackten, abgezehrten »Muselmännern« – alles Gaskammerkandidaten – voll gestopft war. Statt uns der gewöhnlichen Entlausungsprozedur, die für jede neue, in einem Lager ankommende Gruppe obligatorisch war, zu unterziehen, wurde uns einfach alles, Kleidung, Schuhe, Suppenschüssel und Löffel abgenommen. Einigen, darunter auch ich, gelang es, eine raue, graue Decke zu bekommen.

Die riesige Baracke war in zwei Hälften geteilt, beide Teile bis zu ihrem Fassungsvermögen gefüllt. Kaum hatte ich den mir zugeteilten Platz im zweiten Teil betreten, als mich ein hoch gewachsener, wohl genährter Mann ansprach. Obwohl ich mich dessen nicht erinnern kann, musste ich wohl gegen eine hiesige Regel verstoßen haben. Er führte mich durch die Tür zurück in den vorderen Teil der Baracke, wo er mir meine Decke wegnahm und mich zwang, mit hinter meinem Kopf gefalteten Händen auf einem Hocker zu knien. Dann verließ er mich. Bevor er noch die entfernte Ecke des Raumes erreichte, wo er sich an einem Tisch niederließ, war ich bereit, in den anderen Raum zu verschwinden. Als ich bemerkte, dass er sich nochmals umsah, tat ich, als ob ich den Hocker nur um 180 Grad umdrehen wollte, grinste in seine Richtung und stieg wieder auf. Da jedoch das Unbehagen dasselbe war, egal in welcher Position der Hocker auch stand, möchte ich schwören, dass ein Lächeln auf seinem Gesicht zu sehen war. Wie lange hatte er vor, mich in dieser immer qualvoller werdenden Stellung zu lassen? Keiner der anderen Insassen schien sich im geringsten um mich zu kümmern. Zwei Sekunden, nachdem der Blockälteste sich wieder umgedreht hatte, huschte ich durch die Tür, war wieder auf der anderen Seite und vertraute darauf, dass ein nackter, kahl geschorener »Muselmann« wie der andere aussah, sollte er sich wirklich die Mühe machen, nach mir Ausschau zu halten. Ich mischte mich unter die anderen.

Und jetzt zur Schlafgelegenheit – o Gott, diese Schlafgelegenheit! Manche Erinnerungen verblassen, manche gehen vollständig verloren, andere aber bleiben ewig.

Da waren die gewöhnlichen dreistöckigen Etagenbetten, die auf beiden Seiten die ganze Länge der Baracke einnahmen, so dass ein langer Korridor in der Mitte entstand. Zwei nebeneinander stehende Dreifachetagen bildeten ein Paar. Ein enger Gang trennte diese Anordnung. Der Zwischenraum auf meiner Seite jedoch war beinahe zwei Meter breit. Ein Fenster und ein darunter stehender kleiner Tisch sorgten für diese »Weiträumigkeit«.

Ein Tisch? Der zweite, den ich heute sah, ein Zeichen der Zivilisation, das ich seit 1942, in der »guten Zeit« im Munitionslager Klaj, wo ich auf zusammengerückten Tischen riesige Graphs konstruierte, nicht mehr zu Gesicht bekommen hatte. Damals war ich ein privilegierter Gefangener, der sein Zimmer nur mit zwei anderen (einer davon mein Vater) teilen musste. Später war mein Bett mein Ruhe- und Schlafplatz. Wer hätte es sich träumen lassen, dass eine Zeit kommen würde, in der ich diese Gegenstände als schieren Luxus betrachtete!

Hier teilte ich eine mittlere Schlafkoje mit vier anderen Personen. Wir hatten eine Decke, aber kein einziges Kleidungsstück in unserem Besitz. Wir schliefen sardinenartig – zwei auf der einen und drei auf der anderen Seite. Meine Füße ruhten zwischen zwei Köpfen auf jemandes Schulter am anderen Ende des Bettes. Wie immer auf meinen Vorteil bedacht, sorgte ich dafür, dass ich nur einen Nachbarn hatte. Dieser Vorteil kehrte sich jedoch gegen mich, als sechs Beine, drei Paar Füße, mich niederhielten. Auf der anderen Seite litt nur der Mittlere in gleicher Art – außer Stande, sich während der Nacht zu rühren. Die zwei Äußeren waren auch nicht zu beneiden; ein Teil ihrer Körper ruhte auf dem hölzernen Rahmen. Als ob das noch nicht genug wäre, litt der uns gegenüber in der Mitte liegende Mann an Durchfall. Er war schon zu schwach, um aus dem Bett zu steigen und leerte seine Gedärme an Ort und Stelle.

Das war zu viel. Ich bot ihnen an, das Bett zu verlassen, wenn sie mir die Decke geben würden. Sie akzeptierten. Der erwähnte Tisch unter dem Fenster war fünfzig Zentimeter breit und achtzig Zentimeter lang. Auf diesem, in kniender Stellung, mit meinem Kopf auf gefalteten Armen ruhend und mich mit meinem einzigen Besitz zudeckend, verbrachte ich die erste Nacht in diesem schicksalsreichen Lager.

28. April, noch sieben Tage bis zur Befreiung. Während in Auschwitz ein kleines Brot in vier Portionen geschnitten worden war, teilte man hier dasselbe auf sechs Personen auf. Die winzige Margarineration entfiel hier vollständig. Am Nachmittag um

sechs Uhr wurde ein Essenbehälter in die Mitte des Ganges gestellt. Da sich mein »Bett« ebenfalls in der Mitte unserer Hälfte der Baracke befand, war dieser Behälter nur wenige Schritte von mir entfernt. In Auschwitz enthielt die Suppe gelegentlich etwas Substanz, hier aber war es gefärbtes Wasser, in dem etwas Grünes (womöglich Gras) wie verloren herumschwamm. Wie schwach es auch war, ich entdeckte einen Geschmack, der mir verriet, dass Fleisch darin gekocht worden war. Es war nicht schwer zu erraten, wer die guten Stücke herausgefischt hatte, aber ich erwartete inzwischen nichts Besseres mehr.

29. April, noch sechs Tage. Oh, wie meine Knochen in der Frühe schmerzten. Ein Mann, der in gewöhnliche Konzentrationslageruniform gekleidet war, kam an unser Bett. Er schrieb mit Großbuchstaben den Namen LEVI auf die Brust unseres kranken Kameraden. Merkwürdig. Wir waren doch nur Nummern; wie konnte dieser Mann (ein Arzt?) den Namen des Patienten kennen? Ich hatte keine Antwort auf diese Prozedur, hatte ich sie doch noch nie gesehen, erriet aber, was sie bedeutete. Später an diesem Tag starb der junge Levi. Sein Tod weckte überhaupt keine Emotionen in mir. Was ich fühlte, war Freude, dass ich das Bett jetzt mit nur drei anderen teilen musste. Außerdem hatte ich nun wieder meine eigene Suppenschüssel und einen Löffel.

30. April, Befreiungstag minus fünf. Nach einer etwas bequemeren Nacht kam wieder Leben in mich zurück und damit auch mein alter Tatendrang. An diesem Morgen wurde unsere Brotration wieder reduziert; ein Brot wurde jetzt auf acht verteilt. Ich zuckte die Achseln. »Ich werde alles überleben, was ihr auch auftischt«, sagte ich zu mir selbst, in vollem Bewußtsein jedoch, dass dies nur Schau war und meinen unverminderten Lebenswillen

unterstützen sollte. Es half aber nicht, meinen stetigen Gewichtsverlust und meine körperliche Schwäche aufzuhalten.

Am Nachmittag war ich bereit, die Vorstellung meines Lebens zu geben. Der Essenbehälter, der die wässrige, aber brühheiße Suppe enthielt, wurde auf den gewöhnlichen Platz gestellt. Noch fünf bis zehn Minuten würden vergehen, bevor sie zur Verteilung kam. Ich beabsichtigte, mich aus dem Gefäß, dessen Deckel mit einem klammerartigen Verschluss versehen war, vor den fünf- oder sechshundert hungrigen Augenpaaren zu bedienen. Für diesen Kunstgriff hatte ich zwei Requisiten zur Verfügung, meine Decke und meine neuerworbene Suppenschüssel. Ich schritt an diesem Brennpunkt des allgemeinen Interesses vorbei, wobei meine Decke, die ich zu diesem Zweck wie eine Robe auf der rechten Seite meines Körpers trug, wie beiläufig auf dem Deckel des Essenbehälters zu liegen kam. Eine Sekunde nur, dann ging ich weiter. Beim vierten Vorbeigehen bückte ich mich kurz und öffnete, von meiner Decke abgeschirmt, den Verschluss.

Zwei Mal noch ging ich scheinbar zwecklos an dem Kanister vorbei. Dann, unter dem Schutz meiner Decke und mit der Schnelligkeit eines geübten Zauberers, lüpfte ich den Deckel und tauchte meine Schüssel in die heiße Flüssigkeit. Meinen verbrühten Daumen ignorierend, näherte ich mich triumphierend, jedoch langsam meinem Bett. Dort tastete ich unter der Matratze nach meinem einstweilen versteckten Löffel. Da ich meinen Raub unmöglich öffentlich verzehren konnte, ließ ich mich langsam nieder und versuchte, in kniender Stellung – und meinen Kopf unter das unterste Etagenbett steckend – endlich die Beute meines Unternehmens zu genießen.

Bevor ich es jedoch schaffte, den ersten Löffel Suppe an meinen Mund zu führen, war ich von einem Rudel hungriger Wölfe, die mich mit zornigem Knurren wissen ließen, dass mit ihnen nicht zu spaßen sei, umringt. Ich sah keinen Ausweg und wollte auch nicht, dass jemand von der Blockleitung meine Tat entdeckte. Mich umdrehend und die Schüssel vor mich haltend, war es mir möglich, meinen Löffel gerade zwei Mal einzutauchen, bevor die Schüssel leer war. Sie ließen mich wenigstens in Ruhe, als ich meine Schale gründlich reinleckte.

Der Beweggrund, mir eine Extraration wässriger Substanz zu verschaffen, war die Illusion, damit meine Lebenschance zu vergrößern, ein wenig länger auszuhalten. Es war sicher nicht diese »Extraration«, die mich überleben ließ. Meine Konzentration und das Planen, sie mir zu verschaffen, sowie die Entschlossenheit zu überleben, die ständige Initiative und der unnachgiebige, kämpferische Geist erreichten am Ende das scheinbar Unmögliche.

Der erste Mai 1945, der vierte Tag vor der Befreiung.

»Maientag – Frühling.« Die bloßen Worte, die in den Menschen der nordischen Hemisphäre hoffende und frohe Emotionen wecken, hatten für uns nicht die geringste Bedeutung. Ein weiterer meiner Bettgenossen starb an diesem Tag. Nun starben die Schwächsten in meiner Baracke am laufenden Band. Als ich hier angekommen war, waren es 25 bis 30 Personen auf zirka vier Quadratmetern (sechs Betten in zwei Dreieretagen). In den wenigen Tagen meines Hierseins verloren wir fast 25 Prozent. Obwohl ich noch kein Bett mit nur einer Person sah, gab es schon viele mit »nur« zwei oder drei »Inhabern«.

Die gestrige Vorstellung war misslungen – ein Reinfall. Eine zu geringe Belohnung für den Aufwand und die Gefahr. Ich beschäftigte mich – was sonst gab es hier zu tun – mit Plänen, auf welche Weise ich ein wenig mehr von diesem lebensspendenden Elixier erhalten könnte.

Die Suppe kam und wurde an den gewöhnlichen Platz gestellt. Ich glaube, es waren mehr Augen auf mich gerichtet als auf den Essenbehälter. Ich bewegte mich nicht. Wie üblich waren es zwei wohl genährte Häftlinge in pyjamaartig gestreiften Anzügen, die unser »Abendessen« austeilten. Während dieser Zeremonie mussten wir in unseren Betten bleiben und warten, bis wir an die Reihe kamen. Erst kam die eine Seite an die Reihe, dann die andere. Wir waren die ersten. Meine ständig wachsamen Augen entdeckten ein Bett mit nur noch zwei Insassen genau mir gegenüber; ein dritter war vor etwa zwei Stunden weggetragen worden. Wir kamen an die Reihe. Ich aß ohne Eile. Die zwei Austeiler machten nur langsam voran, und ich wartete auf den geeigneten Moment für mein nächstes Unternehmen.

Als sie den entferntesten Punkt der Baracke erreicht hatten, schlüpfte ich hinüber und nahm meinen Platz am Fußende des »unterbesetzten« mittleren Bettes ein. Aus zwei Schädeln, die mehr Totenköpfen als menschlichen Häuptern glichen, starrten mich zwei Paar Augen schweigend an. Damit sie mich nicht verrieten, versprach ich, mit ihnen zu teilen. Ihr zorniger Gesichtsausdruck entspannte sich ein wenig. Während ich mit den zwei nackten Jünglingen, die aussahen, als wären sie schon vor Tagen verstorben, mein »Abendessen« einnahm, wurde kein einziges Wort gesprochen. Da der Abstand zwischen den Etagen nicht genügte, um den größeren der beiden gerade sitzen zu lassen, musste er sich leicht vorwärts beugen. Wie die meisten anderen hatten sie keine Esslöffel, und ich gebrauchte meinen, um die beiden und mich selbst der Reihe nach zu füttern. Dieses Verfahren wurde gelegentlich durch ein warnendes Knurren unterbrochen, um mir anzudeuten, dass der Löffel nicht voll genug war.

Außer zwei wichtigen Ereignissen vergingen der zweite und dritte Mai in ähnlicher Art und Weise wie der erste: Die Brotration wurde herabgesetzt und ein Laib wurde nun auf zehn aufgeteilt. Schlimmer jedoch war, dass ich nun die gefürchtete Diarrhö bekam. Durchfall und Typhus verursachten besonders gegen

Kriegsende und kurz danach die weitaus größere Anzahl von Opfern unter dem bedauernswerten, bis dahin überlebenden Teil der Häftlinge als alle anderweitig mit dem Lagerleben verbundenen Krankheiten.

Am Ende der Baracke befanden sich, durch eine Trennwand geteilt, drei separate Kabinen – gewöhnliche Toiletten –, die sogar mit verschließbaren Türen versehen waren. Da wir aber bereits auf ein tierisches Niveau gesunken waren, machte keiner sich die Mühe, diese zu schließen. Die armen Kerle in den nahen Schlafkojen mussten den fürchterlichen Gestank Tag und Nacht einatmen. Der Geruch drang zur Mitte der Baracke, bis zu meiner Schlafstelle vor. Da täglich – nein stündlich – weitere an diesem Gebrechen erkrankten, und viele schon zu schwach waren, um lange genug einhalten zu können, wurde es immer unmöglicher, auf dem Weg zur Toilette keine Spuren zu hinterlassen. Am Ende wateten wir alle im Kot. Bei solchen Gängen drapierte ich meine schmutzige graue Decke um meinen Hals, um eine ärgere Verschmutzung zu vermeiden; mein »Essgeschirr« hatte ich natürlich auch bei mir. Es auf meinem Bett zurückzulassen hätte den sicheren Verlust meines einzigen Besitzes bedeutet. Auf dem Rückweg benutzte ich den ersten klaren Fleck des Bodens, um wie ein zivilisierter Mensch auf einer Fußmatte meine Fußsohlen zu reinigen.

Je mehr Leute erkrankten, desto länger wurde die wartende Schlange. In diesen letzten Tagen schien es keine Leitung mehr zu geben. Keiner ordnete eine Reinigung des Bodens von den Exkrementen an, und keiner nahm sie vor. Der Dreck nahm täglich zu. Die Wasservorrichtung und die Spülung funktionierten normal. Da es praktisch nur flüssigen Abfall gab und kein Papier zum Reinigen vorhanden war, war wenigstens der Ablauf nie verstopft.

Mein geschwächter Körper konnte keine zusätzliche Belastung ertragen. Der Tod näherte sich schnell. Ich fühlte keine Furcht. Noch nicht einmal in dieser Situation konnte ich glauben oder mir vorstellen, dass ein vollständiges Auslöschen meiner selbst stattfinden könnte.

Der 4. Mai, der letzte Tag vor der Befreiung. Keiner der Insassen, deren Anzahl sich beinahe stündlich verringerte, sprach. Die unheimliche Stille wurde nur durch die bekleideten Häftlinge unterbrochen, die gelegentlich die Runde machten, um die Toten wegzutragen. Eine danteske Szene im zwanzigsten Jahrhundert. Es war, als ob es mich gar nichts anginge, dass an diesem Nachmittag innerhalb von zwei Stunden zwei meiner Bettgenossen aufgehört hatten zu atmen und ordnungsgemäß abgeholt wurden. Anfänglich hatten wir ein paar Worte gewechselt, ich hatte bei ihnen geschlafen, ich hatte mit ihnen gelitten. Gekannt aber habe ich sie nicht. Es waren eben zwei von den Millionen, die nur noch im Gedächtnis ihrer Hinterbliebenen existierten; das heißt, wenn es überhaupt noch Hinterbliebene gab.

Wir wussten nicht, was sich in der restlichen Welt abspielte, es gab keine Neuigkeiten, keine Gerüchte. Wir wussten nicht, dass fast alle anderen Lager bereits (und manche schon lange) befreit waren. Das SS-Personal Mauthausens war vor Tagen geflohen, und wir hatten keine Ahnung, wer sie vertrat – oder ob es überhaupt noch eine Lagerleitung gab. Ich bin sicher, dass alle deutschen Gefangenen und vielleicht auch viele andere das unbewachte Lager heimlich oder sogar offen verlassen hatten. Die Welt bereitete sich auf den großen Tag vor, der nun täglich erwartet wurde. Wir aber, wir wussten von all diesen Dingen nichts – wir setzten unser routinemäßiges Sterben fort.

Ein wenig Leben kehrte zurück, als die Suppe kam. Ich erinnere mich nicht, ob wir an diesem Tag überhaupt unsere magere Brotration erhalten hatten. Ich war zu schwach, um mir, wie in den letzten paar Tagen, etwas zusätzliche Wassersuppe zu verschaffen. Das gegenüberliegende Bett, der Schauplatz, an dem die makabre *Dinner Party* – bestimmt die ungewöhnlichste meines Lebens – stattfand, war nun leer. Eine Art von Stupor hatte sich auf uns niedergelassen; es gab Betten mit drei Personen neben einem leeren Bett, doch fiel es keinem ein, von dem freien Platz Gebrauch zu machen.

In dieser Nacht hatte ich einen zweiteiligen Traum. Im ersten Teil genoss ich ein Festessen mit Huhn. Oh, wie ich das Erwachen, die Rückkehr zur Wirklichkeit hasste! Der zweite Teil war eine Wiederholung früherer Träume. Wieder einmal hatte ich ein Maschinengewehr und schoss in eine Gruppe Deutscher – wahllos, pausenlos. Wieder, wie in früheren Träumen, zögerte ich, als ich bei diesem Massaker kleine Kinder sah. Doch als eine Stimme mich warnte, dass sie unschuldig seien, schrie ich diesmal zornig: »Das war meine kleine Schwester auch!«, und wie ein Besessener schoss und schoss ich blindlings weiter …

Befreiung

*Der erste Tag –
die trockene Kartoffel*

Es war am späten Morgen des 5. Mai 1945. In meiner Abteilung der Baracke hatte keiner sein Bett verlassen, es sei denn, er musste dem Drang der Natur folgen oder er hatte an diesem Tag, der sein glücklichster hätte sein können, sein Leben beendet und wurde hinausgetragen. Mein Körper hatte bereits aufgegeben, nach Nahrung zu verlangen. Der Hunger bereitete nun keine Schmerzen mehr. Ich erinnere mich nicht, ob wir an diesem Tag überhaupt eine Brotration erhielten. Ein Insasse, der wahrscheinlich von der Toilette zurückkehrte, stieg auf den kleinen Tisch, auf dem ich die ersten zwei Nächte in dieser Baracke verbracht hatte. Er hatte etwas Ungewöhnliches beobachtet und wollte eine bessere Sicht haben.

»Ein Amerikaner Soldat«, schrie er in leicht fehlerhaftem Deutsch, und ein unkontrollierbares, konvulsives Zittern überkam mich. Ich wusste nicht, wie diese Neuigkeit auf meine Kameraden rings um mich wirkte. Alles war still. Ich hörte keine Ausrufe des Entzückens, kein Jubilieren. Die Decke über meinen Kopf ziehend, fühlte ich Tränen über mein Gesicht strömen. Ich hätte das nicht mehr für möglich gehalten, besonders da ich beim Tod meines Vaters – vor gerade acht Tagen – kaum weinen konnte.

Ein alles andere ausschließender Gedanke überwältigte mich: Ich war nun allein, ganz allein, der einzige Überlebende meiner Familie. Hätte ich nur diesen Triumph des Überlebens gegen alle Wahrscheinlichkeiten mit meinem geliebten Vater teilen können. Nur wegen eines unglücklichen Zufalls und der Laune des Schicksals konnte der Mann, dessen Willenskraft und körperliche Konstitution meiner weitaus überlegen war, den so schmerzlich ersehnten Augenblick nicht mit mir erleben.

Der Verlust meines nächsten Kameraden, ohne den ich schon lange nicht mehr gelebt hätte, so kurz vor der Befreiung löst noch oft in meinem Leben plötzliche Tränenausbrüche aus. Es war einer der Hauptgründe, warum ich dieses Buch nicht eher schreiben konnte. Schreckliche Selbstvorwürfe und Selbstbeschuldigungen verfolgten mich in den kommenden Jahren. So viele »Wenns«, die den Unterschied zwischen Leben und Tod nicht nur meines Vaters, sondern meiner ganzen Familie ausmachten, wurden weder durch Einwände und Entschuldigungen noch durch die angeblich heilende Wirkung der Zeit erleichtert oder entlastet. Das Trauern um meine Familie, die unter solch unsäglich grausamen Umständen ermordet wurde, wird nur mit meinem Tode enden.

Ich wollte diesen unvergesslichen Moment wenigstens mit jemandem teilen. Ich schaute auf den letzten meiner Bettgenossen. Er lag still; er hatte es auch nicht geschafft – er starb in der Stunde seiner Befreiung.

An den 5. Mai, den Tag meiner Wiedergeburt, sollte ich mich eigentlich genau erinnern. Eine Erinnerungslücke von einigen Stunden hindert mich daran, jede kleinste Einzelheit zu berichten. Vielleicht konnte meine geschwächte Aufnahmefähigkeit nicht alles erfassen, vielleicht war ich von der Größe des Ereignisses zu benommen. Wahrscheinlich aber – und gegen alle Erwartungen – geschah nichts Erinnernswertes.

Die Amerikaner konnten verständlicherweise nicht so schnell Nahrung, Medikamente etc. organisieren, wie die Umstände es erfordert hätten. In Sachen Nahrung änderte sich fast nichts in den ersten beiden Tagen – das heißt für diejenigen, die zu schwach waren, die Baracke zu verlassen, um sich selber zu helfen.

Auch ich konnte mich nicht weit von meiner Bettstatt entfernen. Mit Hilfe eines langen Stockes bewegte ich mich, einen Fuß vor den andern schiebend, langsam vorwärts.

Spät am Nachmittag bemerkte ich außerhalb unserer Baracke ein kleines Feuer. Meine Augen, die noch scharf wie eh und je waren, beobachteten einen Insassen, der drei oder vier große Kartoffeln in einem Topf über das Feuer hielt. Ich ließ mich nieder und kroch wie eine Wildkatze, die sich heimlich an ihr Opfer pirscht, auf allen Vieren langsam und vorsichtig auf ihn zu. Ich schlich durch den schmutzigen Gang neben der Toilette ganz leise näher und näher. Meine Decke, die mich bei dem beabsichtigten Angriff gehindert hätte, ließ ich fallen. Ich nahm an, dass nun fast alle zu schwach waren, um sie zu stehlen. Er wollte gerade in eine der Kartoffeln beißen, als ich mich auf ihn stürzte. Ich entriss ihm die Kartoffel, die er bereits an den Mund geführt hatte, und steckte sie in den meinen. Die kostbare Beute mit den Zähnen festhaltend, machte ich mich auf allen Vieren davon. Nur so war ich schnell genug, um dem Zorn des Beraubten, der tierische Laute von sich gab, zu entkommen.

Vielleicht konnte er sich auch nicht schneller bewegen, oder er wollte seine kostbare Habe nicht im Stich lassen. Anstatt mir nachzulaufen, warf er den Topf mit dem kochenden Wasser hinter mir her. Ich bemerkte seine Absicht, konnte aber weder ausweichen noch schneller vorwärts kommen. Das Geschoss landete glücklicherweise zu kurz, aber einige Spritzer verbrühten meine Fußsohlen schmerzhaft. Ein Volltreffer hätte mich getötet.

War dies das letzte Mal, dass ich dem Tod nur um weniges entging, oder war es das erste Mal in meinem neuen Leben? Dieses sollte, wenn auch weniger häufig und auf ganz andere Art und

Weise, noch viele kritische Situationen für mich bereithalten. Lag dies an meinem ungestillten Durst nach Abenteuern, oder lag es daran, dass ich mir nun, wo ich alleine war, sagte: »Die Welt ist dein, niemand kann dir befehlen, was du zu tun oder lassen hast, und jedes missliche Geschehen wird im Vergleich zur Vergangenheit lächerlich sein?«

Diese Gedanken hatte ich natürlich viel später. Zu dieser Zeit aber wurde ich an den im Getto so oft zitierten Satz erinnert: »Nor zi iberleben – abie mit a trickenem Kartoffel.« (Nur überleben, und sei es mit einer trockenen Kartoffel.) Ich hatte überlebt, und mein erstes Mahl war eine trockene Kartoffel. Es war ein unvergessliches Mahl.

Der zweite Tag –
ein Skelett winkt zurück

Am 6. Mai erwachte ich zum ersten Mal in einer Welt, in der ich kein zum Sterben bestimmter Gefangener war. Derselbe Platz, dasselbe Bett, in dem ich mich, nachdem ich alle Bettkameraden überlebt hatte, nun ganz alleine befand. Die gleichen mich umgebenden skelettartigen Lebewesen, die immer noch, wenn auch in geringerer Anzahl, starben.

Viele dieser Todeskandidaten fanden die nötige Stärke, um den langsamen Weg zurück ins Leben zu beginnen, darin, das schon aufgegebene Ziel, die Freiheit, erreicht zu haben. Ich erinnere mich vage, dass die Brotration etwas größer war. Ich war schwach, sehr schwach, jedoch geistig war ich in gewaltiger Stimmung. Die neue Wirklichkeit belebte alle Fasern meines Seins. Lasst uns uns erheben, rufen, schreien, Nazis töten, die Welt umarmen, die Welt – meine Welt – sie gehört mir. Nichts, gar nichts kann jemals passieren, das dem gleichkommt, was ich hinter mir habe. Nichts kann die Zukunft bringen, was mich traurig oder unglücklich machen könnte – alles wird Frohsinn und Glückseligkeit im höchsten Grade sein. Auf, lasst uns aufstehen und unsere neue Welt erforschen.

Doch was mein euphorischer Geist erstrebte, konnte mein abgezehrter Körper nicht verwirklichen. Schrittchen um Schrittchen schlurfte ich langsam durch das Gebäude hinaus. Erst durch die Türe, die die Baracke in zwei Hälften teilte und durch die ich bei meiner Ankunft geführt worden war, um auf einem Schemel zu knien, dann durch den Haupteingang in den herrlichen Sonnenschein. Genau wie in Auschwitz, als ich aus der Gaskammer ins Freie gekommen war, verkörperte auch hier für mich die Sonne das glorreiche, prächtige Leben. Sie schien damals wie an diesem Tag auf die schönsten und gleichzeitig grauenhaftesten Szenen dieser Erde. Während ich mich mit ihrer Wärme umhüllte, illuminierte sie mit gelassener Gleichgültigkeit die grausigste Szene, die mich zutiefst schockierte und die ich wohl kaum jemals in meinem Leben wieder sehen werde.

Ich erblickte zwei hohe Pyramiden aufgeschichteter Leichen in verschiedenen Stadien der Verwesung. Grotesk grinsende, verzerrte Gesichter, die mich ansahen und durch mich hindurch ins Nichts schauten.

Durch Leiden und Schmerz sogar im Tod entstellte Gesichter. Schicht auf Schicht, Arme, Beine und Körper durcheinander und in alle Richtungen verdreht und verrenkt. Das Ganze sah aus wie ein gewaltiger Haufen Abfall. Die meisten waren nackt. Vermutlich war trotz meiner fortgeschrittenen Abhärtung doch noch ein menschlicher Funke in mir verblieben; ich fühlte mich von dieser durch Menschenhand verursachten Obszönität angewidert.

Selbst als mir der Gedanke kam, dass möglicherweise mein Vater unter dieser Menge menschlicher Überreste sein könnte,

6. Mai 1945.
Henry Wermuth sieht sein Spiegelbild zum ersten Mal seit Jahren

konnte ich mich nicht dazu entschließen, mehr als ein paar Sekunden hinzuschauen. (Was hätte ich getan, falls ich ihn gefunden hätte?) So schnell ich konnte, ging ich davon.

Es waren nur sehr wenige Leute zu sehen. Diejenigen, die ein Ziel hatten, hatten das Lager bereits verlassen. Bis jetzt hatte ich noch nicht einen Amerikaner gesehen. Niemand, so schien es wenigstens, hatte hier die Leitung übernommen. Außer meiner Baracke kannte ich überhaupt nichts von diesem Lager, das, wie ich nach Jahren erfuhr, eines der berüchtigtsten war. Langsam und mit Hilfe meines Stockes schob ich mich vorwärts, um nach etwas

Essbarem zu suchen. Ich ging zum nächstliegenden Gebäude, in der Hoffnung, auf eine Küche oder ein Lebensmittellager zu stoßen. Ich wollte durch das Fenster in das dunkle Innere schauen, als mir von dort schon wieder eine skelettartige Figur entgegenkam. Nur deren große, eingesunkene, jedoch lebhafte Augen sagten mir, dass das Skelett noch am Leben war. Als ich vom Fenster zurücktrat, entfernte sich das Knochengerüst mit identischer Bewegung. Es war das erste Mal seit Jahren, dass ich ein Spiegelbild von mir sah. Wiederum ein Bild, das – einmal gesehen – für ewig im Gedächtnis bleibt.

Merkwürdigerweise war ich von dieser Beobachtung nicht bestürzt. Im Gegenteil. Plötzlich war ich wieder ich selbst: »Dieser ›Muselmann‹ bleibt am Leben!« Mit dieser Selbstversicherung winkte ich dem Bildnis zu, das mir mit einem freundlichen Lächeln und gleicher Handbewegung antwortete.

Ich wurde müde und fand einen umgestülpten Eimer, auf dem ich mich niederließ. Jemand kam auf mich zu. Ein amerikanischer Soldat in Uniform und Helm näherte sich, und, seinen gezückten Fotoapparat an sein Auge haltend, sprach er mich an. Obwohl mein Englisch nur aus ein paar Dutzend Worten bestand, verstand ich doch, dass er mich fotografieren wollte.

Aus bald ersichtlichen Gründen werde ich hier, so gut ich kann, eine Beschreibung des Fotos wiedergeben. Ich saß vor der Barackenwand auf dem erwähnten Eimer. Mein einziges Gewand war meine Decke. Diese trug ich entweder über meine Schultern, wahrscheinlicher aber um meine Hüften geschlungen. Auch ist es möglich, dass ich meine Suppenschüssel in Händen hielt. In der schwachen Hoffnung, dass der »Fotograf« noch am Leben ist und dieses lesen wird, bitte ich ihn oder einen seiner Nachkommen, mir eine Kopie dieses unschätzbaren Andenkens zukommen zu lassen. Ich brauche nicht zu betonen, dass ich mich außerordentlich freuen würde, diesen Mann – meine erste

Leander W. Hens, einer der Befreier des KZ Mauthausen, hat das Foto von dem Leichenberg aufgenommen

Bestätigung, dass ich wirklich ein freier Mensch war – wieder zu sehen.*

Der nächste und ich glaube auch der übernächste Tag gingen vorüber, ohne dass sich etwas Berichtenswertes ereignete. Keine Neuigkeiten drangen zu unserer Gruppe der halb Toten und Sterbenden durch. Ich war sicher, dass die Amerikaner tun würden, was sie konnten, aber vorläufig war noch nicht viel zu sehen. Am Morgen des dritten Tages wurde ich in ein großes Zelt, ein behelfsmäßiges Lazarett, gebracht. Es gab keinen Boden im Zelt, wir liefen auf Gras, Tragbahren ersetzten die fehlenden Betten. Es war armselig organisiert, aber ich beklagte mich nicht.

Der dritte, vierte und fünfte Tag – Essen und Sterben

Ein Mann in amerikanischer Uniform hatte hier die Verantwortung, aber er war kein Arzt. Am Nachmittag erhielt ich einen sehr kurzen Arztbesuch. Eine medizinische Untersuchung fand nicht statt; der Arzt war wahrscheinlich zu beschäftigt und beurteilte meinen Gesundheitszustand nach den hunderten (oder tausenden), die er bereits gesehen hatte. Vielleicht tue ich diesem Mann unrecht, aber es schien mir, als ob er, nachdem er so viele hoff-

---

* 1993 gab ein Freund in einer amerikanischen Armeezeitung ein Inserat mit oben genannten Einzelheiten auf. 1995 erhielt ich aus Amerika von Leander W. Hens das nebenstehende Bild. Es sei von einem Kameraden aufgenommen worden, mit dem er am 5. Mai 1945 um etwa 9.30 Uhr als einer der Ersten das KZ Mauthausen betrat. Obwohl das Bild der obigen Beschreibung entspricht, glaube ich nicht, dass ich die abgebildete Person bin, da ich meiner Erinnerung nach fast kahl geschoren war. Ich bin dabei, weiter zu recherchieren.
Das andere Bild zeigt S/Sgt. Leander W. Hens.

nungslose Fälle gesehen hatte, einfach die Einstellung vertrat: Entweder würde ich es selbst schaffen, oder nicht. Ein Fall jenseits medizinischer Hilfe. Jedenfalls wurden mir nach dieser Visite alle vier Stunden fünf große weiße Tabletten gegeben, für deren Einnahme ich sogar während der Nacht geweckt wurde. Da ich den Arzt über meinen Durchfall unterrichtet hatte, nahm ich an, dass die Tabletten gegen dieses einzig erkennbare Übel verschrieben waren.

Ein Essenträger wurde in unser Zeltlazarett gebracht. Als der Deckel geöffnet wurde, ergriff mich große Aufregung; endlich würde ich mein erstes richtiges Mahl bekommen. Der Inhalt dieses Behälters war – eine wässrige Suppe. Einige breite Nudeln schwammen wie verloren in diesem großen Kessel, der Geschmack erinnerte mich jedoch an die Fleischbrühen der Vergangenheit. Unerklärlicherweise dachte ich an meinen Vater, als ob er zu mir im Voraus von dieser Situation gesprochen und mir Rat und Anweisungen gegeben hätte. Ich aß die Nudeln, ich aß langsam, goss die meiste Flüssigkeit weg und verlangte eine weitere Portion, die mir auch gegeben wurde; dann hörte ich auf.

All das tat ich instinktiv. Ich wusste damals nicht, dass tausende der Entlassenen daran starben, dass sie mehr aßen, als ihr Körper verarbeiten konnte. Ihr Verdauungsapparat war nicht mehr an normales Essen gewöhnt, und sie konnten ihre verständliche Gier nicht kontrollieren. Viele starben, während sie aßen.

Eine Tragbahre wurde neben die meine gestellt, darauf lag ein vierzehnjähriger Junge, der letzte Überlebende seiner Familie. »Was wird mit mir geschehen, was werden die Amerikaner mit mir tun?« Seine Frage klang eher neugierig als besorgt. Eine große Flasche wurde neben ihm aufgehängt. Ich nahm an, dass es sich um eine Art intravenöse Ernährung handelte. Als ich wegen der fünf Tabletten geweckt wurde, sah ich ihn friedlich schlafen. Am

Morgen jedoch war sein Platz leer, er war während der Nacht gestorben.

Unter den gegebenen Umständen taten die Amerikaner ihr Bestes, aber auch sie konnten dem Sterben nicht schnell genug Einhalt gebieten. Während des Churbans zu sterben war schrecklich genug, jedoch zu überleben und nach all dem Erlittenen am Essen zu sterben war eine der traurigsten Auswirkungen des Holocaust. Falls noch irgendwelche Tränen übrig sind, sollten sie für diese, die wirklich Bedauernswertesten, vergossen werden.

Die Tragbahren waren als Betten untauglich. Sehr bald hatte ich mich wund gelegen. Man gab mir eine Salbe, die aber nicht half. Ich betrachtete mich selbst: Meine Schenkel bestanden aus Knochen, die mit einer pergamentartigen Haut überzogen waren. Mein fleischloses Becken stand unansehnlich hervor.

Nach ein paar Tagen hatte meine Diarrhö beträchtlich nachgelassen, meine Fähigkeit, Nahrung aufzunehmen, hatte sich ebenfalls verbessert. Ich verspürte den lange nicht mehr gekannten Wunsch aufzustehen und hinauszugehen. »Gehen« ist eine etwas übertriebene Bezeichnung für meine langsame Fortbewegung.

*Der sechste und siebte Tag –
was nun?*

Nach dem Fotografen, dem Krankenpfleger und dem Arzt traf ich nun meinen vierten Amerikaner. Dieser interviewte einige um ihn herumstehende Leute und machte sich Notizen. Als ich hinzutrat, fragte er mich, ob ich Verwandte in Amerika hätte. Das war meine Gelegenheit, von den paar Worten, die mir noch von meinem Englischunterricht geblieben waren, Gebrauch zu machen. Ich hatte mich für diesen Moment vorbereitet. Gemäß meiner Art,

Unpassendes oder Unerwartetes zu sagen oder zu tun, beabsichtigte ich, ihn zu fragen, warum die Amerikaner nicht Fußball spielten. Mein erster Versuch, humorvoll zu sein, misslang jämmerlich.

War mein Gehirn (oder vielmehr mein Sprachzentrum) ebenso angegriffen wie mein Körper? Ich sprach mit schwerer Zunge. Es war mehr ein Lallen als ein Sprechen. Nachdem ich ihm den Namen und eine (fehlerhafte) Adresse meiner Tante und meines Onkels (Fanny und Sigi Müller) in New York gegeben hatte, gab ich in großer Verlegenheit auf.

Mein Name wurde darauf im *Aufbau,* einer deutschsprachigen Zeitung für Flüchtlinge in Amerika, veröffentlicht. Es vergingen jedoch Monate, bevor ich mich mit ihnen – und anderen Verwandten – schriftlich in Verbindung setzte. Erst Jahre später traf ich sie.

Da ich in der Regel alles auf seine psychologischen Hintergründe untersuche, sann ich oft darüber nach, ob ich in meinem tiefsten Innern ihnen gegenüber nicht etwas Neid hegte oder ihnen unbewusst unberechtigte Vorwürfe machte: Warum blieb ihnen all dieses Leid erspart? Warum lebten sie alle? Warum hatten sie uns nicht »mehr« geholfen? Waren dies die wahren Gründe, oder wollte ich meine Freiheit ungehindert von verwandtschaftlichen Verpflichtungen genießen? So lieb sie mir auch waren, was ich verloren hatte, konnte mir kein Onkel und keine Tante ersetzen. Nach meinem schweren Schicksal würden mir die Verwandten, die zeitig emigriert waren, ohne Zweifel behilflich sein, ein neues Leben zu beginnen. Aber Hilfe zu verlangen oder auch nur anzunehmen, lag nicht in meiner Natur.

Es war meine Pflicht, mein Verlangen und meine Sehnsucht, nach dem Verbleib meiner Mutter und meiner Schwester zu forschen. Noch wusste ich nicht, dass es Lager gab, die zu keinem anderen Zweck als der Vernichtung von Menschen errichtet worden waren. Sogar während meines Aufenthaltes in Auschwitz, wo der größte geschichtliche Akt von Völkermord innerhalb weniger Quadratmeter stattgefunden hatte, und sogar während der Befreiung kam mir das totale Ausmaß der Katastrophe, die über das jüdische Volk gekommen war, nicht zu Bewusstsein. Während dieser mörderischen Jahre nahm ich nur die Menschen wahr, die noch am Leben waren. Obwohl ich natürlich von der enormen Zahl der Toten wusste, wollte – oder konnte – mein Gehirn die vollständige Wahrheit sehr lange Zeit nicht akzeptieren. Der Erfolg der Nazis kann an der Zeit gemessen werden, die ein normales menschliches Gehirn braucht, um das Unfassbare zu begreifen.

Vielleicht war das die Erklärung, warum ich immer noch hoffte, dass irgendwo, irgendwie die beiden Lieben es fertig gebracht hatten, den Krieg zu überstehen. Heute kann ich es mir selbst kaum erklären, warum ich mich so an diese absurde Idee klammerte. Dagegen verstehe ich, warum ich mich weigere, mir vorzustellen, auf welche Art und Weise sie ermordet wurden. Die Hoffnung aufzugeben war gleich bedeutend damit, sie aus meinem Leben zu entfernen, und ich fühlte mich einfach nicht berechtigt, so etwas zu tun. Ich überlegte mir, wohin sie sich wohl wenden würden. Als erstes kam mir Frankfurt am Main in den Sinn. Warum nicht? Der Tiger hatte weder Zähne noch Krallen, und die Jäger waren jetzt die Gejagten.

Krakau war ihnen näher, doch ich glaubte nicht, dass sie uns dort erwarten würden. Sollten sie glauben, dass mein Vater und ich nicht überlebt hätten, würden sie versuchen nach Palästina, New York oder London zu kommen. Dort hatten wir Verwandte, die noch vor dem Krieg ausgewandert waren. Bittere Erfahrung lehrte mich, dass Palästina wahrscheinlich am leichtesten zu erreichen war. Tante Golda und Onkel Jehuda Brauner waren dort; dieselben Verwandten, die im Jahre 1935 meinen Eltern behilflich waren, als sie sich vorbereiteten, nach Palästina zu emigrieren. Wie schon beschrieben, verpassten wir die Gelegenheit. Die Amerikaner hatten eine unglaublich geringe Einwanderungsquote für Juden aus Deutschland. Wäre ihr System ein wenig großzügiger gewesen, hätten tausende, einschließlich meiner Familie, ihr Leben retten können. Man fragt sich, wie es für tausende von Kriegsverbrechern möglich war, in Amerika ein neues Heim zu gründen. (Ein amerikanischer Justizbeamter, Mr. Allan Ryan, berichtete, dass sich selbst nach vorsichtigen Schätzungen etwa zehntausend Nazi-Kriegsverbrecher in den Vereinigten Staaten befinden.)

Wer nach Palästina auswandern wollte, konnte sich in einem neu eröffneten Büro im Lager anmelden. Nach langem Überlegen ließ ich als einer der letzten meinen Namen registrieren. War die Furcht, meine Unabhängigkeit zu verlieren, die Ursache, warum ich so lange zögerte? Ich fragte mich, ob ich mich jemandem, der den Churban nicht am eigenen Leibe erfahren hatte wie meine Verwandten dort und der deshalb seine religiösen Bräuche – oder nennen wir es lebenslangen Gewohnheiten – bestimmt nicht aufgegeben haben würde, anpassen konnte. Da ich nun mal kein Heuchler war, würde ich diesen guten Leuten mit meinem antireligiösen Denken und Benehmen sicher wehtun. Allein der Gedanke, mit ihnen zu beten, machte mich zornig.

Nachdem ich meinen Namen denjenigen, die ins »Heilige Land« emigrieren wollten, beigefügt hatte, erklärte man uns, dass die Organisation des Transports noch etwa zwei Wochen dauern würde.

Ai, des ham mer joa goarnet gewuusst!

In der Zwischenzeit wurde ich kräftiger. Jetzt forderte mein Körper mehr Nahrung. Dieses Verlangen konnte selbst durch die weitaus größeren Zuteilungen nicht befriedigt werden. Unter den verbliebenen Häftlingen entwickelte sich eine Art Handel; die Hauptzahlungsmittel waren Zigaretten und Eier. Ein kleines Training für meine Tätigkeit in naher Zukunft auf dem Schwarzmarkt.

Vier Wochen waren seit meiner »Wiedergeburt« und seit ich mein Spiegelbild im Fenster gesehen hatte, vergangen. Ich konnte wieder normal laufen. Ein weiterer Blick ins Fenster (wir hatten keine Spiegel) zeigte eine erfreuliche Veränderung. Gesicht und Körper waren noch immer dünn, aber doch schon etwas ausgefüllt; kurze Haare bedeckten den vorher kahl geschorenen Schädel. Ich kann mich nicht erinnern, wie ein graubraunes, kurzärmeliges Hemd, graue, kurze Hosen und ein Paar knöchelhoher Stiefel ohne Schnürsenkel in meinen Besitz kamen. Das Hemd musste ich offen tragen, da alle Knöpfe fehlten. Dazu »kaufte« ich mir für ein paar Zigaretten einen grünen Strohhut und vervollständigte damit diese lächerliche Ausstattung.

Vier von uns entschlossen sich, einen ausgedehnten Spaziergang zu machen – egal wohin. Zirka zwei Kilometer vom Lager entfernt stießen wir auf ein kleines Bauernhaus. Wir waren vorbereitet, wir würden diesen Schweinehunden zeigen, wer jetzt der Herr war. Es braucht nicht erwähnt zu werden, dass ich kein Maschinengewehr wie in meinen Träumen oder überhaupt eine Waffe hatte. Nichtsdestoweniger war ich ganz scharf darauf, mich mit jemandem auseinander zu setzen, ohne eine genaue Vorstellung zu haben, wie ich mich verhalten würde. Eine Frau in den Vierzigern öffnete die Tür, eine Bäuerin in einfachem Arbeitskleid und Schürze, sichtlich verängstigt durch unser Erscheinen.

Sie starrte uns wortlos an. »Wir wollen was zu essen!«, sagte ich mit viel weniger Schärfe, als ich beabsichtigt hatte. Sie führte uns in die Küche und machte sich dann am Herd zu schaffen. Ein vierjähriger Knabe und seine etwas ältere Schwester erhoben sich von der hölzernen Bank am Tisch, an dem wir vier uns niederließen. Das zarte Alter der Kinder ließ mich vermuten, dass die Frau wohl jünger war, als sie aussah. Im Sommer 1942 hatte ich zum letzten Male Kinder dieses Alters gesehen. Ich starrte sie an. Waren das die Kinder, an denen ich mich in meinen Träumen rächen wollte?

Zwei gebratene Eier, Brot und Butter und – das Beste von allem – ein großes Glas frische Milch wurden uns allen vorgesetzt. Leicht verwirrt widmete ich mich dem Essen, das uns so lange vorenthalten worden war und das jetzt ohne weiteres Aufhebens angeboten wurde. Sie benahm sich, als ob es niemals einen Krieg gegeben hätte und nicht eines der berüchtigtsten Konzentrationslager praktisch vor ihrer Haustür existierte. Es war, als ob wir kurz zum Frühstück vorbeigekommen wären. Ich aß mit Genuss, mit Genugtuung und dachte nicht daran, dass eine einzige Scheibe des vor mir liegenden Brotes beinahe eine Tagesration in Auschwitz, von Mauthausen gar nicht zu reden, darstellte. Es war ungefähr fünf Jahre her, dass ich ein vollständiges Frühstück wie dieses gegessen hatte. Langsam wuchs mein Zorn.

Hier saßen wir am Tisch unseres Todfeindes und genossen eine Mahlzeit, um die sie uns seit Jahren beraubt hatten. Es waren Österreicher, und, was mich betrifft, waren sie genau so schuldig wie die Deutschen.

Heute weiß ich es besser. Hätte ich damals tausend Österreicher mit meinem imaginären Maschinengewehr erschossen und danach tausend Deutsche, dann hätte ich laut Statistik in der ersten Gruppe eine weit größere Anzahl von Antisemiten getötet. Es hat Jahre der Indoktrination gebraucht, bis die Deutschen auf das

Niveau gebracht wurden, das sie vorfanden, als sie in Österreich einmarschierten. Diejenigen, die vor den Nazis aus Berlin geflohen waren, berichteten, dass sie dort nach fünf Jahren intensiver Hasspropaganda weniger belästigt worden waren als in Wien nach nur fünf Tagen.

Hitlers Gewandtheit, seine Versprechungen während großer Arbeitslosigkeit, jedem Arbeit zu verschaffen, fielen auf reifen Boden. Ein Volkswagen für jeden war etwas, wovon viele nur träumen konnten. Sein Wortschwall gegen die Juden war äußerst willkommen bei denen, die mit Antisemitismus bereits infiziert waren. Die meisten der anderen nahmen diese Hassreden mit Gleichgültigkeit auf – es betraf sie nicht. »I am all right, Jack«, sagt der Engländer zu solchen nur auf sich bezogenen Menschen.

Ich bezweifle, ob vor dem Krieg jemand an einen Massenmord an Juden gedacht hat. Die »Endlösung« wurde von 15 Männern, darunter Adolf Eichmann, während der Wannseekonferenz im Januar 1942 beschlossen und unter dem Schutz des Krieges ausgeführt. Der Ansicht, dass es keinen Völkermord geben werde, mussten auch wir Juden gefolgt sein, sonst hätten alle Deutschland fluchtartig verlassen, anstatt den ordentlichen Weg zu gehen und auf eine Einwanderungserlaubnis eines anderen Landes zu warten. Es hatte viele Anzeichen gegeben, dass Juden in höheren Positionen ihre Posten verlieren würden. Die meisten wurden von ihren zu Nazis gewordenen Freunden wohlmeinend informiert: »Dich meinen wir nicht, es sind ›die anderen‹, hinter denen wir her sind.« Wir erwarteten Entbehrungen, Elend – aber Mord …? Heute frage ich mich, ob dem Durchschnittsdeutschen und besonders Hitlers Anhängern je zu Bewusstsein gekommen war, dass ihr Idol Adolf Hitler, als er den »Totalen Krieg« ankündigte, bereit war, den letzten Deutschen (einschließlich seiner engsten Freunde und deren Kinder) für seine Wahnideen zu opfern.

Um das lethargische Benehmen der Durchschnittsdeutschen gegenüber den Juden zu veranschaulichen, zitiere ich den berühmten Pastor Niemöller:

> »Als die Nazis die Kommunisten
> holten, habe ich geschwiegen;
> ich war ja kein Kommunist.
> Als sie die Sozialdemokraten
> einsperrten, habe ich geschwiegen;
> ich war ja kein Sozialdemokrat.
> Als sie die Gewerkschafter holten,
> habe ich geschwiegen;
> ich war ja kein Gewerkschafter.
> Als sie mich holten, gab es keinen mehr,
> der protestieren konnte.«

Wir hatten unser Mahl beinahe beendet, als ein hagerer Mann die Küche betrat. Mit seinem runzligen und wettergegerbten Gesicht, seiner abgetragenen, jedoch reinen Arbeitskleidung machte er den Eindruck eines schwer arbeitenden, aber nicht wohlhabenden Bauern. Er sah wie etwa fünfzig aus, war allerdings wie seine Frau wahrscheinlich jünger. Sein beiläufiges »Guten Morgen« brachte meinen Zorn zum Ausbruch. Vielleicht hatte ich erwartet, dass jeder, wissend, was er sich hatte zu Schulden kommen lassen, entweder vor uns weglaufen oder wenigstens irgendein Zeichen von Reue zeigen würde – aber ein beiläufiges Grüßen, als ob es keine Vernichtungslager in nächster Nachbarschaft gegeben hätte …?

Ich gab's ihm, mündlich. Ich erzählte ihm von Dingen, von denen ich sicher war, dass sie ihm schon längst bekannt waren. Dabei beobachtete ich ihn genau. Sein nicht allzu intelligentes Gesicht verriet echtes, ungespieltes Erstaunen. Als ich geendet hatte, sagte er mit unvergesslicher Einfachheit in seinem örtlichen Dialekt: »Ei, des ham mer joa goarnet gewuusst!« Ich war erschüttert, aber ich glaubte ihm.

Mit satanischer Verschlagenheit täuschten die Nazis die Juden, die Welt und eine große Anzahl ihrer eigenen Leute mit Lügen und Schlagworten, um ihre verruchten Taten zu vertuschen.

Natürlich wussten viele von der Existenz von Dachau und ähnlichen Lagern sowie von harter, sogar unmenschlicher Behandlung. Sie fürchteten sich, da so mancher deutsche Dissident, der ein unvorsichtiges Wort gegen die Regierung geäußert oder heimlich eine ausländische Sendung angehört hatte, dorthin gebracht wurde. Sie wurden von Nachbarn verraten, oft, aber nicht immer, aus nazi-ideologischen Gründen. Manchmal geschah es aus Eifersucht, Neid oder Rachsucht. Die Lager aber, in denen keiner überleben sollte, in denen die Opfer in Hunderttausenden gezählt wurden, hatte man wohlweislich nicht auf deutschem Boden errichtet. Diejenigen, die diese Morde ausgeführt hatten, würden wohl kaum darüber sprechen. Natürlich wurde das Abschlachten von Millionen nicht veröffentlicht. Es dauerte Monate, bis die tatsächlichen Zahlen festgestellt wurden.

Nach dem, was ich erlitten hatte, nach allem, was meine Augen damals gesehen hatten, kann man mir nicht verdenken, dass ich seinerzeit alle Deutschen für schuldig oder mitschuldig hielt (Österreich und Deutschland waren in dieser Hinsicht eins). Das Treffen mit dieser Bauernfamilie löste erstmalig Zweifel an dieser Überzeugung aus. Im Laufe der Zeit stellte ich fest, dass so mancher mit anständiger Gesinnung sich von der Redekunst und den Versprechungen Hitlers hatte »anfänglich« betören und mitreißen lassen. Millionen Menschen müssen daran denken, dass ihre zum Jubel für den Führer erhobenen Hände zum Tod und zum Elend ihrer Familien beigetragen haben. Das aber bringt meine Lieben nicht zurück ins Leben.

Die Reise ins Abenteuer

Sechs Wochen nach der Befreiung verließen mehrere zeltplanenbedeckte Militärlastwagen Mauthausen: Bestimmungsort Italien, von da weiter nach Palästina. Unterwegs kamen noch andere hinzu, bis unsere Kolonne aus 35 Fahrzeugen bestand. Die jüdische Brigade (eine Gruppe Freiwilliger aus dem damaligen Palästina, die der Britischen Armee angeschlossen war) hatte diesen Exodus organisiert. Am Abend wurde uns gesagt, dass wir uns während der Grenzüberfahrt still verhalten und auf keinen Fall die nun verschlossene Zeltklappe öffnen sollten.

Wir kamen dieser Anordnung nach, und doch fühlte ich echten Zorn in mir aufwallen. Es passte gar nicht zu meiner Vorstellung von »Befreiung« sowie meinem »Jetzt gehört mir die Welt«-Konzept. Waren denn die Italiener nicht die Verbündeten des besiegten Nazideutschlands gewesen? Was denken die denn, wer sie sind, gegen unsere Durchfahrt auf dem Weg in »unser« Land Einwände zu erheben? Es kam mir überhaupt nicht in den Sinn, dass die Geheimhaltung unseres Transports der britischen Regierung, die von unserer Absicht nichts wissen sollte, galt. Es wäre mir nicht im Traum eingefallen, dass, nach dem, was man uns in Europa angetan hatte, irgendeine Regierung in der Welt uns den Weg ins Heimatland blockieren würde. Das zeigt meine damalige Unwissenheit über die britisch-arabische Politik.

Keiner sagte uns, wie lange wir uns still verhalten sollten. Stunden vergingen, und das monotone Summen der Motoren war das einzige Geräusch, das in der Stille der Nacht zu hören war. Die Erwartung, morgen in Italien – einem als Kind oft ersehnten Reiseziel – zu sein, ließ mich meinen Ärger bald vergessen. Merkwürdigerweise weckte der bloße Akt des »illegalen« Grenzübertritts ein lange latentes Gefühl von Abenteuer und Gefahr! Ich meine natürlich nicht die Gefahr, der ich in meiner jüngsten Vergangen-

Henry Wermuth mit Siegfried Vogler in Rom

heit ausgesetzt war. Ich spreche von Abenteuern, in denen es Chancengleichheit gibt, in denen man die Herausforderungen mitbestimmt und die Konsequenzen trägt. Ich sprühte vor Unternehmungsgeist. Ja, morgen werde ich die Welt herausfordern; normale Gesetze betreffen mich nicht, diese sind für gewöhnliche Leute, zu denen ich mich nicht zählte.

Wäre ich in den ersten Tagen nach meiner Befreiung nicht zu schwach gewesen, hätte ich mich wie ein Wilder benommen und massenhaft Deutsche umgebracht, hätte ich Banken beraubt und wäre wahrscheinlich damit davongekommen. Ich habe nichts von all dem getan, und ich dachte, dass sich auf meinem Lebens-Konto ein gewaltiges Guthaben angesammelt hatte. Welchen Einfluss hatten wohl die vergangenen Jahre auf mich, in denen Denken und Handeln nur auf das Überleben um jeden Preis konzentriert waren, in denen niemand, der nicht eine gewisse Verschlagenheit und Skrupellosigkeit entwickelte, eine Chance hatte, die geistige und körperliche Folter zu überstehen? Das heißt nicht, dass alle Überlebenden asoziale Individuen geworden sind. Ganz und gar nicht. Die meisten akklimatisierten sich in erstaunlich kurzer Zeit, das Grauen und der Verlust der Familie hinterließen bei allen jedoch eine unheilbare psychische Wunde. Bei mir aber, mit meiner angeborenen Abenteuerlust, würde es noch Jahre dauern, bis ich mich den Gesetzen der normalen Gesellschaft anpasste.

Obwohl ich die Reise nach Palästina im Juni 1945 begann, erreichte ich mein Ziel (nun Israel) erst 44 Jahre später. (Der jüdische Staat wurde im Jahre 1948 – nach etwa zweitausend Jahren – zurückerobert.)

Epilog

Wir sind alle geprägt von unserer Vergangenheit, und unser Denken, Handeln und Glauben entwickelt sich dementsprechend.

Mein neues Leben hatte begonnen. Keine elterliche Aufsicht, keine religiösen Fesseln, keinen Respekt vor Autoritäten oder – um genau zu sein – vor überhaupt jemandem. Erlebnisse und Erinnerungen, die den meisten Menschen fremd sind, wurden Grundpfeiler einer Philosophie, nach der man selbst – nebst den Zufällen des Lebens – Herr seines Schicksals war.

Eine lange Zeit nach meiner Befreiung lebte ich nach dieser Maxime. In dieser Zeit schwelgte ich in Abenteuern und frönte meiner Freiheit, um mich in allen Bereichen für vergangene Jahre zu entschädigen. In der Zeit forderte ich mit Wonne jegliche Autorität und das Schicksal heraus. Dann aber, als die Euphorie meiner Wiedergeburt allmählich nachließ, als ich begann, ernsthaft über mein Leben nachzudenken, stellten sich Bitterkeit und Traurigkeit ein. Dank meiner ausgeglichenen Natur begleiteten mich diese nicht ständig, tauchten jedoch immer wieder auf, störten meine Träume und beeinflussten meine Stimmung und mein Leben. Als ich mich nach mehr als einem Vierteljahrhundert wieder der Religion zuwandte, lenkte sie diese Entwicklung und beeinflusste mein Urteil bis zum heutigen Tag.

Wenn die Bilder der Vergangenheit mein Gleichgewicht stören, glaube ich manchmal, dass ich mich der Religion nur deshalb zuwandte, um meine bitteren Gefühle abzureagieren. Meine Gebete werden jedoch oft durch ein einziges Wort unterbrochen – warum?

Was werden zukünftige Historiker aus diesem unvergleichlichen Geschehen machen, aus Ereignissen, die den Opfern noch immer

Albträume bereiten, aus Geschehnissen, deren Grauen die Überlebenden durch beispiellose Erinnerungen quälen und bis zu ihrem Sterbetag verfolgen? Der eloquenteste Historiker, der beste Schriftsteller wird dies Unbeteiligten nicht vermitteln können. Was werden sie über die Täter sagen, von denen sich die meisten durch Flucht in fremde Länder der Strafe entzogen?

Wenn ich den gegenwärtigen Trend analysiere, dann wird den zukünftigen Generationen folgende Version präsentiert werden: »Es war einmal, bevor Deutschland eine europäische Provinz wurde, dass ein böser Tyrann dieses Land regierte. Er hatte drei Hauptziele: die Eroberung der Welt, die Vernichtung des jüdischen Volkes und die Gründung eines deutschen Reiches, das tausend Jahre währen sollte. Er entfesselte den Zweiten Weltkrieg und errang anfänglich viele Siege. Er versprach seinem Volk, dass seine Wissenschaftler baldigst eine Wunderwaffe erfinden würden, nämlich die Atombombe, die alle Feinde überwinden und den Sieg der deutschen Herrenrasse garantieren würde.

Aber, wie alle Tyrannen in der Geschichte, fand auch er kein glorreiches Ende. Mit seiner Hasspolitik vertrieb er den einen Mann, einen jüdischen Wissenschaftler namens Albert Einstein, der ihm zu seiner erträumten Wunderwaffe hätte verhelfen können. So, meine lieben Kinder, siegte wieder einmal das Gute über das Böse. Anstatt die Welt zu erobern, verlor sein Land den Krieg und wurde für viele Jahre in zwei Teile getrennt. Anstatt alle Juden zu vernichten, gelang es ihm ›nur‹ bei sechs Millionen – einem Drittel – und das Dritte Reich, welches tausend Jahre währen sollte, endete nach nur zwölf.«

Obwohl nichts den Verlust meiner Familie kompensieren konnte, die Niederlage Nazideutschlands zu erfahren, die »Elite der Herrenrasse« ihre vormals so arrogant betonte Identität leugnen zu sehen, um ihr erbärmliches Dasein zu retten, und drei Jahre später die Wiedergeburt des Staates Israel zu erleben, war mir

Trost in meinem Gram. Die Wiedereroberung des Landes meiner Väter ist das einzige Ereignis, für das es sich gelohnt hat zu überleben.

Die Juden, die zwei Jahrtausende vielleicht das einzige Volk waren, das dem christlichen Gedanken, »... die andere Wange hinzuhalten«, folgte, sagten plötzlich: »Genug ist genug!« Sie lernten zu kämpfen, gewannen ihre Selbstachtung, den Respekt der Welt und endlich ihre Heimat. Wann immer ich an den folgenschweren Tag im April 1948 zurückdenke, schwillt mein Herz – dann gehe ich mit besonders hoch erhobenem Haupt. Es gab mir meinen Stolz zurück, einem Volk anzugehören, das in gewisser Hinsicht viel zu lange gezögert hatte, um den unrühmlichen Zustand eines »Volkes ohne Staat« zu ändern. Wenn ich »in gewisser Hinsicht« sage, meine ich damit, dass diese Zeit nicht vollständig »verschwendet« war. Die Juden lernten viel von ihren Verfolgern und was es bedeutet, als Minderheit den Sündenbock für die Unzulänglichkeiten anderer abzugeben. Ihre Anzahl im Verhältnis zur Weltbevölkerung war vor dem Krieg kleiner als vier Promille (und noch weniger nach dem Krieg), in Wissenschaft und Kunst aber waren sie überproportional erfolgreich, wie schon aus der Anzahl (beinahe zehn Prozent) der jüdischen Nobelpreisträger zu ersehen ist. Das ergibt einen neuen Aspekt in der Überlegung, was der Menschheit durch den mörderischen Nazismus verloren ging.

Mehr als ein Vierteljahrhundert weigerte ich mich, über Religion nachzudenken. Danach jedoch entwickelte ich eine neue Einstellung und eine neue religiöse Philosophie. Ich kann in aller Ehrlichkeit nicht sagen, ob ich jetzt glücklicher bin als in den lang vergangenen goldenen Jahren nach der Befreiung. Golden nenne ich sie, weil sie sorgenfrei waren, weil ich sie bewusst so lebte. Ich darf jedoch sagen, dass ich verhältnismäßig glücklich bin. Ich habe die sprichwörtliche »Frau unter Millionen« und zwei reizende Töchter. In meinem Leben seit meiner Befreiung habe ich nichts zu bedauern außer der unnötigen Verlängerung meines Junggesellendaseins. Mit anderen Worten, ich hätte die Frau meines Lebens schon Jahre früher heiraten sollen.

Habe ich mein Gelübde, mich für den Rest meines Lebens mit einer »trockenen Kartoffel« zu begnügen, mein Gelöbnis (sollte ich überleben), nichts mehr vom Leben zu verlangen als das Minimum, erfüllt?

Ich habe bereits begonnen, die Geschichte meines zweiten Lebens niederzuschreiben. Ich gab ihr den Titel – »Die trockene Kartoffel«.

Nachwort

Im September 1995 wurde ich in Deutschland für den Attentatsversuch auf Adolf Hitler mit einer Medaille ausgezeichnet.